ゆらぎのなかの日本型経営・労使関係

日本労働社会学会年報

第⑫号

2001

日本労働社会学会
The Japanese Association of Labor Sociology

目次 — 日本労働社会学会年報12 (2001)

特集1　ゆらぎのなかの日本型経営・労使関係　　1

ゆらぎのなかの日本型経営・労使関係
を考える視点 ……………………………………… 藤田　栄史 … 3

1　「日本的」経営・雇用慣行に関する
　　経営者イデオロギーの動向 ……………………… 林　　大樹 … 7

2　アメリカ型雇用システムと
　　人材供給サービス ………………………… 仲野(菊地)組子 …31

3　賃金制度の転換と成果主義賃金の問題点 ………… 木下　武男 …55

特集2　フィールド調査"職人芸"の伝承（第2部）　　73

1　職業としての労働調査者を志す人に ……………… 辻　　勝次 …75

2　「人権福祉フィールドワーク」の構想 ……… 八木　　正 …85
　　──被抑圧労働人生の解明に向けて──

3　日産自動車の労使関係調査 ……………………… 嵯峨　一郎 …93

4　トヨタ調査での「共同研究」……………………… 木田　融男 …103
　　──職業・生活研究会の事例──

5　暗黙の認識枠組みと調査で特定される事実 ……… 野原　　光 …113
　　──生産システムとその存続の社会的条件という
　　　枠組み設定を事例として──

投稿論文　　125

1　労働争議研究の再検討 …………………………… 中村　広伸 …127
　　──「家族ぐるみ」闘争における既婚女性への着目を通じて──

2　「東京管理職ユニオン」組合員の意識変容 ……… 小谷　　幸 …147

3　外国人労働者と高卒就職者の雇用代替 …………… 筒井　美紀 …179
　　──「間接雇用によるマス代替」のプロセスとインパクト──

研究ノート ——————————————— 203

　日系人労働者における労働市場の構造 ……………… 大久保　武 …205

書　評 ————————————————— 219

1　リリ川村著『日本社会とブラジル人移民
　　——新しい文化の創造をめざして——』……………… 浅野　慎一 …220

2　小野塚知二著『クラフト的規制の起源
　　——19世紀イギリス機械産業——』 ……………… 大重光太郎 …229

3　河西宏祐著『日本の労働社会学』……………………… 松島　静雄 …237

4　伊賀光屋著『産地の社会学』……………………………… 樋口　博美 …251

5　金野美奈子著『OLの創造
　　——意味世界としてのジェンダー——』………………… 合場　敬子 …260

日本労働社会学会会則(264)　**編集委員会規定**(267)　**編集規定**(268)
年報投稿規定(268)　**役員名簿**(269)　**編集後記**(271)

ANNUAL REVIEW OF LABOR SOCIOLOGY

November 2001, No.12

Contents

Special Issue 1　The Changes of Japanese-style Management and Industrial Relations

Some Comments on the Changes of Japanese-style Management and Industrial Relations　　　　Eishi Fujita

1. Ideologies and Thoughts of Top Managements concerning the Japanese-style Management and Labor Practice　　　　Hiroki Hayashi

2. The Type of Employment System and Staffing Industry in the U.S.　　　　Kumiko Nakano (Kikuchi)

3. The Conversion of the Wages, Personnel System and the Problem of the Result Principle Wages　　　　Takeo Kinoshita

Special Issue 2　Succession of Field Research "Craftsmanship" (Part 2)

1. A Task Manual for Those Interested in Professional Research　　　　Katsuji Tsuji

2. Fieldwork of Human Right and Social Welfare　　　　Tadashi Yagi

3. Method of Research on the Labor Relations at Nissan Company　　　　Ichiro Saga

4. "A Communal Study" in the Toyota Research　　　　Akio Kida

5. The Implicit Frame of Reference and the Fact Which is Identified by the Field Research　　　　Hikari Nohara

Articles

1. Review Studies of Labour Dispute──Taking Note of the Married Women under "Kazoku-gurumi" Dispute──　　　　Hironobu Nakamura

2. Union Member's Alterations of Consciousness in Tokyo Managers' Union　　　　Sachi Kotani

3. The Replacement of High School Graduate Job Finders by Foreign Workers──The Process and Impact of Mass Replacement through Indirect Employment──　　　　Miki Tsutsui

Research Notes
1. The Structure of Labor Market of Japanese Foreign Workers   Takeshi Okubo

Book Reviews
1. Lili Kawamura, *Japanese Society and Brazilian Immigrants :
   Building Up New Cultural Patterns*   Shin'ichi Asano
2. Tomoji Onozuka, *Origins of the Craft Regulations : British
   Engineering Industry in 19th Century*   Kotaro Ooshige
3. Hirosuke Kawanishi, *Labor Sociology in Japan*   Shizuo Matsushima
4. Mitsuya Iga, *Sociology of Industrial Districts*   Hiromi Higuchi
5. Minako Konno, *Making Women Different : A Historical Analysis of the
   Meanings of Women and Men in the Japanese Clerical Workplace*   Aiba Keiko

---

The Japanese Association of Labor Sociology

特集1 ゆらぎのなかの日本型経営・労使関係

ゆらぎのなかの日本型経営・労使関係
を考える視点　　　　　　　　　　　　　　　藤田　栄史

1 「日本的」経営・雇用慣行に関する
　　経営者イデオロギーの動向　　　　　　　　林　　大樹

2 アメリカ型雇用システムと
　　人材供給サービス　　　　　　　　　仲野(菊地)組子

3 賃金制度の転換と成果主義賃金の問題点　　木下　武男

ゆらぎのなかの日本型経営・労使関係を考える視点

藤田　栄史
(名古屋市立大学)

　昨年度の労働社会学会大会シンポジウムは、「ゆらぎのなかの日本型経営・労使関係」と題して行われた。報告者、報告タイトルは、林大樹(一橋大学)「『日本的』経営・雇用慣行に関する日本企業経営者のイデオロギー動向」、仲野組子(同志社大学非常勤講師)「非正規雇用の拡大と雇用構造の変容」、木下武男(鹿児島国際大学)「日本型成果主義賃金と競争構造の変化」であり、中川順子(立命館大学)がコメントを行った。

　ここでは、シンポジウムに関連して1990年代末以降の日本型経営・労使関係の変化を分析する視点について簡単な感想を述べてみたい。木下報告によれば、90年代末以降の日本の人事制度は、日経連『新時代の「日本的経営」』(1995年)が出された段階からさらに一歩転換したという。日本の大企業が選択しつつある主要な方向は、日本的能力主義を終焉させる方向であり、「成果主義」に基づく新しい個人評価制度の導入と企業外部の横断的労働市場と企業内処遇システムの結合がその特質であり、90年代末から明確な転換が図られつつあるのだと木下は主張する。大企業経営者は人事処遇制度に関して、95年段階とは質的に異なる選択に踏み出したというのである。

　一方、林報告は、日本企業経営者の経営・雇用観の変化を取り上げているが、近年の経営者イデオロギーがどの程度変化したかについては慎重なスタンスをとる。経営者の戦後世代への世代的交代の進展、ビジネススクール出身のMBA資格取得者の経営者に占める比率の増大、海外勤務を経験したことがある経営者の増加など、戦後に確立した日本の経営者の企業経営観に変化をもたらす可能性がある要因に注目する。しかし同時に、連合総研による調査結果も参照しつつ、会社は株主、経営者、従業員などの多様な利害関係者(ステークホルダー)の意向を反映

しなければならないする見方が、日本の経営者のなかでは依然として保持されていることを指摘し、日本企業経営者の経営・雇用観が変わったかに関して林報告は判断を留保している。

　仲野報告は、アメリカ型雇用システム(労働者の雇われ方)を取り上げた報告であり、日本の雇用制度を直接に対象としたものではないが、アメリカ型雇用システムの日本への浸透を示唆する。アメリカ型雇用システムを把握する仲野のポイントは、①裁量制や成果主義賃金の本質を「会社内自営業」化と捉え、②人材サービス業の拡大や雇用形態の多様化によって「労働者の自営業者化」が進行していると見る点にある。内部・外部の労働市場を問わず、雇用関係を企業－自営業者の契約関係に置き換えようとする「雇用関係の回避」にこそ、「新資本主義」(リチャード・セネット)における雇用システムの本質があるとするのである。

　経済社会環境の大きな変化のなかで生じている経営・労使関係の変化の質は、構造的なものであるのか、あるいは、過度的なものであるのか。「雇用の流動化」がいわれているが、「雇用流動化」にかかわる変化を示す日本の関連統計はほとんどない。二重労働市場論や内部昇進制論が解こうとしてきた対象である、大企業による長期雇用慣行の仕組みが崩壊に向かっているのだろうか。たしかに非正規雇用などの長期雇用慣行に包摂されない労働市場は緩やかにだが着実に拡大し、大企業を中軸とする第一次労働市場が労働市場のマイノリティであることをますます明確にしてきた。第一次労働市場は量的には、かつてからマイノリティであったのであり、少数部分であるということ自体は質的な変化ではない。第一次労働市場が内部的にも質的変化を遂げつつあるのか、それにより労働市場全体の性格に構造的な変化が見られるか、この点が問題の焦点をなしている。

　日本の大企業では、一定程度の長期雇用を前提にしながらも、大企業内の人事・雇用管理に市場原理を可能な限り活用しようとする様々な試みが、90年代後半以降になって次々と展開されてきた。外部市場の対応する職種との比較・競争を持ち込もうとする「コンピテンシー」「成果主義」に基づく雇用管理の導入、製造部門のアウトソーシング、不採算と判断した製造部門の従業員も含めた売却、さらには営業・人事・経理などホワイトカラー職種が担当してきた部門の分社化による本社からの切り離しやアウトソーシング、「エンプロイヤビリティ」の提起など、大企業内の人事・雇用に関する企業内のルールを、外部市場との競争関係の

もとでの管理ルールへと切り替える傾向が広まっている。また、世界的なレベルで広がった市場重視の経済政策、とりわけ、金融・資本市場の規制緩和と株主価値重視の「グローバル・スタンダード」が支配的傾向になったことは、外部市場とのスポット的関係に配慮する圧力を個別企業に対してかけ、経営・雇用のあり方に大きな影響を与えざるを得ない。このような動きのなかで、日本型の第一次労働市場の特質であった「終身雇用」、能力主義的要素を内包した「年功制」、労使関係の企業別分断・個別企業内の労使協調、これらの点がどのように変化しているのか、そして、それらの変化と連動して第二次労働市場の質はどうなっていくのか。問題の焦点はここにあるように思われる。

　転換点にある経営・雇用システム、労使関係は、その当事者である経営者、労働者・労働組合、政府、そしてこれらをとりまく市民社会が、それぞれの志向する方向を選択していく行為のぶつかり合いのなかで形成されていく。各行為主体の選択の結果は、歴史的経緯・過去の経験の蓄積に制約されながら、同時に、行為主体間の相互作用を通じて変容して行かざるを得ない。現代日本の経営・雇用システムの変容は、経営者主導の性格が強いが、それにもかかわらず、経営が打ち出す新しい雇用観、雇用・人事制度を、労働者・労働組合、政府、市民社会がどのように受容し反発するかを受けとめながら、経営側は新たな方向を模索していくことも見落としてはならない。

　労働者の生活実態やその価値観、広くとるならば日本社会の価値規範と離れては、新しい経営・雇用システムは空回りしてしまう。今日の変化を分析するにあたっては、変化がこうした相互行為過程を経ていることを重視することが必要になっている。大量生産体制に支えられた大量消費的生活様式の成熟化は、人びとに個人主義的な選択肢を広げており、失業率が「高度成長」以降経験したことのない水準に達するという不況にもかかわらず、労働生活のなかにも内的充実、コンサマトリーな価値の実現を求める労働志向をもたらしている。新しい経営・労働システムは、個人主義的な価値充足と労働内的な価値充足という労働志向を前提にしつつ展開されるだろう。第二に重視する必要がある要素は、ジェンダーと家族関係の変容のインパクトである。日本においては、「主婦役割＋パートタイマー」への変化はありながらも、'male breadwinner'家族モデルが強固である。男女共同参画社会形成への政治的動きと人件費コスト圧縮の観点からする「家族賃金

モデル」切り崩しの動きなどが複雑に絡み合いながら、ジェンダー関係の変容が進んで行かざるを得ないが、この点でどのような選択を行うかは新しい経営・労働システムに大きな影響を与えることになろう。第三に、日本社会の階層分化、不平等化の傾向の行方の問題を、経営・労働システムに直接的に関連する問題としておさえることが求められよう。日本型企業社会は、大企業正社員という限定された範囲ではあれ「従業員としての平等」を前提とし、また、「高度成長」を通じた国民生活の平準化によって支えられてきた。グローバルな経済競争激化は、アジアと日本の労働者との賃金・労働条件をめぐる直接的な競争関係をもたらしつつあり、日本社会内での平等性をどのような水準で設定するかについて厳しい選択を迫っている。国民社会内の平等性をどう設定するかは、企業内の経営者・労働者間の社会的距離、労働者諸階層間の社会的距離を規定するものであり、また、それぞれの階層の労働にかかわるアスピレーションのあり方を規定し、そのことを通じて諸階層の労働力の質をも制約していくであろう。

　各行為主体間の選択のぶつかり合いのなかから新しい経営・労働システムが形成されていくという分析視点から、企業経営観に関する近年の経営者団体の模索を見るとき、わずか数年の間にその主張のアクセントが変わったことが注目される。1995年の日経連『新時代の「日本的経営」』から1997年の経済同友会「市場主義宣言」に至る時期には、市場至上主義的な経営者イデオロギーが支配的な傾向を強めていた。しかし、1999年になると経済同友会代表幹事は「『市場主義宣言』を超えて」と発言し始め、2000年末の経済同友会「21世紀宣言」では、市場原理の活用が日本では依然として必要だとしつつも、「社会的存在」としての企業の性格を再認識し、「社会の期待と企業の目的の調和を目指す『市場の進化』」こそが「市場主義」の真の姿であると主張するに至っている。このような市場主義の内容の読み替えには、企業経営をとりまく労働者、政府、市民社会などの側から働くインパクトが反映している。「成果主義」「流動的雇用」などアメリカにおいて発展してきたコンセプトの導入が進んだとしても、導入過程において、日本の職場・社会とそのコンセプトがぶつかり合い、コンセプトが変容しつつ定着していくダイナミズムとそこにはらまれてくる問題性にこそ、注意を払うことが求められているのではないだろうか。

「日本的」経営・雇用慣行に関する経営者イデオロギーの動向

林　　大樹
(一橋大学)

1.　はじめに——経営システム転換と経営者イデオロギーの役割

　「日本的」経営・雇用慣行をめぐる近年の変化には激しいものがある。変化の動因には、情報化や国際化が主導する経済の構造変化にもとづく経営環境の激変があり、また高齢化や女性の進出など労働供給構造の変化もあろう。これら経営の外的・内的環境変化への適応を図り、長期不況とデフレ経済の克服に向けて、企業の経営者は「生き残り」を賭けた経営戦略を打ち出し、その実行を指揮しているものと思われる。

　近年の日本企業における経営動向の主要な特徴の一つは、「成果主義」人事・賃金制度の導入、大胆な従業員の削減・社外排出策、雇用形態の多様化や労働者の流動化の促進策など、従来の日本企業の経営手法とは異なる、いわばアメリカ型ともいえる経営手法の採用である。

　こうした経営動向を日本企業の「アメリカ化」と直ちに結論づけることには躊躇せざるをえないが、「アメリカ化」傾向が広がりを見せつつあることは認めないわけにはいかない。

　さて、そもそも経営者のイデオロギー面での役割は、一方で従業員を企業における経済活動(労働)に向けて動員するため、他方で、社会的存在としての企業の社会的認知を得るためという二つの目的を果たすイデオロギーを確立し、組織の内外に提示することではないだろうか。

　もし日本企業が、従来の「日本的経営」とは異なる新しい経営システムへの転換をめざすのであれば、その方針を決定するのは企業における最高管理職能の担当者である経営者以外にはない。経営者は新しい経営システムへの転換を正当化し、

組織の再統合をはかり、具体的なシステム設計に際しての価値判断の基準となる新しい経営理念を提示しなければならない。その際、経営者は時代状況の中で少なくとも社会が容認し、より望ましくは企業の魅力度向上に寄与するような経営理念を提示したいと欲するであろう。経営理念は経営システム設計の根幹であり、出発点であるから、経営者のイデオロギー形成(あるいは選択)とイデオロギー伝達面での役割が、経営システム転換の成否に及ぼす影響力はきわめて大きいのではないかと思われる。

1990年代以降、日本企業の経営システム改革はすでに開始されており、それが今日のグローバル経済下で最も成功しているとみられるアメリカ・モデルの影響を受けていることは当然の傾向であろうが、だからといって日本企業の経営システム改革の取り組みが、「アメリカ的経営」の全面的な採用に直結しているわけではないようである。なぜならば、経営システム改革において枢要な企業の組織風土や企業の関係者(ステークホルダー)の意識状況など、主として「人」あるいは「人間関係」に関わる要素が両国間で同質であるとはいえず、その差異をもたらす両国の制度的、文化的条件の違いに慎重な配慮を置かなければならないからである。

本稿は、日本企業の経営と労働のあり方と深く関わる経営者イデオロギーの役割に焦点を合わせ、明治以降今日に至る大きな流れを振り返りつつ、新世紀において日本企業が選択する経営システムの方向性を探る試みの一つである。

2. 「日本的」経営・雇用慣行をめぐる経営者イデオロギーの変遷

(1) 「日本的」経営・雇用慣行に関する経営者イデオロギーの分析枠組み

本稿では、日本企業経営者の言説の内容分析を通じて、経営者イデオロギーの変遷を明らかにし、その行方を考察したいと考えるが、内容分析に入る前に、経営者イデオロギー分析に際して留意すべき要点を整理しておきたい。

まず第一に、日本企業の経営者階層に属する人口は多数であるが、その中で自己の経営者イデオロギーを確立し、オピニオン・リーダーになりうる人物は、経営者階層全体の中できわめて少数の存在に限られると思われる。少数のオピニオン・リーダーと大多数のイデオロギー的追随者や模倣者という構図が想定される。

第二に、経営者は思想家としてではなく、経営管理の専門家としての実績によ

り社会的に評価され、社会的な発言力も獲得するのであるから、オピニオン・リーダーたりうる経営者は、経営者本来の任務において実績を上げていることが必要な条件であろう。ということは、経営者イデオロギーのアピール力は、経営者イデオロギーの内容そのものの魅力度よりも、むしろ、イデオロギーを発信する経営者の社会的地位の高さや経営実績の顕著さなどの要因によって規定されるということを意味する。言い換えれば、「何を言っているか」よりも、「誰が言っているか」のほうが大多数のイデオロギー的追随者にとっては重要性の高い関心事であると思われる。

　第三に、経営者イデオロギーの内容分析を進める際の主要な着眼点が何であるか考えたい。最近の経営者にとって最大の関心事の一つが経営システム改革であり、経営システム改革にあたって基軸となる論点は、従来の経営システムの基本的な設計思想を維持しつつ、環境変化に合わせて設計をやり直すのか、それとも、新しい設計思想を導入し、新思想主導でシステム設計を行うか、という点ではないかと思う。家屋の建築にたとえれば、老朽化した和風の家を改修するのか、取り壊して新しく洋風の家を建てるのか、という選択の問題である。

　表1では、欧米的経営と日本的経営の特色の比較を行っている。津田眞澂教授による経営システム比較の考察（津田 [1982]）をベースとして、「組織の基本性

表1　欧米的経営と日本的経営の特色の比較

基本要素	欧米的経営	日本的経営
経営理念	企業としての経済性の発揮	共同生活体としての経営の形成
経営目標	経済性の実現 （株主に高配当、従業員に良好な労働条件、顧客に良い商品・サービスの提供）	共同生活体としての経営の維持・充実を実現するための経済性の発揮
経営組織	コスト・利益の可視性を実現することを原則とする分業の徹底	協働する集団の連鎖
経営管理	第一線における分業の徹底と個人能力に依存する管理	協働による分業の展開
勤労理念	正当な就労に公正な報酬	進歩向上思想 （今日よりは明日、明日よりは明後日良くなろう）
組織の基本性質	機能組織 　機能組織は、その組織を超える、より上位の目的を持つ。	共同体組織 　共同体組織は、その組織を拡大することが目的になる。

出所）津田 [1982：291] に加筆。

特集1　ゆらぎのなかの日本型経営・労使関係

表2　「日本的」経営・雇用慣行をめぐる経営者イデオロギーの変遷

	戦前	戦後　50年代	60年代	70年代	80年代　90年代	2000年以降
	経営理念は企業としての経済性の発揮。	個人主義と没人間主義を原則とする。		機能組織		カルロス・ゴーン (1954-)〈日産リバイバル・プラン〉 武田國男 (1940-)〈共同体から機能体への脱皮〉 中村邦夫 (1939-)〈家族主義はナナクロだ〉 宮内義彦 (1935-)〈株主価値向上経営〉 吉田春樹 (1935-)〈さらば日本型経営〉
		櫻田武 (1904-85)〈経営五機能論〉 大塚萬丈 (1896-1950)〈企業経営民主化試案〉	日経連〈少数精鋭主義・能力主義管理〉	減量経営推進論	経済同友会『第14回企業白書』	
					日経連『新時代の「日本的経営」』「ブルーカラー・プラン」	奥田碩 (1932-)〈人間の顔をした市場経済〉 小倉昌男 (1924-)〈全員経営〉 常盤文克 (1933-)〈共同社会志向〉
	大原孫三郎 (1880-1943)〈向上的人道主義、人格主義〉 武藤山治 (1868-1934) 日本工業倶楽部「我国情に適せざる労働組合法案」〈大家族主義〉(1930年)	松下幸之助 (1894-1989)〈擬似家族共同体的経営〉	労使運命共同体論		終身雇用制擁護論	共同体組織
	経営理念は共同生活体としての経営の形成。	集団主義と人間主義を尊重する。				

質」に関する特色の比較を追加したものである。すなわち、欧米的経営では、「企業としての経済性の発揮」を経営理念とし、組織の基本性質は「機能組織……その組織を超える、より上位の目的をもつ」のに対し、日本的経営の経営理念は「共同生活体としての経営の形成」であって、組織の基本性質は「共同体組織……その組織を拡大することが目的になる。」(〔吉田繁治ホームページ〕)

経営者イデオロギーの内容分析に際しては、その経営者が望ましいと考えている経営システムの性質が欧米的経営モデルに近いのか、日本的経営モデルに近いのかによって経営者イデオロギーの特徴を明らかにすることができるのではないかと思う。

第四に、経営者イデオロギーについても、時代状況と密接に関わりあい、せめぎあう過程で、受容され、支持を集め、普及するイデオロギーもあれば、逆に、受容されず、敬遠され、放棄されるイデオロギーもあるのではないかと思われる。こうしたイデオロギーの盛衰を明らかにするためには、経営者イデオロギーを時系列で観察することが必要であろう。時代変化と経営者イデオロギーの変遷についての大きな流れを把握することによって、近年の「日本的」経営・雇用慣行の変化の意味もより的確に理解することができるのではないかと考える。

表2は、明治以降現在までの日本企業の経営者の「日本的」経営・雇用慣行をめぐる主要なイデオロギーの変遷を考察するための見取り図である。表の上端に近いほど、「経営理念は企業としての経済性の発揮」であり、「個人主義と没人間主義を原則」とし、組織の基本性質は「機能組織」であるような経営システムを望ましいとする経営者イデオロギーであり、反対に表の下端に近いほど、「経営理念は共同生活体としての経営の形成」であり、「集団主義と人間主義を尊重」し、組織の基本性質は「共同体組織」であるような経営システムを望ましいとする経営者イデオロギーである。そして、こうした経営者イデオロギーが時代変化の中でどのように推移してきたかをみるために、左から右に向かって、大まかな時期区分に沿って、代表的な経営者名等を表示している。

(2) 戦前経営者の労働観
1) 労働の目的観と労使関係観

間宏教授は、明治から昭和40年代前半頃までの期間を対象として、「わが国の産

特集1　ゆらぎのなかの日本型経営・労使関係

業界の指導者、とくに経営上の責任を直接にになってきた経営者が、どのような労働観をもっていたか」、とくに労働についての経営者の価値観について、実際の発言内容にそって、労働の目的観と労使関係観に分けて検討を加えている（間[1970]）。

　まず、労働の目的観に関しては、安田善次郎(1838年生)、大原孫三郎(1880年生)、三村起一(1887年生)、松下幸之助(1894年生)、本田宗一郎(1906年生)らの著名な経営者の発言を検証し、この種の労働観は明治以来、その基調はあまり大きくは変わっていないとされる。すなわち、労働の目的について、個人としての「出世」「成功」をおもに強調するものと、「国家」「社会」への奉仕・貢献のほうを強調するものと大筋としては二つの主張に帰着しており、第二次大戦前は、「出世」「国家」が強調されていたのが、戦後は「成功」「社会」が強調されるようになったという「言葉の上のちがい」はあるが、「質的にみると根本的な変化とはいえない」とされる。換言すれば、「労働態度については、戦前と戦後の一貫性がより顕著で、部分的には戦前に重視された『分限』の考え方が戦後は否定されるようになったという変化はあるが、全体的には『誠実』や『努力』を中心とした徳目がほぼそのまま受け継がれている」のである。

　他方、「労使関係観については、戦前と戦後との間に大きな質的変化がみられる。戦前は労使の庇護・服従の関係をわが国の伝統的な美風とし、労働問題を情緒的な次元で解決しようとする温情主義の考え方が優勢であった。ところが、戦後は、こうした考え方は原則的に否定され、労使の対等関係をたてまえとし、合理的に問題解決をはかろうとする近代主義の労使関係観が優勢になってきた」とされる。たとえば、戦前の経営者の労使関係観を代表する言説として、日本工業倶楽部が、1930(昭和5)年に、労働組合法反対のために公表した文書の次の一節が紹介される（間[1970：25]）。

　「わが国民は人種の差別がなく、個人主義でなく、その国民性として人情よく融和し、情誼に富み、恩遇に酬ゆるに忠実をもってし、産業においても人道主義よく行なわれ、労働を商品視せず、労働者は職務に忠実に、技術に熱心であり、労資相互の信愛協和一般に行なわれ、闘争よりは温情にたより、労働者は労働組合に属する者よりも、労資協調の団体に属する者はるかに多く、一般に労資間の関係は和衷協同し、だいたい泰西にみるがごとき冷ややかなる個人主義に堕していな

い。これはわが国産業界の長所美点ともみるべきもので、長くこれを尊重しなければならぬ。」(日本工業倶楽部「我国情に適せざる労働組合法案」1930年)

　こうした戦前経営者の労使関係イデオロギーは戦後の占領政策下の労働組合設立促進と民主化の動きの中で、社会的な正当性を喪失せざるをえなかったことはいうまでもない。

2) 経営家族主義

　雇用システムに焦点を当てた場合、戦前の経営者の代表的イデオロギーは経営家族主義である。この経営家族主義イデオロギーを代表する経営者が武藤山治(1868-1934：生年と没年を示す。以下同様。)である。

　間教授は、明治、大正、昭和と時代が下がるにつれて、経営者と従業員の直接の人間的接触が困難な大企業における労使関係と温情主義の問題が重要となってきたと指摘し、加えて、「労働者の地位がしだいに向上し、近代的思想も広まってくるにつれ、これまでのような主従の情誼の考え方では説得力がなくなり、親子の愛情になぞらえて説明する考え方が有力となってきた。それを代表するのが武藤山治の大家族主義の考え方である」(間 [1970：25-26])とされる。

　武藤は、1894(明治27)年鐘淵紡績に入社し、1899(明治32)年同社支配人となっている。鐘紡の大家族主義といわれる労務管理は、不解雇主義(終身雇用)、共済組合制度(完備した福利厚生)、意思疎通制度(人間関係諸施策)からなりたっていて、個人的な、あるいは口先だけの温情ではなく、それが労務管理制度として組織化され、体系化されていたところに特徴があるとされている(間 [1970：27])。

　なお、戦前の経営家族主義イデオロギーにはいくつかのバリエーションがある。たとえば、キリスト教的人道主義の立場にたち、職工(労働者)の人格を認めている点が特徴的な大原孫三郎(1880-1943)の「向上的人道主義」(のちに「人格主義」)や戦前にすでに「擬似家族共同体経営」(岡本 [1979：54])を確立し、戦後も長く経営の第一線で活躍して、日本的経営の代表的存在としての松下電器産業を発展させた松下幸之助(1894-1989)などの名前をあげることができる。

(3) 戦後期の経営者イデオロギー

　第二次大戦後、戦前の伝統から完全に切り離された画期的な経営者イデオロギーが生まれた。敗戦直後の社会的混乱と企業内秩序の崩壊の中から、企業の民

主的再建をはかるべく、経営のあり方について徹底した思考を行った経営者が輩出し、ユニークな経営者イデオロギーが創出された。津田教授は、津田 [1987] の中で、「占領軍政による社会制度の変革が政治のみでなく学校教育、家族制度にまで及んでいた以上、『民主化』の運動は社会の根底をゆるがしていたのであって、企業経営はその再建にあたって社会行動様式を変革しなければならなかったのである。企業経営再建の理念は大戦前と同一であってはならなかった」とし、戦後に出現した新しい経営理念について、「さしあたって二つの新しい経営理念の生誕を指摘することができる。第一には、昭和22年8月に発表された経済同友会経済民主化研究会の『企業経営民主化試案』であり、大塚萬丈日本特殊鋼管社長の思想を基礎としている」(津田 [1987：63])、「第二の経営理念は、同じく経済同友会のメンバーでありながら大塚萬丈氏の理論に同意しない櫻田武日清紡社長によって打ち出された」(津田 [1987：64]) と述べている。これら二人の戦後経営者について、経営者イデオロギーの特徴を確認しておくことにしたい。

1) 大塚萬丈（日本特殊鋼管社長）——企業経営民主化のための経営協議会

　大塚萬丈(1896−1950)は戦後発足したばかりの経済同友会の指導的立場にあった。大塚は「民主化」を企業経営の場で実現するために、「資本と経営の分離」を制度化し、資本、経営、労働の三者による共同の意思決定（経営協議会制度）を実現することを主張した。経営協議会を構想するにあたり、大塚は労働者がいかなる立場で経営協議会に関与するかが決定的に重要であると考え、「労働者の全体意志たる総意と個別意志たる創意とを反映せしめ、その責任と協力とを確保せんとするものであるから単なる陳情機関であってはならないことはもとより最後の決定権が経営者によって握られる協議機関であってもならないのであって、結局労働者が経営者と同じく決決権を握る決議機関たることが、企業民主化の中核機関たる経営協議会の真面目であり、かくてはじめて労働者の全幅的な責任と協力とが確保せられるであろう」（「経済民主化とその具体策」1946年10月）と主張している (間 [1970:34])。

　資本、経営、労働の三者による共同の意思決定の考え方は画期的であり、当時、実際に多くの企業で経営協議会がつくられた。しかし、経営協議会を「企業における事実上の最高機関とすることすら夢みた」（「企業民主化とは」『経営者』1950年1月）大塚の期待に全く反して、経営協議会は実質的な成果をあげることなく

まもなく消滅した (間 [1970：35])。

2) 櫻田武 (日清紡績社長)──経営五機能論

櫻田武 (1904－85) は1926年に日清紡績に入社し、43年に常務、44年に専務、そして45年12月には41歳にして社長に就任している。前述のように経済同友会の創設に参加し、48年には日経連を創設し、のちに日経連代表、74年から79年までは日経連会長を務めた戦後日本の代表的経営者・財界人の一人である。

経営システムに関する櫻田の理論は「経営五機能論」といわれるものである (津田 [1987])。以下、日清紡績「社報」(第二十号、1960年) に掲載された講演記録を要約し、「経営五機能論」の概略を示すことにしたい。

「経営の機能が働き出す前に必ず計画がたてられねばならぬ。国民経済の上からまた必要なら国際的な見方から事業の存立に必要な調査 (しらべ) を充分にした上で、事業計画を立てる。その計画に従って経営が働き出すのでなければ、初めての山へ地図を持たずに登るようなもので経営は成り立たない。

ところで計画が立った上での経営の機能はどういうものか。

第一の機能は『資本をその持ち主からあずかる』ということ。資本の持ち主とは誰か、株式会社なら株主が持ち主である。国営の事業なら持ち主は国家であろう。

第二の機能は『人を集めて組織する』ということ。すなわち二人以上の人間の技術と知能を集めてこれをうまく組織して力を合わせられるようにすることである。

第三の機能は『こうして組織された人の知能技術とあずかった資本とを結合させて価値を造りだす』ということ。云い換えれば人の知能と技術を以って資本を運用し―機械に原料をくわせ―人間生活に必要な価値のある物なりサービスなりを生産することである。

第四の機能は『生産された物やサービスを流通段階に移して利潤を得る』ということ。

第五の機能は『こうして得た利潤の再分配』ということ。

大体以上が私の考える経営の機能の内容である。そしてこの内容のどれ一つ欠けても完全な経営とは云い難い。」(櫻田武論集刊行会 [1982, 56-58])

櫻田の経営思想は「企業は社会の公器であり、経営者は社会から公器をあずかる者である」とし、『企業経営民主化試案』とは異なり、「あずかる者」である以上は経営者の経営権を確立すべきであり、労働組合はその協力者であるべきだと考

えるものであった(津田[1987：65])。櫻田の経営者イデオロギーは戦前経営者の経営家族主義とは明らかに異なり、企業を共同体組織としてではなく、機能組織として確立することを志向しているといえよう。このことは、当時としてはきわめて画期的なことであった。津田教授は、その点について、「現在から見直せば、内容は過激ではないけれども、当時はこの論理が社会主義だと企業家、経営者の間で評判が悪かったというほどの革新理論であった」(津田[1987：65])と指摘している。

(4) 1950年代以降の経営者イデオロギー

以上で、戦後日本の企業経営者にとって選択可能な経営者イデオロギーの二つの類型が用意されたことになる。第一の類型は、櫻田武の「経営五機能論」など、戦後に生まれた「機能組織」志向の経営者イデオロギーである。第二の類型は、戦前の経営家族主義などの伝統を受け継ぐ「共同体組織」志向の経営者イデオロギーである。以後の展開は、表2にも表されるように、「機能組織」志向の経営者イデオロギーと「共同体組織」志向の経営者イデオロギーの両者が、時代状況と関わりあいつつ、それぞれ発展してきたように思われる。

時期により、経営環境の性質や優先度の高い経営課題は当然変化する。ある時期は「機能組織」志向の経営者イデオロギーが有力となり、次の時期には「共同体組織」志向の経営者イデオロギーが有力となることもあった。日本的経営をめぐる毀誉褒貶はその反映であろう(1970年代後半期における経営者の雇用観の動揺については、林[1982]を参照せよ)。

ただし、90年代に入り、「機能組織」志向の経営者イデオロギーは優勢の度合いを高めているようにも思われる。株主主権の企業統治論の立場から、企業の雇用責任の放棄を正当化する言説が登場し始めたのは、その一例である(林[1999：17])。

次に、節を改めて、1990年代以降現在までの経営者イデオロギーの傾向をみていくことにする。

3. 1990年代以降の経営者イデオロギーの傾向

(1) 機能組織志向の経営者イデオロギー

1) 経済同友会『第14回企業白書』

経済同友会は、98年秋に経営者4,147人を対象とする「これからの経営・人事戦略と経営者の評価・報酬」についてのアンケート調査を実施し、1,200件の有効回答を得ている。そのアンケート調査の分析結果は、99年2月発行の『第14回企業白書』の中で明らかにされている。

同白書は、「これまで明らかにしてきた調査結果をみると、経営者は『日本型』から脱皮し、成果・業績主義をベースにした新しい人事管理に踏み出そうとしている。それは人事管理の理念と制度・政策の両面で現れている」(経済同友会 [1999：45])と述べる。

日本企業の経営者たちは、どのような「日本型」人事管理から脱皮し、どのような側面で「新しい」人事管理に向かおうとしているのだろうか。同白書はまず、「日本型」人事管理について次のように説明する。「『終身雇用制度』によって雇用を、『年功賃金』によって生活のための所得を保障することによって安定的な生活基盤を約束した上で、従業員との信頼関係を形成する。こうした人事管理の理念をベースにして、さらに、企業と個人は長期的な取引をする、しかも相互に何を期待するかについて前もって明確にせずに、状況にあわせて柔軟に決めて取引をするという、企業と個人の間の『日本型』の取引関係を作りあげてきた。採用、配置、評価、賃金、能力開発等の全ての面で、これまでの人事管理は、こうした理念と取引関係を基盤にして『日本型』が形成されてきた。」(経済同友会 [1999：45])このような説明はきわめてステレオタイプ的であり、実態を明らかにしているとはいいがたいが、以下にみるように、経営者イデオロギーの表明との関連でならば理解可能である。

同白書はかなり強引に、「日本の経営者は、明らかにこうした『日本型』人事管理の基盤を改革しようとしている」(経済同友会 [1999：45])と断定し、「経営者は従業員のステークホルダーとしての地位を後退させようとしている。経営者にとって、生活保障重視の経営戦略をとる企業は魅力のある企業ではなくなりつつあり、そのため、『従業員の生活を考慮した処遇制度』は縮小されようとしている」(経済同友会 [1999：45-46])という解釈の根拠を前述の調査結果から示そうとしている。実際の調査結果は上記の結論を導くほど明白なものではないように思えるが、その点はここでは問わない。同白書の意図が次の主張を行うことであ

特集1　ゆらぎのなかの日本型経営・労使関係

ると思われるからである。すなわち、「それでは、経営者は『日本型』に代わる理念と取引関係として何を提示しているのか。本調査の結果のなかでは明示的に示されているわけではないが、経営者は明らかに、従来型の長期的で暗黙的な取引関係を、『会社は従業員に何を期待するのか』『個人は会社に何を期待するのか』をお互いに明確に示した上で取引関係を結ぶ契約的な関係に変革しようとしている。そうなると会社と従業員の間の新しい信頼関係の基盤は、会社が従業員を対等の独立した取引相手として尊重し、契約の公正さを保障することによって作られよう。」(経済同友会 [1999：46])

このように、経済同友会『第14回企業白書』は現在の日本企業の経営者たちが、会社と従業員の関係について、「従来型の長期的で暗黙的な取引関係」から、「新しく会社と従業員が相互に期待内容と条件を明示した上での契約関係」に転換しようとしていると指摘するのであるが、この指摘は「本調査の結果のなかでは明示的に示されているわけではないが」と述べられているように、調査で明らかにされた事実関係を踏まえた指摘というよりも、同白書の執筆者が望ましいと考える経営者イデオロギーの転換の方向を述べたものであると言えよう。

2)　カルロス・ゴーン（日産自動車）——日産リバイバル・プラン

カルロス・ゴーン氏(1954—)は経営危機に陥った日産自動車を救済するため、99年6月、フランスのルノー社から日産自動車に乗り込み、実質的なトップ経営者として辣腕を振るっている。ゴーン氏は来日後、日産社内のあらゆる部門の責任者に徹底したヒヤリングを行い、同社の問題点と解決策を聞き出した。その分析の結果、同社の各部門が自部門にのみ意識と行動を向け、会社全体について考えていない。利益追求が不徹底で顧客志向が欠如しているなどの問題摘出を行い、それへの対処策として、クロス・ファンクショナル・チームと呼ぶ部門横断的な精鋭のプロジェクトチームを編成し、抜本的な改革案の作成に取り組ませた。改革案はエグゼクティブ・コミッティー（取締役中心の最高会議）で絞り込まれ、99年10月、「日産リバイバル・プラン」として発表された。同プランはグループ全体で2万1千人(14％減)の人員削減や業者数の大幅な削減をともなう購買コストの削減(3年間で20％削減)など厳しい内容であったが、プランの必達目標として、2000年度の黒字化(連結)や2002年度までに有利子負債の半減などを掲げ、これらのコミットメント(約束)が守れない場合は、責任を取って、ゴーン氏自身を含む

エグゼクティブ・コミッティーのメンバー全員は辞任すると明言した(『日経ビジネス』1999年11月1日号)。

　ゴーン氏が明快な言動で表現する日産自動車がめざすべき経営システムは、その理念において「企業としての経済性の発揮」を最優先するものであり、まさに表1の「欧米的経営」の性質を有していると思われる。ゴーン氏は、米国の有名なビジネス雑誌である『ビジネス・ウイーク』が選ぶ「2000年の経営者トップ25人」にも選ばれるなど評価と知名度を高めており、今日のわが国経営者階層のイデオロギーに最も大きな影響を与えている人物の一人であると思われる。

3) 武田國男（武田薬品）——「共同体から機能体への脱皮」

　わが国最大手の製薬会社である武田薬品工業が近年、経営刷新と人事制度改革に熱心に取り組んでいることは経済誌や新聞紙上で少なからず取り上げられてきた。2001年5月、同社の元人事部長で人事制度改革の責任者であった柳下公一氏が執筆した『わかりやすい人事が会社を変える』と題する本が出版された。同書は、同社での「成果主義」を始めとする人事制度改定とそれと平行して進められた組織風土の変革の動きを豊富な資料とともに振り返っている。

　同社では、94年に社長に就任した武田國男氏(1940—)の次のような危機感が経営改革の契機となった。「世の中は変わる。どう変わるかわからないが変わる。日本だってどうなるかわからない。つぶれるかもしれない。いま『世界のタケダ』という言葉ほど私に虚しく響くものはない。世界の巨大製薬企業の実力を知らないから気楽にいっていられるので、いまの武田薬品が実力で世界に残れると本気で思っているのだろうか？　変化に取り残されず、21世紀に生き残れる会社にしたい。自分一代ではできないかもしれない。やれるところまでやって、次の社長、次の世代の従業員によい会社として残したい。」(柳下 [2001：26-27])

　経営改革の方向は「共同体から機能体への脱皮」というコンセプトによって主導された。柳下氏はそのコンセプトの狙いを次のように述べている。「部門のセクショナリズムが強く、当時の武田薬品は一種の村社会だったように思う。村落共同体では、過度に集団主義が支配し、個人の自由な発想は認められない。面倒をみた、みない、という親分・子分の関係、建前主義、権威主義、もたれ合い等が横行する。これに対し、機能共同体では、自主判断と自己責任に裏打ちされた『個』が存在する。個は個として自立し、本音で率直な議論が交わされ、有機的に全体

を構成する。命令・報告の系統がはっきりしており、部分的な刺激に対し、全体が機敏に反応する。こうした組織を目指したいと思った。」(柳下 [2001：77])

同社の経営改革の目指す方向は、表1の「欧米的経営」であることは明らかである。

4) 宮内義彦（オリックス）——「アメリカに向かって走れ」

宮内義彦氏(1935-)は、2000年にオリックスの代表取締役会長兼グループCEO（最高経営責任者）に就任している。同社の代表取締役兼グループCEOに就任したのは1980年であるから、20年もの長期にわたり、経営トップに君臨している。また、宮内氏はわが国財界の代表的論客であり、規制緩和論者としても有名である。

宮内氏は2001年6月に『宮内義彦 経営論』と題する著書を出版している。同書から、氏の経営者イデオロギーをみていくことにする。氏は同書の執筆意図について、「せめて本書が若い起業家やビジネスマン、あるいはこれから企業人を目指す学生の皆様に『これからの方向を確認するためのコンパス程度のお役に立てれば』との思いで筆をとりました」と語る。現在すでに経営者階層の一員である人たちよりも、むしろ将来、経営者階層に入っていく可能性のある若い世代に向けてイデオロギーの発信を試みていることがうかがえる。

宮内氏は、日本企業が目指すべき経営システム改革の方向性について、次のように述べている。

「日本の企業経営にいま求められているのは、一言でいえば『アメリカに向かって走れ』ということではないでしょうか。日本企業に対して『アメリカ企業そのものになるべきだ』といいたいわけではありません。アメリカに向かうのとアメリカそのものになるのとでは全く違います。

『なるべきだ』といったところで、社会的な背景や国民性が違いすぎるため、日本企業はアメリカ企業そのものにはなれないでしょう。また、アメリカ企業そのものになる必要もありません。

ただし、80年代まで世界で注目されてきた日本的経営といわれるものが、90年代のグローバル化した企業競争のなかで大きく立ち遅れてしまったのも事実です。そしてこの間に、アングロサクソンを先頭とする先進国型の経営手法が強さを発揮しました。そのアングロサクソン型経営のチャンピオンがアメリカ的経営とい

えましょう。」(宮内 [2001：ⅰ-ⅱ])

　日本的経営と「アメリカ的経営」の位置する状況を以上のように認識した上で、次のように述べている。

　「さて、正しい事実認識がなければ何事も先に進むことはできません。アメリカ的経営の長所を認めたうえで、アメリカから学ぶべきところと日本企業がこれまで培ってきた長所を止揚して、新しい経営の創造を目指したいものです。……ことによると、一人一人の社員や経営者、顧客、そして何よりも株主にとって、最も快適な経営手法は、これまでの日本的経営とアメリカ的経営のどこか中間にあるのではないでしょうか。」(宮内 [2001：ⅱ-ⅳ])

　宮内氏は「最も快適な経営手法は、これまでの日本的経営とアメリカ的経営のどこか中間」と考えているのであるが、その理由は、「人材面については、アメリカ的経営は必ずしも完成されたものでないようです。この面では、日本的経営の長所を生かすことができるでしょう」(宮内 [2001：ⅳ])という指摘にみられるように、氏がアメリカ的経営の短所も理解しているからであろう。

　人材面に関する経営手法についての宮内氏の考えは次のようにまとめられよう。

　すなわち、「株主重視の経営に役立つ新しい経営指標や、社外取締役などコーポレート・ガバナンスの強化につながる経営システムは、アメリカ的経営のなかで、アメリカ企業が長年かけて作り上げてきた『優れた部分』といえる」。「市場のなかで競争に勝ち抜こうとする日本企業にとっても、それらの導入はこれから不可欠になる」。一方で、「雇用のあり方については、日本企業とアメリカ企業のこれまでの考え方にかなりの違いが見られ」る。「アメリカ的経営における雇用は」「労働力の市場経済化といえ」る。「アメリカでは労働市場も効率的な市場であり、一国全体でみたら労働力という経営資源の有効活用がなされている」。「会社経営という観点から見た場合にも、業況に応じて柔軟に人件費の調整ができる点や、対価さえ払えば必要な能力をもった人材を容易に獲得できる点は大きなメリット」である。

　「しかし、『人材』という経営資源の特色を考えると、アメリカ社会の高い流動性は、企業の内側で知識やノウハウの集積を図る場合にはマイナスに作用することも考えられ」る。「働く意欲を引き出すための仕組みが、成果の対価であるおカネに偏りすぎていることのマイナス面もある」。「一人の能力を存分に発揮させる

のに適しているアメリカの雇用システムは、全体の能力をチームとして利用しようとする場合や、より高い効率を長期的に達成したい場合などに弱点が出るのではない」か。(宮内 [2001：160-161])

「特に知識が新たな価値を生む『知識社会』では、企業のなかの人同士が『ふつふつたる知の交流』を日常していることが何よりも大事になってきます。そのような知の交流は新しい価値を創造し企業成長の基となります。それを有効なものにするためには、有能な人に長く企業内にとどまってもらう必要があります。彼らが中心となって、企業の内側でこれまで蓄積した知識を体現し、新しい知の創造に彼らが参加して初めて、企業成長のもととなる新しい価値の創造は実現するものです。

このあたりに、従来の日本的雇用システムを生かす余地がありそうです。」(宮内 [2001：163])

このように、宮内氏の主張は、日本企業の経営システム改革の全体的な方向性としては、「アメリカに向かって走れ」というメッセージにみられるように、「アメリカ的経営」への接近を唱道するものであるが、こと人材面、あるいは雇用システム面については、日本的経営の中にも採用すべき点を認めるものとなっている点が注目される。

(2) 共同体組織志向の経営者イデオロギー

日本企業は経済性発揮のための機能組織を志向すべきだとする主張に真っ向から対抗して、共同体組織の長所を強調する経営者も存在する。そうした経営者の代表的な言説を観察しよう。

1) 常盤文克(花王)——共同社会とホーリズム

常盤文克氏(1933－)は、花王株式会社の研究所長などを経て、90年に代表取締役社長、97年に代表取締役会長に就任し、2000年6月から同社の特別顧問を務めている。常盤氏はこれからの企業は共同社会を志向すべきだとして、次のように述べる。

「企業の温もりを醸成するためには、共同社会という発想から組織をとらえることである。一般に社会構造の変化は、『共同社会から利益社会へ』と進んでいくと言われる。これを素直に解釈すれば、アメリカ流の株主資本主義の流れのなか

で、企業こそ利益社会の究極の姿をめざすべきだと錯覚しがちである。

　もちろん、ガバナンス（企業統治）の観点からすれば、日本企業の場合、これまで株主重視の視点が弱かったことは確かである。しかし、われわれは、アメリカ流の利益社会の考え方に安易に追随することなく、その先にある人の集団としての温もりこそを追い求めるべきではないだろうか。

　これからの企業は、利益社会的な考え方だけではなく、共に生きていく仲間の集まりである共同社会を志向していくべきであると思う。皆で働いて喜びを分かち合う、共に生きていくなかで感動を伝え合うといった、共同社会的な集団のよさを持つ組織のあり方を模索するべきであると考える。」（常盤 [2000 : 179-180]）

　そして、共同社会志向企業は新しい時代に適合していると次のように主張する。

　「企業も新しい時代には新しい視座に立ち、行動を見直さなければならない。ネット社会という枠組みのなかで仕事をしていくためには、企業の仕組み、組織やマネジメントのあり方も、仕事の仕方や仕事の意味、そして価値観や行動基準なども従来とは違った新しいものにしていかなければならない。」（常盤 [2000 : 33-34]）

　「ビジネスの解を出すにあたり、20世紀を通じてわれわれが行ってきたことは、問題を細かく部分に分けて、一つひとつの部分を解析することにより全体を理解しようとする要素還元的なアプローチであった。このアプローチに行き詰まりが来たのである。複雑かつ多様な相をもつネット社会には、それに取って代わるアプローチが必要である。ここに『ホーリズム』という考え方がある。」（常盤 [2000 : 35]）

　「ホーリズムとは、『部分を単純に足し合わせても全体にはならない。むしろ、全体は部分の価値を規定する"統体"とでも言うべきものである。全体が部分を特定する』という考え方に立っている。"統体"とは、部分が有機的に統合された全体（またはシステム）のことを指す。」（常盤 [2000 : 35]）

　このようにネット社会の出現は「日本的経営」システムに埋め込まれていたホリスティックな視点への回帰を促していると主張するのである。

2）　小倉昌男（ヤマト運輸）──「全員経営」体制の人事・労務管理

　小倉昌男氏（1924−）は1948年、父、康臣氏の経営する大和運輸（現ヤマト運輸）に入社、61年取締役、71年社長、87年に会長に就任している。その後いったん取締

特集1　ゆらぎのなかの日本型経営・労使関係

役相談役に就いたのち、93年に会長に復帰、95年、再び会長を退き、現在はヤマト福祉財団の理事長としての活動に専念している。

　小倉氏は全国のトラック運送業界の若手経営者に呼びかけ、新しい情報を採り入れ、それに基づく経営手法を勉強する目的で、全国運輸事業研究協議会(略称、全運連)を1972年に設立している。その全運連では、毎年1回、会員を集め、「経営研究集会」を開催していた。77年に開催された「経営研究集会」で、上智大学社会経済研究所の篠田雄次郎教授が「全員参加の運輸事業経営」という演題で講演したのだが、小倉氏はその講演から「全員経営」という概念を学び、自社の経営の実際に応用している(小倉 [1999：52-55])。

　小倉氏は篠田教授の講演の内容を次のように要約している。

　「——共同体経営＝パートナーシップ経営とは、経営者が労働者と対等に力を出し合って企業活動をやり、その成果を両者で分配するというものだが、いわゆる西ドイツでいわれている労働者の経営参加とは異なる。共同体経営では、共に知り、共に働くという姿勢が中心である。従業員が自発性を高め、自己管理をしていくことに特色がある。そのためには、経済の動き、経営の状態、人事など経営に必要な情報を、同時に従業員にも提供し、同じ目的意識を持たせることが必要である。自発性を高めるには、社内のコミュニケーションの改善、小集団の活用、経営の成果配分が必要である。成果配分は、みんなで考え、その決定は経営者に任せる。問題は質であり量ではない——。」(小倉 [1999：55-56])

　小倉氏によれば、「全員経営」とは、経営の目的や目標を明確にした上で、仕事のやり方を細かく規定せずに社員に任せ、自分の仕事を責任をもって遂行してもらうことである。同社では、宅急便事業に併せて全員経営体制の人事・労務管理を導入した。宅急便を担う中心的存在は、現場で顧客に接する約3万人の「セールスドライバー」であり、彼らは荷物の集配、営業、集金などひとりでさまざまな業務をこなさなくてはならない。「寿司屋の職人」のような働き方が求められ、サッカーでいえば最前線の「フォワード」にあたるかれらのやる気を引き出し、楽しく働いてもらうことを目的として、「全員経営」は導入されたのである(小倉 [1999：171])。

　また、人員整理についての小倉氏の意見は次のとおりである。「リストラを口実に人員整理を図る企業が多いのは、率直にいってよくない傾向だと思わざるを得

ない。なぜなら、企業というものは社会的な存在だからである。企業は、雇用を通じて地域社会と結びついている。その企業が社員の首を安易に切るということは、地域の雇用を守るという意味からもしてはならないことだと思う。」(小倉 [1999 : 292])

　以上みてきた小倉氏の経営観・労働観をまとめると、同氏の経営者イデオロギーは共同体組織志向がかなり強いといえるのではないかと思う。

(3) 日経連の経営者イデオロギー

　日経連(日本経営者団体連盟)は、1992年8月に「これからの経営と労働を考える」報告書を発表し、1995年5月に新・日本的経営システム等研究プロジェクトの報告書『新時代の「日本的経営」——挑戦すべき方向とその具体策——』を発表した。とりわけ、後者は各企業での「雇用ポートフォリオ」の検討を提言するなど、日本企業の雇用システム改革に向けて踏み込んだ主張もみられ、注目を集めることとなった。

　ここでは、本稿の趣旨に合わせて、『新時代の「日本的経営」』報告書に表れた日経連の見解を要約することとする。

(A) 日本的経営の基本理念
　いわゆる日本的経営について、変えてはいけない基本理念として、「人間中心(尊重)の経営」「長期的視野に立った経営」の二つがある。環境条件の変化によって、日本的経営の運営面では変えなければならない問題はいくつもあるが、二つの基本理念の重要性を改めて認識する必要がある。
(B) 日本的経営の特質
　日本的経営の特質は、終身雇用慣行や年功賃金制度といった制度・慣行ではなくて、そうした運営の根本にある「人間中心(尊重)の経営」「長期的視野に立った経営」という理念が日本的経営の基本である、と考える。運営面の制度や仕組みは、環境条件の変化に応じて変える必要があるが、基本理念は普遍的性格をもつものであろう。
(C) 日本と欧米の組織と個人の関係のあり方の相違
　こうした理念は、たとえば、わが国と欧米の組織と個人の関係のあり方にも相

違が表れていると思われる。

　欧米の企業は、ベースに機能組織があり、人間を組織・ポストにあてはめていく。わが国では組織に人間をあてはめるのではなく、構成員個々人の能力を最大限に引き出すために、組織を動かす。人間中心（尊重）の理念をベースに、雇用の安定、働く人の生きがい、能力向上、内部昇進を基本とする考え方が良好な労使関係をもたらし、「長期的視野に立った経営」を支えているという視点を重視すべきである。

(D) 今後の雇用システム

　わが国の雇用慣行は、時代の諸環境の変化に柔軟に対応して今日にいたっている。今後も長期的視点に立って、人間中心（尊重）の下、従業員を大切にしていくという基本的考え方は変わらないが、意識の多様化、産業構造の変化にも柔軟に対応するシステムをあわせ検討する必要がある。雇用は好むと好まざるとにかかわらず、流動化の動きにある。

(E) 雇用形態の多様化

　今後の雇用形態は、長期継続雇用という考え方に立って企業としても働いてほしい、従業員も働きたいという長期蓄積能力活用型グループ、必ずしも長期雇用を前提としない高度専門能力活用型グループ、働く意識が多様化している雇用柔軟型グループに動いていくものと思われる。つまり企業と働く人のニーズがマッチしたところで雇用関係が成立する。

　以上の日経連の見解で特徴的なのは、次の点である。すなわち、雇用流動化の動きに対応した雇用システム改革を進めることは、「人間中心（尊重）の経営」「長期的視野に立った経営」という理念に矛盾する虞があり、イデオロギー面での首尾一貫性が問われることになりかねない。そこで、その矛盾を解消するために、従業員を長期継続雇用のグループとそれ以外の短期雇用のグループに区分するという「雇用形態の多様化」を提案し、そのような雇用システムの採用を「企業と働く人のニーズがマッチしたところで雇用関係が成立する」という一般的な論理で正当化したのである。

　つまり、日経連は、雇用システム改革の推進にあたり、従来の経営者イデオロギーの廃棄を宣言して、新たな経営者イデオロギーを採択するのではなく、従来

の経営者イデオロギーを維持しつつ、その解釈の拡張によって、雇用システム改革の唱道に踏み出したといえるのではないだろうか。このことから、日経連が欧米流の機能組織志向の経営者イデオロギーへの転換を主張するのでもなく、かといって、日本型の共同体組織志向の経営者イデオロギーの維持を主張するのでもない、いわば第三の道の追求を主張しようとしていることの背景が説明されると思う。日経連のイデオロギー面におけるこうした特徴は、会長が根本二郎氏から奥田碩氏（1932－）に代わっても基本的な変化はみられない。奥田氏の言説については、経営におけるステークホルダーとの調和や社会的責任を強調する傾向がうかがえる次の記事を引用しておきたい。

「2000年8月3日、日経連経営トップセミナーの基調講演で、奥田日経連会長は、最近、乳製品メーカーの衛生管理問題や自動車メーカーの品質不具合の問題などの事件が相次いでいることに触れ、経営者が現場を知らない、あるいは現場を軽視しているといった印象を受けることは嘆かわしい。バブルの最も重大な後遺症は、企業経営者の精神的な荒廃かも知れない。自分の会社の利益、株主の利益だけしか考えず、従業員の幸せや、企業の社会的責任、幅広い関係者（ステークホルダー）との調和、もっと大きくとらえれば地球環境なども含め、経済や国全体の利益を考えない経営トップは、『経営者』と呼ぶに値しない，『経営屋』にすぎないと考えると述べた。」（法政大学大原社会問題研究所，[2001：123-124]）

ところで、日経連は2002年に経団連（経済団体連合会）と組織統合することが決定しているが、経団連の労使関係観は日経連のそれと必ずしも同一ではないと思われるから、両団体の組織統合は、従来の日経連の経営者イデオロギーに少なからぬ影響を与えるものと思われる。ただし、その帰趨は現時点では明らかではない。

4. 結 び

これまでの分析結果から明らかになった経営者イデオロギーの動向をまとめておきたい。

まず第一に、日本企業の経営者のイデオロギーとして、戦前（第二次大戦前）にはほとんどみられず、戦後は有力な主張があったものの、経営者階層の中で必ずしも主流の位置を占めてはいなかった「欧米型」あるいは「アメリカ型」の経営者

イデオロギー、すなわち経営理念として、「企業としての経済性の発揮」の優先を根幹とするイデオロギーが、1990年代以降、最有力な経営者イデオロギーの地位に到達しつつある傾向が見いだされる。

　第二に、「日本型」の経営者イデオロギー、すなわち経営理念として「共同生活体としての経営の形成」を優先する経営者イデオロギーは、時代環境に合わせた「衣替え」を行いながら、長期間にわたり日本企業の経営者階層における最有力の経営者イデオロギーの地位に君臨してきたが、1990年代以降、そうした地位から後退しつつあることは確かなようである。しかし、「日本型」の経営者イデオロギーが全く力を失ったわけではない。また、知識情報社会、ネットワーク社会といった新しい経済社会の性質に適合したイノベーティブな経営組織創造の主導理念として、新たな「衣替え」と理論武装をはかり、その地位を取り戻す可能性も想定しうるシナリオの一つであると思われる。

　第三に、1990年代以降の経営者団体の動向をみると、経済同友会は「アメリカ型」の経営者イデオロギーを唱道する傾向を強めているものの、日経連はそこまで踏み切っておらず、ヨーロッパ型でもなく、アメリカ型でもない、新日本型とも呼ぶべき第三の道を追求すべきだと主張するなど、中間的なイデオロギーを掲げている。おそらくわが国の経営者階層の中でもっとも多数派は日経連の主張に近いイデオロギーの持ち主ではないかと思われる。2002年に行われることが決定している日経連と経団連の統合や、各企業における経営システム改革の進行、小泉政権の「聖域なき構造改革」や金融機関の不良債権処理の過程で大規模に発生する可能性のある企業淘汰と失業増大などの要因がこれら多数派の経営者のイデオロギー動向に密接な影響を与えるであろうが、その帰趨を現時点で見通すことは難しい。

　第四に、一般的にいって、個人にとっていったん形成した自己のイデオロギーを転換することは容易ではない。したがって、経営者階層全体のイデオロギーの変動は、個人内部の思想あるいは意識の変化よりも、むしろ経営者の世代交代など、経営者集団の社会的変動によって主導されるのではないかと思われる。そうであるならば、経営者が生まれ育った時代の性質、学習歴(たとえばビジネス・スクールでの学習)の世代的特徴、企業における経営者選抜プロセス(海外勤務経験をどう評価するかやファスト・トラックの有無)などの検証も必要である。た

だし、今回はそうした作業には取り組めなかった。今後に残された研究課題である。

〔参考文献〕

伊丹敬之, 1987, 『人本主義企業』筑摩書房。
伊丹敬之, 2000.9, 「デジタル人本主義の本質」『一橋ビジネスレビュー』48巻1-2合併号, 東洋経済新報社。
稲上毅・連合総合生活開発研究所編著, 2000, 『現代日本のコーポレート・ガバナンス』東洋経済新報社。
岡本康雄, 1979, 『日立と松下―日本経営の原型』上・下, 中央公論社。
奥村宏, 1998, 『無責任資本主義』東洋経済新報社。
経済同友会, 1999, 『第14回企業白書 "個"の競争力向上による日本企業の再生―経営者の能力が問われる時代―』経済同友会。
小倉昌男, 1999, 『小倉昌男 経営学』日経BP社。
櫻田武論集刊行会編, 1982, 『櫻田武論集』上・下, 日本経営者団体連盟弘報部。
新・日本的経営システム等研究プロジェクト編著, 1995, 『新時代の「日本的経営」―挑戦すべき方向とその具体策―』日本経営者団体連盟。
田中慎一郎, 1984, 『戦前労務管理の実態―制度と理念』日本労働協会。
津田眞澂, 1968, 『年功的労使関係論』ミネルヴァ書房。
津田眞澂, 1982, 「日本的経営の現代的意義」津田眞澂編著『現代の日本的経営』第10章, 有斐閣。
津田眞澂, 1987, 『日本的経営の人事戦略』同文舘。
津田眞澂, 1994, 『日本の経営文化―二十一世紀の組織と人』ミネルヴァ書房。
津田眞澂, 1995, 『新・人事労務管理』有斐閣。
津森信也, 2001, 『なぜ日本の経営はダメなのか―株主重視経営で勝ち残れ』東洋経済新報社。
常盤文克, 2000, 『質の経営論―企業の明日を考える』ダイヤモンド社。
西野嘉一郎, 1975, 『明日の経営者―その機能と責任』東洋経済新報社。
日経連能力主義管理研究会編, 1969, 『能力主義管理―その理論と実践―』日本経営者団体連盟弘報部。
『日経ビジネス』, 1999, 11月1日号。
間宏, 1970, 「解説・財界人の労働観」ダイヤモンド社編『財界人の労働観』ダイヤモンド社。
間宏, 1979, 『経営福祉主義のすすめ』東洋経済新報社。
間宏, 1989, 『日本的経営の系譜』文眞堂。
間宏, 1998, 『長期安定雇用』文眞堂。
林大樹, 1982, 「終身雇用制と日本的経営―選択定年制の意義―」津田眞澂編著『現代の日本的経営』第8章, 有斐閣。
林大樹, 1999, 「人事労務管理の動向と企業の選択」石川晃弘・田島博実編著『変わる組織

と職業生活』第1章, 学文社。
法政大学大原社会問題研究所編, 各年版,『日本労働年鑑』旬報社。
松下武義, 2000,『経営と権力』日本放送出版協会。
宮内義彦, 2001,『宮内義彦 経営論』東洋経済新報社。
森川英正, 1996,『トップ・マネジメントの経営史』有斐閣。
森嶋道夫, 1999,『なぜ日本は没落するか』岩波書店。
柳下公一, 2001,『わかりやすい人事が会社を変える』日本経済新聞社。
米倉誠一郎, 2001,『勇気の出る経営学』筑摩書房。
吉田繁治ホームページ『ビジネス知識源』(http://www.cool-knowledge.com)
吉田春樹, 2000,『執行役員』文藝春秋。

アメリカ型雇用システムと人材供給サービス

仲野(菊地)組子
(同志社大学非常勤講師)

はじめに

　日本では、政府や財界は、さかんにIT(情報技術)産業が不況を克服し失業率を回復する救世主になると宣伝している。この背景には、ご存知のように、アメリカの、IT革命ともいわれるほどのIT産業の発展、この産業を軸とした連続的な好景気、失業率の低下、IT機器の価格の低下によるインフレ率の抑制がある。米国商務省発行の『デジタルエコノミー2000』(U.S. Department of Commerce, 2000)によると、90年代後半の「R＆D投資(実質)の伸びは、年率平均約6％であり、この成長の大きな部分、つまり、1995年から1998年の間で見ると、37％がIT産業によるもの」(ib., vi, 邦訳vii)だという。また、「1998年では、IT産業[1]に従事した労働者とそれ以外の産業でIT職業に従事している労働者の数はあわせて、740万人で全労働者の6.1％を占める。その中でも特に、ソフトウェアとコンピュータ・サービス部門の雇用は、1992年の85万人から、1998年には、160万人へと倍増した」(ib., vii, 邦訳viii)という。総じて、1995年から、1999年にかけて、「IT産業は、アメリカの実質GDP成長率の約30％に寄与した」(ib., p.27, 邦訳53頁)という。

　このように、90年代後半において、急成長をとげ、ニューエコノミーを支えるIT産業だが、雇用システムや雇用形態から見るならば、新しく起こった産業ゆえに、新しい雇用形態や雇用システムが集中する産業でもある。それは、また、主にシリコンバレーを含む西部のサンタクララ郡に集中しているという特徴も持っている。

　本稿では、主にシリコンバレーを中心としたIT産業にかかわる労働者の雇用

特集1　ゆらぎのなかの日本型経営・労使関係

の実態から、アメリカ型雇用システムといえる特徴をさぐってみることにしたい。2000年3月の拙著『アメリカの非正規雇用』では、主に雇用形態と雇用関係について述べたが、この稿は、それを前提として、さらに、転職と人材供給サービスの全体像を付け加えて、アメリカ型雇用システムとしたい。

1. アウトソーシングと様々な雇用形態

今や、よく知られているように、一般的に見て、アメリカでは、**表1 EPI統計**に示したように、就業者の約3割は非正規雇用者である(仲野, 2000)。これは、1980年代からの労働コストの削減と技術革新、リエンジニアリングが結合したリストラクチャリングにより、可能な職務は極力アウトソーシングし、さらに、ジャスト・イン・タイムの生産システムにならって労働者をもいつでも着脱可能な非正規雇用に変えたことによる。同時に、仕事を請負うビジネスサービス業や、コンピュータ関連の高度なハイテク技術の労働者からデーター入力のようなローテク労働者までを擁する、インディペンデント・コントラクター(個人請負労働者)や派遣という労働契約形態が多く出現してきた。[2] **表2**に示したように、企業

表1　非正規雇用の労働統計局統計とEPIによる組替え表　1997年

経済政策研究所 (EPI)	人数(千人)	分布割合(%)	労働統計局	人数(千人)	分布割合(%)
正規雇用	90,367	71.3	伝統的な労働契約の労働者(正規、パートタイマー)	114,199	90.1
非正規雇用	36,375	28.7	非伝統的な労働契約の労働者	12,561	9.9
レギュラー・パートタイマー	17,238	13.6	分類なし		
派遣労働者	1,267	1.0	派遣労働者	1,300	1.0
オン・コール・ワーカー	1,774	1.4	オン・コール・ワーカー	1,996	1.6
日雇い労働者		0.0	分類なし		
自営業	6,084	4.8	分類なし		
インディペンデント・コントラクター	8,238	6.5	インディペンデント・コントラクター	8,45	6.7
請負い会社の労働者	1,774	1.4	請負い会社の労働者	809	0.6
合計	126,742		合計	126,742	

注1) EPIは、労働統計局の統計を組替えて、算出した。EPIの人数は、%から割りだした数値。
注2) 労働統計局の数値、割合は、労働統計局の公表どおり。「非伝統的な労働契約の労働者」と「伝統的な労働契約の労働者」の合計は、全体の合計数と合わないが、労働統計局の注によると、4捨5入と日雇い労働者が、分類の項目には表れないが、全体には含まれているからだ、と述べている。
出所) EPIは、*The State of Working American 1998-99*, 労働統計局は、*Monthly Labor Review* Nov.1998.

表2 サンタ・クララ郡の非正規雇用労働者数 1984−1997

	サンタクララ郡			全国(単位：千人)
	1984年	1997年	増加率、%	1997年
派遣労働者	12,340	33,230	159	2,646
パートタイム労働者	136,200	164,240	21	20,000
ビジネスサービス労働者	48,500	122,400	152	5,337
自営業者	45,700	69,900	53	10,500
コンティンジェント・ワーカー	242,700	389,770	51	38,483
(見積：上限)		41.8%		37.3%
コンティンジェント・ワーカー	189,300	254,080	34	32,088
(見積：下限)		27.2%		31.1%
全民間労働者	761,200	933,200	23	103,120

注) サンタクララ郡の分類はベローズの方法により、下限の数には、ビジネスサービス労働者数は含まず、派遣労働者は、パートタイム労働者とだぶっているので、60％のみを計上している。全国統計は、サンタクララ郡の表に従って算出したもの。
出所) サンタクララ郡の労働者数は、カリフォルニア雇用開発部の分析。
Francoise Carre 他、*Nonstandard Work*, p.365, 表1. 全国の表は、労働統計局、*Employment and Earnings*, 1998.

による非正規雇用労働者は、IT産業の多いサンタ・クララ郡では、見積：上限では42％に上り、全国平均より約5％多くなっている。また、製造業では、外部企業への下請化も進行した。コンピュータ関連の製造業の下請化は部品製造や修理部門に多く、仕事は、比較的大規模な下請会社からさらに小規模な下請会社へとまわされ、一番最後は、家内労働にいたるようだ。シリコンバレーのコンピュータ製造業では、下請率は完成品コストの約80％をしめるという (Benner and Dean, 2000)。

最近の『ビジネスウィーク』誌によると、ハイテク企業は、請負の電子機器製造業である Solectron Corp. のような会社へ仕事を下請に出す。この会社は1977年操業開始して以来、シリコンバレーの労働者6,700人を含む全労働者45,000人を擁する年商840億ドルの会社に成長した。多くの請負い製造業と同じように Solectron の15％が派遣労働者。このような大下請会社の下に何百という小さな請負い工場がある。それらの工場は、度々さらにその下の小さな会社をかかえるという (Bernstein, 2000)。

具体的にその実態を要約して紹介しよう。

　カンボジア移民であるカムサン・マオは、サンノゼにあるトップ・ライン・エレクトロニクス社に家内労働の電子部品組立仕事のために雇われた。トップ・ライン社はライト・オン社の下請会社で、コンピュータの製造・修理を請

負っていた。ライト・オン社は、コンパック・コンピュータ製造会社の下請仕事をしていた。カムサン・マオは、トップ・ライン社の工場に出向き部品をもらい、自宅でコンピュータの組み立てや修理をやっていたが、1992年に家内労働から工場に雇われた。しかし、1994年にふたたび家内労働をしてくれと上司に頼まれた。家内労働は時給5ドル以下で工場労働は11.20ドルであった。彼は、時給5ドルに戻ることになるが仕事を切らしたくないために、同意した。そして、1998年にレイオフされた。彼は、12月にサンフランシスコの労働者支援団体、Equal Right Advocates に支援されて、最低賃金違反で、トップ・ライン社とライト・オン社を相手に提訴した(Bernstein)。

このような下請状況が明らかにされたのは、『ビジネス・ウィーク』誌によれば、1999年の夏にサンノゼ・マーキュリー新聞が、小企業からセレクトロン社のような大企業までを含む14の電子機器産業の請負い企業で時給4ドルから5ドルで働く家内労働の実態を報じたことによる。そして、その年の秋にカルフォルニアの監督官による大がかりな調査が行われた。この監督官の調査により、シリコン・バレーの3つの電子機器下請会社が出来高払いや家内労働に従事する労働者に185,000ドルの残業代を支払ってないことが、明らかになった、という(Bernstein)。

2. 転職の状況と賃金格差

(1) 転職の状況

今日日本にも様々な労働契約形態があり、アメリカにひけをとらなくなっているが、これらの形態が様々に組み合わされて咲き乱れているという点では、なんといってもアメリカが先行している。アメリカ型雇用システムの特徴は、上記のアウトソーシングを背景とした労働契約形態が、正規雇用を含めた転職のめまぐるしさを可能とし、さらに、相互に作用し合って転職を促しているということにある。

ハイテク労働者の転職は、特にすさまじい。商務省の『デジタル・ワークフォース(*Digital Work Force*)』(U.S. Department Commerce, 1999)によると、決定的に重要なスキルを獲得するために、決まりきった職務から特命をおびた職務にいたるまで広範囲な職務に労働者を引きつけ保持するために、幅広い戦略を創り出しているという。具体的にいうと、ITのビジネス環境は、仕事の安定性が成

功の証であるような一般的な職業と異なり、キャリアチャンスに必要とされるような重要なテクニカルスキルを得る手段としてのジョブホッピング (Job Hopping) に必要な労働市場やリクルーターをうみだしているという。また「仕事は、今や訓練プロセスとか、仕事をしながら覚えることとは別個のものとみなされているので、労働者は、特定の企業にとどまろうと思うよりも、新しいスキルや経験を得るために企業から企業へ移動している」と、Computing Research Association の調査を引用して述べている。実際の転職を示す在職年数は、『*Information Week*』から、平均的な仕事の長さは、ITスタッフで4年、ITマネージャーで5年、IT専門家の3分の2以上がヘッドハンターに接触された (過去6ヵ月に平均して3回) と引用し、『*Digital National*』からは、シリコンバレーでは1つの仕事にとどまる長さは平均して18ヶ月と引用している。

　これらの記述からは、一般的に新しいスキルの獲得や経験はかってのように1つの企業のなかで仕事をしながら覚えるのではもはやなくなっており、特にITなどの技術進歩がはやく、開発期間が短く、競争にさらされている産業では、ハイスキルを持った労働者の獲得競争がはげしいものになっていることがうかがえる。

　このような獲得競争に用いられる手段は、一般的に契約／実績ボーナス、サラリーの割増、ストック・オプション (自社株購入権)、紹介料、特許使用料、子どものケア、フレキシブルな労働時間、在宅勤務、訓練・教育、授業料の返済、特別休暇、ジムや運動の施設であるという (*Digital Work Force,* p.14)。

　このような待遇をあたえられた労働者のいる職場や賃金は、どうなっているであろうか。再び、『ビジネスウィーク』から拾ってみよう。「会社は、前からいる労働者には全体の平均が低く保たれるように、低い報酬に沿って賃金を上げるが、新しい労働者にはボーナスや多くの報酬を惜しみなく与えるので、職場には明暗が生じる。……『会社は、内部の平等性に係わっている余裕がない』とコンサルタントのエリック・ラリーはいっている。……持てる者と持たざるものの間の緊張は、多くの新しい怒りを燃え上がらせている。どの職場でも経験のない新規採用者がベテランスタッフよりもはるかに多い一連の賃金・付加給付をもらい、肩で風を切って歩いている。」(Colin and Coy, 1999) 賃金はもはや個人ベースになっているようだ。「新しい労働者は雇い主と雇用労働者の契約を破りつつある。雇い

特集1　ゆらぎのなかの日本型経営・労使関係

表3　勤続年数の国際比較　1995年

(単位：％)

	日本	ドイツ	フランス	イギリス	アメリカ	オーストラリア	オランダ	スエーデン
1年未満	7.6	16.1	15.0	19.6	26.0	25.2	16.3	14.8
1～5年	28.9	31.4	25.7	30.2	28.5	34.2	31.8	22.5
5～10年	20.7	17.2	17.4	23.5	19.8	19.5	20.3	23.0
10～20年	21.5	18.4	23.3	17.3	16.8	14.3	19.8	22.7
20年以上	21.4	17.0	18.7	7.4	9.0	6.8	11.9	17.0

出所）OECD, *Employment Outlook*, 1997, p.138.

主たちは、フレキシブルな報酬を好んで、リジットな賃金を廃止しつつある。『われわれは、ドラスティックな移行の中にあり、個人をベースにした賃金へ移行しつつある』とコンサルタントのポウル・シェイファーは述べている」（Colin and Coy, 1999）という。こうなると、企業へ忠誠をつくしてとどまる雇用労働者は不利になり、すこしでも有利なボーナスやストック・オプションを求めて、企業を渡り歩くことがはやることになる。

Job Hoppingは、ITのコア職務だけでなく、技術者や専門職の労働者の間でも珍しくない。技術者や専門職を派遣する派遣会社を渡り歩きながら、キャリア形成をするのだという。その場合は、仕事の割当ては数週間から1年以上続くようだ（*U.S. & World Report,* Oct. 28, 1996）。

転職のすごさは、『日本経済新聞』でも報ぜられている。同紙によれば、ニューヨーク大学のリチャード・セネットは、「これからの大卒以上の若い米国人は、生涯に11回転職し、最低3回は、スキルベース（仕事の基盤となる技能）をかえる」と予測し、また、米労働市場の現状はあたかも「巨大な転職マシン」の様相を呈しているという（『日本経済新聞』1999年8月3日）。

転職状況のひとつを示すア

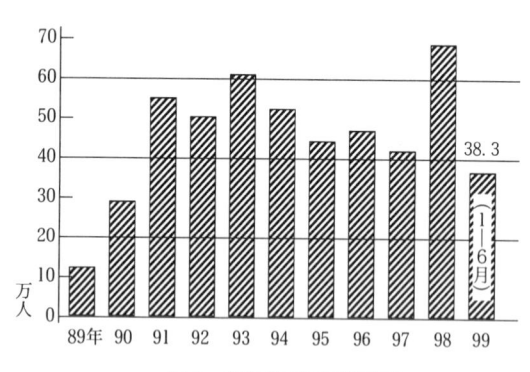

図1　米企業の雇用削減数
（各企業の雇用縮小計画の総計、時期は発表ベース）

注）米チャレンジャー・グレイ・アンド・クリスマス調べ。
出所）『日本経済新聞』1999年8月3日。

メリカの労働者の在職年数は**表3**が示すようにオーストラリアと共に他の資本主義国より数段低い。このことが、**図1**にあるように、企業によって公表されたレイオフ者数は1990年代の後半もいぜんとして高いのにもかかわらず、失業率が低く表れる原因である。

しかし、このようなハイテク労働者をはじめとする労働者の引きぬきによる企業の業績維持は、企業にとってはたして有利かという疑問も生じている。世間のこの風潮に対して、カルフォルニアのチーズケーキ・ファクトリー会社では、市場の率より20％高い賃金を支払っている。そしてすべてのマネージャーにストック・オプションを与え、さらにBMW323も与えている。会社は、この業界では転職率平均38％であるが、過去2年間に2人のマネージャーを失っただけで、財政的には節約できたといっている（Colin and Coy, 2000）。

(2) 賃金格差

いまはときめくIT産業といっても様々な職種からなる。**表4**は1998年のIT産業を構成する職業の種類と賃金を示している。「エンジニアリング……」から「コンピュータ・プログラマー」までは、コア労働者であり、賃金も高いが、全IT産業労働者数の約半数である。**表5**は、カリフォルニアのサン・ノゼのランク別賃金の1989年から1998年の推移を見たものである。90年代前半ではすべてのランクで賃金は下落している。90年代後半に回復しつつあるとはいえ、下のランクでは、まだ1989年のラインまでは回復しないが、上のランクでは1989年ラインを回復しさらに上昇している。総じて1989年から1998年までを見ると、上のランクでは上昇し下のランクでは下落している。この賃金の回復状況は、格差が拡大しているだけでなく、上のランクの上昇を下のランクの下落が補うように拡大しているとも読める。次にロウスキルの労働者の賃金状況を見てみよう。

シリコンバレーのハイスキルではない労働者、ロベッタの場合。彼女は、白人で大学に1年通ったシングル・マザーの労働者である。保険会社の請求調整職として年間15,000〜20,000ドル稼いでいた。しかし、この仕事には、健康保険がないため、息子のマルコムが生まれた1995年には、病院代を支払うため福祉事務所を訪ねばならなかった。彼女はまもなく仕事に戻ったが、見つかった仕事は手数料払いの保険請求調整の派遣職のみであった。福祉の援助が終わり、

特集1　ゆらぎのなかの日本型経営・労使関係

表4　IT職業の人数と年間賃金　1998年

職業	職務の記述	教育訓練資格	人数（千人）	年間賃金（中央値）ドル
エンジニアリング、サイエンス、コンピュータ・システム・マネジャー	計画、調整、研究、開発、設計、生産およびコンピュータ関連活動を行う	高い	326	71,900
コンピュータ・エンジニア	技術問題の解決のためハードウェア、ソフトウェア、ネットワーク、プロセスを設計する	高い	1,530	59,900
電気・電子エンジニア	コンピュータのハードウェア、通信、ビデオ機器などの電気・電子機器の製造を設計、開発、検査、監督する	高い	357	59,700
システム・アナリスト	コンピュータ問題の解決および組織の特定の需要を満たすためにコンピュータ技術を利用する	高い	※	54,100
コンピュータ・プログラマー	特定の文書、データ、情報を記憶、移動、検索するためのコンピュータ・プログラムを開発、作成する	高い	648	53,400
データベース管理者	データベース管理システムを使ってコンピュータ・データベースの変更、テスト、実行を調整する。また、システム・セキュリティの処置を調整する	─	─	50,500
電線設置作業者、修理者	電力ならびに送電システムに使用されるケーブルと電線を設置し、修理する	中位	99	42,600
コンピュータ支援・スペシャリスト	コンピュータ・システム・ユーザーに技術支援と訓練を提供し、コンピュータ・ソフトウェアとハードウェア問題を調査し、解決する	─	─	40,600
電気・電子技術者	コンピュータなど電気・電子機器を設計、開発、検査、製造を支援する	高い	335	38,100
エレクトロニクス修理者、商業・産業用機器	通信や医療診断装置など産業用制御装置を設置し、修理する	中位	72	35,800
電話線・ケーブルテレビ専用線設置作業者、修理者	メッセージやTV番組転送用の電話、テレビジョン・ケーブル、その他の機器の配線および修理をする	中位	180	34,500
放送技術者	ラジオとテレビ番組の収録と転送のために使用される電子機器を修理し、セットし、操作する	中位	37	31,800
コンピュータ・オペレーター	コンピュータ・ハードウェア・システムを監視し、問題を予測し、予防活動を行い、発生する問題を解決する	低い	251	26,900
半導体素材処理作業者	電子半導体の製造に使用される素材の処理、たとえば、特定用途の炉や化学槽に半導体素材を入れる	中位	63	26,070
電気機械・機器組立作業者	動力計、磁気ドラム、テープ駆動装置など電気機械・機器を仕様に従って組立、検査、修理する	中位	50	24,200
電気・電子機器組立作業者	コンピュータ、数値制御工作機械、自動計測電送装置・機器など電気・電子機器を組み立てる	中位	201	23,400
請求書作成発送、配達、会計機オペレーター	請求書作成、会計、統計、その他の数値データを計算し、記録するための数学的処理を自動的に行う機械を操作する	低い	107	21,300
データ入力作業者、植字作業者	写真植字や比較できるデータ入力植字機を操作する	中位	435	21,300
複写、郵便およびその他機械操作者	複写を行う様々な機械や、封筒や書き込み用紙に氏名、住所などを印刷する機械を操作する	低い	197	19,600
通信機器オペレーター（電話およびスイッチボード・オペレーター）	入線、出線、オフィス間通話を中継し、電話をかける人に情報を提供し、メッセージを録音し、日常的な事務作業を行う	低い	297	19,100
全IT職業			5,308	─
全職業			140,514	31,400

注1）※の数値は、コンピュータ・エンジニアに含まれている。
注2）職業別の教育・訓練資格は、労働統計局の分類による。「高い」は、最高の専門学位、博士号、修士号、労働経験と学士号もしくはそれ以上の学位、学士号、准学士号を含む。「中位」は、第2次職業訓練経験、関連職業の労働経験、長期間の実地訓練を含む。

出所）U.S. Department of Commerce, *The Emerging Digital Economy 2000 Appendices*, June 2000, pp.21・23 より作成。夏目啓二（2000）

表5 サン・ノゼにおける実質時給賃金の推移　1989－1998年

(1998年ドル基準)

賃金の％位	1989年	1994年	1998年	1989－1994 の変化（％）	1989－1998 の変化（％）
下から90％	$32.84	$31.47	$37.05	－4.2	12.8
下から70％	22.49	19.77	24.20	－12.1	7.6
中　　位	15.52	13.94	17.01	－10.2	9.6
下から30％	11.82	10.09	10.54	－14.6	－10.8
下から10％	7.44	6.39	6.88	－14.1	－7.5

出所) CPSデータ、Benner and Dean, "Labor in the New Economy: Lessons from Labor Organizing in Silicon Valley" in *Nonstandard Work* by Carre et al.

1999年9月、彼女とマルコムは、EHCのシェルターに移った。2ヵ月後、彼女は時給11.5ドルの医療記録の職務についた。そして、シェルターをでることを認められた。家賃が収入の半分になるが、ホームレスでは仕事を維持することがむずかしい、という（Bernstein, 2000）。

学歴の少ないロウスキルのシングルマザーは、職があるといわれているシリコンバレーでも生きていくことは大変だ。次は、高卒のファウダ・ステュワートの場合。

彼女は、1999年はじめに伝説の輝けるシリコン・ヴァレーに移った。派遣会社の紹介により、Oracle社で時給8.50ドルのソフトウェア・パッキングの職に就いた。それでも、故郷で看護助手として働いていた時よりも約25％高かった。しかし、月1,400ドルのサラリーでは、ワンルームマンションでさえ支払うことが困難な上に3歳の息子のデイケアと食料を購入しなければならなかった。コントラクト・ワーカーなので、昇進のチャンスはなく、株式購入プランに入ることもできなかった。数ヵ月後、職場の同僚と衝突し、ホテル住まいをしたのち、ホームレスのシェルターに移ったという（Bernstein）。

アメリカでは、社会保障が整っておらず、健康保険、企業年金、有給休暇など先進資本主義国では社会保障として公的に与えられるものが、付加給付として企業内福祉の形で与えられるため、非正規雇用労働者には、与えられる度合は極めて少ない。[4]非正規雇用労働者でも、一部のインディペンデント・コントラクターのように報酬が高ければまだよいが、賃金が低い労働者はたちまち生活ができなくなる。シリコンバレーでは、仕事はあっても、仕事を求めて押し寄せる労働者の住宅が不足しているため、家賃が高く、この点でも、低賃金労働者を生活しづ

らくさせている。

さらに、低賃金労働者を増やす要因もある。H-B1ビザプログラム[5]は、労働者団体の攻撃の的である。これによって、事実上、アメリカ人を、低い賃金・労働条件で働かせることができるからだ。1999年10月、Quality Information Systems 社は、もと従業員25名でコンピュータ・コンサルタントの苦汗工場を操業するためにこのビザ詐欺をおこなったことを認めたという (Colin and Coy, 2000)。

3. 人材供給サービス業

2. において、転職や賃金の実態をみたが、そのなかにも度々登場するのが、派遣会社やヘッドハンターなどの人材供給サービス業である。アメリカは、先進資本主義国のなかで唯一、人材供給サービス業に対してほとんど規制がない国である。アメリカ型の雇用システムが可能なのは、このサービス業が存在するからだといって過言ではないであろう。人材派遣会社については、知られているが[6]、ここでは、それ以外の人材供給サービス業についてわかる範囲で示したい。まず最初に政府の公表されている統計を見てみよう。次に、公表統計では表れない状況を、Staffing Industry Analysis 社が推定したアメリカの人材供給サービス業全体の収入の表によって、考えてみたい。

(1) 政府統計とEPI (経済政策研究所) によるその組替えについて

労働省は、1995年にはじめて非正規雇用労働者数を調査し、その後1年置きに調査している。

表1に示したように、政府統計の調査では、1997年で、派遣は130万人となっている。この場合、派遣は家庭への聞き取り調査 (household survey) であり、産業分類上での企業の賃金台帳の調査より、相当少なく表れている。産業分類上での企業の賃金台帳の調査では、人材供給サービス業のうち派遣の人数は、ダブリも含むとはいえ265万人である。それでもまだ、この企業の賃金台帳調査 (establishment survey) の対象となる企業は、主として派遣業を営むものという狭さがある。従として派遣業を営むものを含む人材派遣協会の調査では、278万人となる。しかし、この数値でもまだ限界がある。企業の賃金台帳調査の派遣労働者数を見る上で考慮すべきことを、派遣労働者が増大し始めた年に労働統計局のエコノミ

ストが述べている。「人材派遣産業の雇用増大」(Carey and Hazelbarker, 1986)によると、派遣の労働市場は、主に事務職、工業職、医療職、技術職(エンジニアリングとテクニカル市場)だが、技術職の市場は、ジョブショップ(Job Shop)と呼ばれ、非医療のエンジニア、デザイナー、製図工、コンピュータ・プログラマーなどの市場である。他の派遣業と異なりジョブショップでは、求職者を選別せず、履歴書を顧客企業に提供する。仕事は、顧客企業内で行わずに請負企業で行うものも少数あるという。そして、決定的なことは、産業分類上のジョブショップに関する統計は一貫性がないといい、これらの事業所のなかには人材派遣業に分類されているものもあるが、多くはSIC8911(現在の産業分類の1つ前の1977年の産業分類による分類番号―仲野)のエンジニアリング、建築技術、調査、等の産業に分類されているようだといっていることである。[7]また、これらの技術、専門職を扱うジョブショップの経営者は、派遣業SIC7362には事務職が集まっているので、SIC8911への分類を好む。そして、1985年ではジョブショップにいる労働者は15万人という推定値をだしている研究者もいると紹介している。15万人という数は、同じ1985年の派遣業の全労働者数は73万人であるから、派遣労働者数の約5分の1にあたる。

このように、たとえ、労働統計局の事業所の賃金台帳による統計であっても、人材派遣協会の統計であっても、派遣業と自らを規定していない、技術職、専門職の派遣業があり、派遣業では、技術職、専門職は、大変少なく表れているということである。しかも、技術職、専門職の派遣が含まれていると思われる産業分類SIC8911(1977年分類)のなかでは、派遣の労働者数と、そうでないものとの区別は不可能となっている。この事情は、労働統計局が人材派遣業のみと取り出して調査した、1987年、1989年、1994年の調査も同様である。[8]

そこで、Staffinng Industry(人材供給産業)として比較的人材供給業の総体を概観できるSIAの統計があるので見てみよう。そこでは、Temporary Help(派遣業務)のなかに技術職、専門職を含めている。

(2) Staffing Industry Analysis (SIA) 社が推定したアメリカのStaffing Industry (人材供給サービス業)

表6は、Staffing Industry Analysis社が推定したアメリカのStaffing Industry(人材

特集1　ゆらぎのなかの日本型経営・労使関係

表6　人材供給サービス業における業務種類別収入の推移　1991-2001

(単位：$ in billions)

業務の種類	1991 (E)(%)	92 (E)	93 (E)	94 (E)	95 (E)	96 (E)
Temporary Help（派遣を含む臨時的人材供給）	21.5(69%)	24.6	28.0	36.8	44.1	51.4
Medical（医療）	3.3	3.2	3.6	3.8	4.2	4.4
Professional/Specialty（専門職）	1.4	1.8	1.7	2.5	3.3	4.4
Technical/Computer（技術/コンピュータ職）	4.7	5.1	5.3	7.1	10.1	13.8
Office/Clerical（オフィス・事務職）	7.4	8.5	9.7	12.5	14.2	15.6
Industrial（工業職）	4.7	6.0	7.8	11.0	12.3	13.2
Place & Search（職業紹介）	4.2(13%)	4.0	3.4	4.7	6.0	7.5
Contingency（臨時）	2.9	2.4	2.1	2.8	3.4	4.0
Temp-to-Perm（紹介派遣）	0.3	0.4	0.2	0.6	1.0	1.5
Retained Search（役員紹介）	1.0	1.2	1.1	1.3	1.7	2.0
Staff Leasing（人材リース）	5.0(16%)	6.2	6.5	9.4	13.6	18.1
Outplacement（再就職コンサルタント）	0.7(2%)	0.7	0.8	0.8	0.9	0.9
合　計	B$31.4	35.5	38.7	51.7	64.5	77.9

業務の種類	1997 (E)	98 (E)	99 (E)	2000 (P)	01 (P)
Temporary Help	61.8	69.6	76.8	85.9(61%)	97.4
Medical	4.9	5.4	6.2	7.2	8.5
Professional/Specialty	6.0	7.3	9.0	11.4	14.4
Technical/Engineering（技術/エンジニアリング職）	4.1	4.4	4.7	5.0	5.3
Information Technology (IT職)	14.8	18.2	20.2	22.8	26.7
Office/Clerical	17.3	18.7	20.0	21.4	22.7
Industrial	14.7	15.6	16.7	18.2	19.8
Place & Search	9.3	11.0	13.2	16.1(11%)	19.7
Contingency	4.8	5.7	6.9	8.6	10.6
Temp-to-Perm	1.9	2.2	2.6	3.0	3.5
Retained Search	2.6	3.1	3.7	4.5	5.5
PEO/Staff Leasing	24.1	29.4	33.8	37.5(27%)	41.7
Outplacement	0.9	0.9	1.0	1.1(1%)	1.2
合　計	96.1	110.9	124.8	140.7	159.9

注1）(E)は、Staffing Industry analysis Inc.の推定値（構成している団体のすべてが公表していないため）。
　2）(P)は、Staffing Industry analysis Inc.の見積もり値。
　3）Outsourcingは含んでいない（団体によってはOutsourcing業務も行っているため）。
　4）PEO/Staff LeasingとTemporary helpの収入は、すべてのtemporaryのコスト、あるいは、労働現場の雇用労働者の直接の賃金コストを含んでいる。他の部分の収入は料金のみ。
出所）Staffing Industry Analysis (SIA) Staffing Industry Sourcebook p.65およびホームページ (http://www.sireport.com/)
出典）U.S. Bureau of Labor Statistics, U.S. Bureau of Census, The Omnicomp Group, Summit Resources, American Staffing Association, National Technical Services Association, National Association of Professional Employer Organization, National Association of Computer Consultant Business and other industry Sources.

供給サービス業）全体の収入についての1991年から1999年までの推移を表している。

　SIA社が述べるStaffing Industryとは、SIA社の用語解説によると、「供給業者やブローカーやエーゲジェントが、自分自身の雇用労働者や顧客企業の潜在的なあ

るいは以前の労働者を必要とする顧客企業に対して、雇用や派遣サービスを与える場合のサービスに関連する人材供給や労働者雇用に関して広く分類された産業」をいい、Staffing Service とは具体的には、employ leasing（労働者リース）、long-term staffing（特別な機能を継続的に顧客企業にたいして行う労働者の供給）、managed service（管理サービスやアウトソーシングサービスをサポートする）、payrolling（労働者は顧客企業によって採用されるが、人材派遣会社の雇用労働者とする）、placement service（temp-to-perm ともいう。最終的には、顧客企業の雇用労働者になるように技術労働者を顧客企業に紹介する）、temporary help（人材派遣）、vendor on premise（顧客企業との排他的で長期の全般的な派遣サービスの請負関係を結ぶ）であるという。

　この表の特徴は、第一に、人材供給サービス業が行っている業務内容をあきらかにしたことである。しかし、売上額は表されているが、対象労働者の人数は残念ながら不明である。第二に先に述べたように、「Temporary Help」のなかに技術職、専門職労働者を含めていることである。SIA の用語集によると、かつては temporary help というと事務職や工業職の派遣をさしていたが、いまは職業的にも広く用いられるという。第三に、第二の特徴から、従来派遣といわれてきた人材派遣協会（ASA）の売上を差し引くと、従来派遣に含まれておらず把握することが困難であった技術職の売上高や人数が概算ではあるが掴むことができる。

　では、まず、あまり知られていない用語があるので、Staffing Industry Analysis 社（SIA）の用語解説「The Staff Industry Glossary of Terms」（Staffing Industry Analysis 社のホームページ）を見てみよう。

* 「Temporary Help（人材派遣）」は、顧客企業の短期的、及びまたは、プロジェクトの必要に応じて労働者を供給すること。Temporary help は、元来は、オフィスまたは、軽工業の代替として使われていたが、休暇中や休日にある労働者に替わる、一時的な技術者不足、特別のプロジェクト、ピーク時の必要などの場合に補足的支援を行うために、技術的にも職業的にも広い範囲で使われるようになった。

* 「Contingency (contingency search)」はイグゼンプトレベル（時間外手当ての支払いが必要とされない比較的高度の技能を持った労働者）の募集や、エグゼクティブレベルの人物の探索。

* 「Temp-to-Perm（紹介派遣）」は、顧客企業が、派遣割当ての期間中または後に、直接雇用する場合の雇用サービスのコンセプトである。Temp-to-Permの状況下では、permanentの仕事と同じ仕事を求める派遣労働者をのみ割り当てる。派遣割当てが、たまたまpermanentになる場合、事後に、Temp-to-Permと呼ばれるかもしれないが、しかし、一般的にそれは、permanent placement（常用職の紹介）とは考えられない。このプロセスを表すのに用いられる他の用語は、temp-to-direct, temp-to-hire, try before hire, try before buyである。[9]

* 「Retained Search（管理職紹介）」は、顧客企業の特別な地位への求人のために、管理職スカウト会社（Executive search firm）によって供給されるサービス。料金は、雇用が確立する、しないにかかわらず、支払われる。

* 「Staff Leasing（人材リース）」は、PEOともエンプロイーリーシングとも呼ばれる。リース先の企業と共同雇用の形態をとるものととらないものがある。共同雇用をとらないものは、①リース会社が顧客企業の場所に労働者を割り当て、その労働者の雇い主としての責任を引き受ける。②リース労働者の命令やコントロールは、リース会社の権利であり、責任である。そして、生産やサービスに対する顧客企業の責任とともに権利をシェアすることもある。③リース会社は、自分自身の会計から、リース労働者の賃金や雇用に関する税金を支払い、報告する。④リース会社とリース労働者の雇用関係は長期であり、短期ではない。⑤リース会社はリース労働者を雇い、再割り当てし、解雇する権利を持つ。①から⑤にある契約関係を指す。「Staff Leasing」で共同雇用をとるものは、もともとの雇主（顧客企業または、加入者）によるリース会社へ責任を割り当てる。このもとでは、リース会社は、雇い主機能のすべてまたはいくつかの責任を引き受ける。つまり、賃金台帳処理、税金の源泉徴収、労災保険、雇い主の社会保障税の分担分、失業保険税、付加給付支給の履行。顧客企業（加入者）は、生産物やサービスに直接責任があり、リース労働者の直接的監督に対する責任を持つ。

* 「Outplacement（再就職コンサルティング）」は企業でレイオフ雇用労働者を短期ないし長期のコンサルティングやサポートサービスの供与を通じて新しい地位、あるいはキャリアに満足いくようにガイドするサービス。グループの場合も個人の場合もある。費用の多くは、レイオフした企業によって支払わ

れる。⁽¹⁰⁾

　以上が用語説明であるが、いくつか補足しておく。PEO/Staff Leasingは、今日では、全国PEO協会によれば約2,000社あり200～300万の労働者を扱っているという。それが、はやり出した当時に詳しく紹介した『ワシントンポスト』紙の記事に従って、概観を述べよう。PEO/Staff Leasing会社は、1990年では、200～300社あり、50万人の労働者を持っていた。その背景には、小企業が増えてきたことに伴い、政府の雇用に関する提出書類も多くなっていったことも重なって、小企業の経営者にとっては、雇用に関する事務処理が負担になっていたことがあげられる。と同時に、雇用に関する事務を請負うPEO/Staff Leasing会社の方でも、コンピュータセンターを持ち、事務処理が大量に素早く安価に処理できるようになったことである。PEO/Staff Leasing利用の利点は、労働者の賃金、労災保険、各種の税金、その他労働者雇用に関する法的に必要な処理すべてを行ってくれることにある。経営者は、労働者の時間を管理し、PEO社に伝え、PEO社から送られてくる請求書に従ってチェックを切るのみだという。また、健康保険の掛け金は、小企業では、高くつくが、PEO社では、何千名という単位になるので、安くつくという。PEO社はサービス料として賃金の12～20％を取るという。例として、あげると、Advanced Aviation Service社は空港のシステム・エンジニアリングを行っている4名の社員を持つ小企業だ。社長のホッブス氏は賃金や人事に関する仕事を処理するのに、1週間に1日を費やすという。労働者の労災保障、税金の計算、年金・健康保険に関すること、それに賃金台帳の整備である。この仕事に費す時間は、企業の成功には不利益になる。それで、かれはPEO社Administaffに出かけ、業務を依頼した。彼自身を含めて全員のスタッフをいったん解雇して、Administaffの雇用とし、ここから、社長ふくめ全員をAdvanced Aviation Service社にリースすることになった。彼らは、もとのままに仕事を続けている。社長は、賃金支払いについては、たった1枚のチェックを切るだけである。その後Administaffのグループ政策によって、健康保険も持ち、401(k)プランもできたという。社長は、Advanced Aviation Service社にサービス料を賃金の14％支払っているが、コスト削減に役立ち、大変値打ちがあるといっている。

　しかし、PEO/Staff Leasing会社であるStaff Work社のEvely氏によれば、もし、ビジネス・オーナー（顧客企業）が労働者を解雇したいと思ったり、オーナーと

労働者間で紛争が生じる場合は、ビジネス・オーナー(顧客企業)は、リース会社と関係を持つことを望むという。というのも、リース会社にそれらの処理を行わせ、リース会社はビジネス・オーナー(顧客企業)には、トラブルに巻き込まれないようにするからだ、という。労働問題の専門家であるベロースは、労働者の安全衛生や移民の問題では、直接、関係する企業が、責任を回避してしまう、また、労働組合を回避するためにもリース会社は使われることができると、述べている (*Washington Post,* Jan.14, 1990)。日本では、人材派遣会社パソナが、1998年に開始している(『日本経済新聞』1998年4月2日)。しかし、SIAの用語解説にあるように、少し異なる他の労働者リースの形態もあるようだが、それらの異なる形態については今のところ、筆者には不明である。

次にSLAがこの数値を推計するにあたって用いた、情報源の団体がある。それらは、U.S. Bureau of Labor Statistics, U.S. Bureau of Census, The Omnicomp Group, Summit Resources, American Staffing Association (ASA), National Technical Services Association (NTSA), National Association of Professional Employer Organization (NAPEO), National Association of Computer Consultant Business (NACCB) and other industry Sourcesである。これらが、人材供給サービス業の団体とみてよいであろう。

ASAはNATSSが名称変更したもので、全国人材派遣協会である。約1,600社、14,000のオフィスを持ち、1日約300万の職を与えている。派遣業というと普通この団体が代表している。

NTSAは、技術者の派遣で全米で約250社、1,700のオフィスを持つ。この団体は、産業分類では、人材派遣業として分類されていなく、むしろ、それぞれの専門職の内容で分類されていると思われる。それは、(1)で見たように、派遣というと事務職の労働者を一般的に指すので、これらの会社は、派遣に分類されるのを好まないからだ。人材派遣業に分類されているような派遣会社の派遣労働者はTemps.とか、Agency Temps.などと呼ばれるが、SIAの用語集によれば、NTSAにあるような企業は、Technical Service Firmと呼ばれ、所属する派遣労働者は、Contract Technical Employeeと呼ばれるようだ。設計、エンジニアリング、コンピュータプログラミング、IS/IT、システムアナリシス、などの職種を扱っている。

NAPEO は、先の「Staff Leasing」で見た PEO を行う企業の団体で、この団体のホームページ（NAPEO ホームページ）によれば、約2,000社で200～300万の労働者を扱っているという。15州では、ライセンスが必要とされている。90年代に急増したと思われる。ホームページを探っていくと、ASA の大企業は、人材派遣（Temporary Help）のみを行っているのではなく、紹介や PEO も行っていることがわかる。

NACCB は、コンサルタントやエンジニアなどの高度な情報技術の技術者を扱っている企業（IT Staffing and Services firms）の団体で、1987年に誕生し、1,250のオフィスを持つ、約500社を組織しており、全企業合計で年商100億ドル以上になるという（NACCB ホームページ）。コンサルタントとは、科学者、プロフェショナルな、非常に高度な技能を持っているものを指す。コンサルタントといっても、間違いなく、派遣労働者なのだが、Temps. のイメージが専門職ではないので専門職の派遣労働者はコンサルタントと称するという（*New York Times,* May 16, 1993）。これらの団体に属する企業が、以上述べたことを主として行っているのであり、職業領域が決められているいわけではない。また、ASA は圧倒的に派遣が多いということはわかるが、あまり知られていない他の団体が、派遣の他に日本でいう請負や紹介を行い、混在しているのではと思われるが、定かではない。

表6に戻って、90年代の収入の推移を見ると、「Temporary Help（派遣）」と「Staff Leasing（人材リース）」の金額は労働者の賃金を含んでおり、他は紹介料のみというアンバランスがあり、正確な構成比は表してはいないとはいえ、推移の傾向はつかむことができる。「Temporary Help（派遣）」は1991年から2000年までで約４倍に伸びているが、人材供給サービス業全体のなかでは、占める比率においては、やや減少ないし停滞傾向にある。それとは対照的に「PEO/Staff Leasing」は、伸びが７倍以上であり、2000年では、金額的にも「Temporary Help（派遣を含む臨時的人材供給）」の４割強をしめている。今では、人材供給業の業務とは、派遣業務と PEO/リース業務であるといえる。

さらに、わたしたちの認識を変えねばならないことは、「Temporary Help（派遣）」のなかでは、従来からあった「Technical/Computer（技術／コンピュータ職）」のなかから1997年に分割された「Information Technology（IT職）」が、急増しており、

特集1 ゆらぎのなかの日本型経営・労使関係

表7 ASAのSIAに占める割合および、全人材派遣労働者の推定値 1998年

	SIA 人材供給サービス業の売上高全	ASA の売上高の推定	ASA の賃金総額	ASA の各職種の売上高にしめる割合	ASA の派遣労働者数	全派遣労働者数の推定値	BLS 1994.11 事業所調査	BLS 1999.2 家庭聞き取り調査
	(10億ドル)	(10億ドル)	(10億ドル)	(%)	(万人)	(万人)	(万人)	(万人)
Temporary Help (派遣)	69.6	58.68	43.4	84	278	391.5	112.2	118.8
Medical (医療)	5.4	1.27	0.9	24		6.1	25.9	
Professional/Specialty (専門職)	7.3	3.75	2.8	51	17.8	34.7	3.3	8.1
Technical/Engineering (技術/エンジニアリング)	4.4	6.39	4.7	28	30.3	107.2	4.2	4.9
Information/Technology (IT職)	18.2							
Office/Clerical (オフィス/事務職)	18.7	23.78	17.6		112.6	112.6	43.2	42.9
Industrial (工業職)	15.6	20.24	15.0		95.9	95.9	44.5	45.0
(ASAの分類—Market=販売職)		0.40	0.3		(1.9)	1.9	3.2	2.1
(ASAの分類—その他)		2.81	2.1		(13.3)	13.3	13.8	15.8
Place & Search (職業紹介)	11.0							
Contingency (臨時)	5.7							
Temp-to-Perm (紹介派遣)	2.2							
Retained Search (役員紹介)	3.1							
PEO/Staff Leasing (人材リース)	29.4							
Outplacement (再就職コンサルタント)	0.9							
すべての合計	110.9							

注1) 人材供給サービス業の売上高については、SIA (Staffing Industry Analysis Inc.) の見込み数値。ASA (American Staffing Association) の売上高の総数は、ASA発表値。医療職、専門職、技術/エンジニアリング職＋IT職の売上高については、ASA発表の賃金額の1.35倍(58.6/43.4)として算出した。全派遣労働者全体の人数については、SIAとASAの売上高の比から割りだした仲野の推定値。ただし、算出上、ASAの売上高が人材供給サービス業の売上高をオーバーする職種、オフィス/事務職、工業職、販売、その他は、ASAの人数をそのまま採用した。
2) 人材供給サービス業のPEO/Staff LeasingとTemporary Helpの売上高は、すべてのtemporaryのコストあるいは、労働現場の雇用労働者の直接の賃金コストを含んでいる。他の部分の収入は料金のみ。Outsourcingは含んでいない(団体によってはOutsourcing業務も行っているため)。

出所) Staffing Industry Analysis (SIA) "SI Report estimate 1997-2001 revenues for staffing segments" (http://www.sireport.com/)、ASA (人材派遣会協会) については、Timothy W.Brogan (NATSS' senior manager) "Staffing Services Annual Update" (http://www.natss.org)。
1994年11月は、BLS, *New Survey on Wage and Benefits for Temporary Help Services Workers*, 1995年9月6日リリース (USDL：95-334 James Bjurman 202/606/6246) 20名規模以上の派遣会社のなかから、1033事業所をサンプルにした調査。http://www.bls.gov/news.release/occomp.toc.htm
1999年2月は、BLS, *contingent and alternative Employment arrangements, February 1999*, 1999年12月21日リリース (USDL 99-362)。http://stats.bls.gov/newsrels.htm

アメリカ型雇用システムと人材供給サービス

2000年では、「Temporary Help（派遣）」全体の4分の1以上を占め、事務職を抜いていることである。2001年の予想では、事務職を相当引き離すことになるようだ。
表7は、「Temporary Help（派遣）」の人数をASA（人材派遣協会）で出している人数から推定してみたものである。90年代初期までは、人材供給の職種といえば、事務職、工業職が伝統的であったが、今では、IT職および技術・エンジニアリング職107万人、事務職113万人、工業職96万人、といわねばならないことがわかる。また、「Temporary Help（派遣）」全体では、およそ390万人存在するということがわかる。表7の右端に示したように、労働統計局が行った1994年の派遣に関する事業所を対象にした特別調査 New Survey Reports on Wage and Benefits for Temporary Help Services Workers や1999年2月の Contingent and Alternative Employment Arrangments よりも相当多く存在しているが、その理由は専門職や技術職、つまりIT職部分が公表統計ではぬけているからだということがわかる。

この390万人は、実際に職務についた人数であって、登録者数ではない。登録者数は、この数倍と思われる。他の事業内容も含めた人材供給サービス業全体が取り扱う労働者の人数は、残念ながら不明である。また、労働統計局の統計に存在する「請負会社の労働者」のなかにも、IT派遣労働者は存在すると思われるが、詳細は不明である。

IT職の派遣は、ハイテク企業で多く採用されているが、その例は、なんといってもマイクロソフト社である。夏目啓二氏によれば、1998年には、1,500名の長期派遣労働者を含めて約5,000名の派遣労働者を採用していた。同社は、1999年では、世界で3万人雇用している労働者のうち、2,000名が長期派遣労働者であった。この長期派遣労働者の中には、3ヵ月の更新で5年以上働いてきたものも含まれているという。そして働き方は、ピーク時には、週70〜80時間働くことさえあるという（夏目啓二、2000）。

そこで、表7において、政府統計の産業分類7363に含まれている企業が多く加入していると思われる人材派遣協会（ASA）の売上高の、人材供給サービス業全体の売上高に占める割合を試みた。これによれば、事務職、工業職においては、人材派遣協会（ASA）は圧倒的な割合を占めているが、医療、専門職、情報をふくむ技術職では、それぞれ24％、51％、28％となる。この部分は、先に情報源の構成団体で見た、情報を含む技術職の派遣を行うNTSAやNACCBが担ってい

49

るようである。ただし、派遣業の頂点に立つ巨大企業は、伝統的な職種のみではなく、技術職やセールス職、それにPEOなどに業務内容を広げてきている。

4. アメリカ型雇用システムと人材供給サービス業

　以上見てきたように、アメリカの雇用システムは、非正規雇用の多さ、失業率の低さ、転職の早さだが、その裏には転職を支える様々な人材供給サービス業がほとんど規制を受けずに存在し、労働者のジャスト・イン・タイム化を可能にしているという特徴を持っている。この様々な人材供給サービス業が、インディペンデント・コントラクターとともに、今日のリーディング産業であるIT産業をささえる労働者を創り出す媒体になっている。

　アメリカは、70年代以降、労働者保護法がある程度できてきつつはあるが、どちらかというと、労働法の規定によって労働者を保護するというよりは労働組合との交渉による企業内福祉によって労働する権利や福祉を達成するシステムが主流であり、しかも、民間の人材供給サービス業が古くから存在している国である。この基盤のもとで、80年代以降、労働組合への攻撃、それによる組織率の低下、福祉財政の削減を背景に、労働力流動化政策がすすめられた。[11]この流動化政策を担ったのが、公的な職業紹介を国家独占として排除した民間の人材供給サービス会社である。アメリカは、これらを活用して雇用を保証していくシステムをとったことにかけては、先進資本主義諸国のなかで、先駆けをなす国である。

　今では、民間の人材供給サービス業の企業戦略・業務内容が、新たな雇用システムを創り出している。民間の人材供給サービス業に担われた雇用状態は、巨大派遣会社のマンパワー社会長フロムスティーンが述べた言葉によく表れている。「われわれのような企業がなければ、職を得ていない人間が増えて、米国の失業率は1％高くなっていた……労働法が硬直的で労働市場の流動性が低い国にほど、失業率が高い傾向が顕著になっているのが現実だ」(『日本経済新聞』1997年6月9日)。

　だが、この「転職マシン」ともいうべき労働市場で人材供給サービス業がつくりだす雇用は、マスコミでも度々問題視され、連邦議会の各種委員会でも取り上げられたように、雇用関係が明確でない非正規雇用が多く、同じ職場で同じ仕事をしながら、雇い主も異なり、賃金・付加給付も低く、労働組合による交渉にも

なかなか参加できないものとなっている。

しかしながら、80年代から15年以上を経た今日、マイクロソフト事件において、派遣会社に移籍されたコントラクト・ワーカーに、正規雇用労働者と同様の企業年金である401(k)やストック・オプションが獲得された（AFL-CIOニュース、ホームページ）。さらに、2000年8月の全国労働関係委員会は、同じ仕事をする長期派遣労働者は派遣先の正規労働者の交渉ユニットに入って交渉ができるとした決定した（NLRB、スターギス・ジェフボード事件の裁定[12]）。また、非正規労働者への付加給付の給付を義務づける法案やインディペンデント・コントラクターと雇用者の区別の明確化を求める法案[13]も次々とだされている。

アメリカが先頭をきって、典型的に描き出した民間人材供給サービス業によるアメリカ型雇用システムは、IT産業を中心としてアメリカの再生を支えたとはいえ、労働者への差別待遇、権利侵害、福祉からの排除を野放しにしてきたことを誰の目にも明らかにし、反撃が開始されているようである。

(注)
(1) IT産業、IT職という用語は、従来の政府統計の産業分類、職業分類にはなく、様々な産業、様々な職業のなかで関連するものを集めて作られている。IT職については、表4を参照されたい。IT産業は、*Digital Economy,* 1998によると、ハードウェアの製造、コンピュータ機器の販売、通信機器の製造、ソフトウェアのサービス、通信サービスをあつめたものである。くわしくは、*Digital Economy,* 1998、邦訳『ディジタル・エコノミー』1999年、106頁を参照されたい。
(2) 米国のインディペンデント・コントラクターや派遣の一般的な状態については、拙著『アメリカの非正規雇用』を参照されたい。労働契約形態とは、雇用形態と同じ意味であるが、雇用関係ではない自営業であるインディペンデント・コントラクターを含めた広い範囲を指す。
(3) 専門職の派遣であっても、派遣先での待遇は厳しい。度々、警告なしに解雇される。企業の家族ではなく道具（tools）であるという（(*U.S. & World Report,* Oct.28, 1996)）。
(4) 正規雇用と非正規雇用との社会保障や企業内福祉の法的ギャップについては、GAOレポート（GAO, 2000）を参照されたい。
(5) H-1Bビザ問題のついては、夏目啓二「アメリカの『IT革命』と雇用・労働問題」（夏目啓二，2000）を参照されたい。
(6) 人材派遣会社については、詳しくは、拙著『アメリカの非正規雇用』第4章やそれに上げた文献を参照されたい。
(7) 脱稿後手に入れたSIA, (2000) Staffing Industry Source Bookによると、派遣業の職種

の技術職の説明のなかで、「この職種の会社は、コントラクト・テクニカル・サービス会社とか、コントラクト・エンジニア会社、また、時には時代遅れの名称でジョブ・ショップを使うこともあるが、として知られている」(p.19)と明確に述べられている。

(8) これらの調査結果については、拙著『アメリカの非正規雇用』93頁を参照されたい。

(9) 全国人材派遣協会(ASA)では、このTemp-to-Permを派遣から常用職に移ることができると宣伝しているが、SLAの用語解説では、このように、常用職の紹介とは、考えられないと述べており、くいちがっている。一応紹介派遣と訳しておく。日本の紹介派遣については、脇田滋「改定労働者派遣法施行と日本的雇用の激変」(脇田滋, 2000)を参照されたい。

(10) 「Outplacement(再就職コンサルタント)」の例は、ニューヨーク・タイムス社編『ダウンサイジング・オブ・アメリカ』88頁にある。ニューヨーク・ライツ・アソシエイツ社のチェース銀行の再就職を請負っている状況として描かれている。

(11) これらについては、拙著『アメリカの非正規雇用』を参照されたい。

(12) この意義について、長年にわたり、様々な雇用形態にあるサービス職の労働者を組織し、闘ってきたサービス労働組合(SEIU)のゼネラルカウンセルのジュディ・スコット女氏は、「水門を開けたわけではないが、しかし、確実に窓をあけたことになる」とのべている(*Washington Post*, 31 Aug.2000)。

(13) 99年、2000年だけでも、以下の法案が提出された。H.R.1525「Independent Contractor Clarification Act of 1999」(1999, 4, 22), H.R.2298「Equity for Temporary Workers Act of 1999」(1999, 6, 22), H.R.2299「ERISA Clarification Act of 1999」(1999, 7, 9), H.R.3490「Professional Employee Organization Workers Benefits Act of 1999」(1999, 11, 18), H.R.3708「Parity for Part-Time Workers Act」(2000, 2, 29), H.R.4962「Employee Benefits Eligibility Fairness Act of 2000」(2000, 7, 26), H.R.5182「Day Laborer Fairness and Protection Act」(2000, 10, 28)。

〔引用文献〕

Aaron Bernstein (March 27, 2000), "Down and in Silicon Valley" *Business Week*, March 27, 2000.
AFL-CIO ホームページ (2000, Dec.), (http://www.aflcio.org/)
Benner, Chris and Amy Dean (2000), "Labor in the New Economy: Lessons from Labor Organizing in silicon Valley" in Francoise Carre et al. (eds.), *Nonstandard Work*, Industrial Relations Research Association, Univ. of Illinois.
Carey, Max L. and Kim L. Hazelbaker (1986, April), "Employment growth in temporary help industry", *Monthly Labor Review.*
Colin, Michelle and Peter Coy, (Dec.6 1999), "The Wild New Workforce ", *Business Week,.*
EPI (Economic Policy Institutes) (1997), Kalleberg et al., *Nonstandard Work, Substandard Jobs*.
EPI (Economic Policy Institutes) (1999), Lawrence Mishel, et al., *The State of Working America 1998-1999.*

GAO (United States General Accounting Office) (2000), *Contingent Workers-Incomes and Benefits Lag Behind Those of Rest of Workforce.*

NACCB ホームページ (2000, Dec.), (http://www.naccb.org/)

NAPEO ホームページ (2000, Dec.), (http://www.napeo.org/)

New York Times, (May 16, 1993)

The New York Times Company (1996), *The Downsizing of America.* 矢作弘訳、ニューヨークタイムス社編『ダウンサイジング・オブ・アメリカ』日本経済新聞社、1996年。

NLRB (Aug.25, 2000), *M.B. Sturgis, Inc. and Textile Processors, Service Trades, Health Care, Professional & Technical Employee International Union Local 108, Petitioner and Jeffboat Division, American Commercial Marine Service Company and T.T. & O.Enterprises, Inc., and General drivers, warehouseman 6 Helpers Local Union 89, affiliated with the International Brotherhood of Teamsters, AFL-CIO, Petitioner.* Cases 14-RC-11572 and 9-UC-406.

NTSA ホームページ (2000, Dec.), (http://www.ntsa.com/html/geninfo/about.shtml)

OECD (1997), *Employment Outlook.*

Staffing Industry Analysis = SIA, (2000), *SI Report Estimate 1997-2001 Revenues for Staffing Segment* (http://www.sireport.com/)

SIA (2000), *The Staffing Industry Glossary of Terms* (http://www.sireport.com/)

U.S. Department of Commerce (1998), *The Emerging Digital Economy.* 室田康弘訳『ディジタルエコノミー』東洋経済新報社、1999年。

U.S. Department of Commerce (1999), *The Digital Work Force.*

U.S. Department of Commerce (2000), *Digital Economy 2000.* 室田康弘訳『ディジタルエコノミー2000』東洋経済新報社、2000年。

U.S. & World Report, (Oct.28, 1996).

Washington Post, (Jan.14, 1990, Aug.31, 2000).

仲野組子 (2000)、『アメリカの非正規雇用』青木書店。

夏目啓二 (2000)、「アメリカの『IT革命』と雇用・労働問題」『経済』11月号。

『日本経済新聞』、(1999年8月3日、1997年6月9日)。

脇田滋 (2000)、「改定労働者派遣法施行と日本的雇用の激変」『職場の人権』第4号。

賃金制度の転換と成果主義賃金の問題点

木下　武男
（鹿児島国際大学）

はじめに

　今日、民間企業における人事制度のドラスティックな変化が進んでいる。おそらく、それは、1960年代後半から進んだ年功制を基軸にした人事制度から日本的能力主義にもとづく人事制度への転換につぐ大変化だと思われる。

　日経連は2000年12月『経営のグローバル化に対応した日本型人事システムの革新——ホワイトカラーの人事システムをめぐって』という報告書をまとめたが、そのグローバル化が日本の賃金・人事制度におよぼす影響には2つの筋があるように思われる。1つは、生産拠点のグローバル化、とくに途上国の追い上げに対応するための賃金・雇用の改革である。グローバル経済化は、自由市場経済のグローバル化によるマーケットの拡大だけでなく、この生産拠点のグローバル化の面がある。これによって、国際的な価格競争のなかで日本の賃金が国際的な賃金相場によって測られる事態に生み出されてきている。このような国際的な低コスト競争に対応できる賃金・雇用のあり方を再構築する方向から、年功賃金の打破と有期雇用の拡大という賃金・雇用の大変革が進行しているのは確かであろう。

　あと1つは、グローバル経済化のなかで、製品開発や技術革新などの分野で新しい国際競争力をつけられるような経営組織に変革する目標のもとに賃金・人事制度の改革がはかられている。先の日経連報告は、この流れから改革を強調している。「従来は、各国の市場だけを見てそれに対処していればこと足りた。しかし、現在は国境を超えた世界市場を視野に入れて企業戦略を考えなければ、厳しい国際競争に勝ち残ることができなくなってきている」との認識から、「透明性、納得性のある評価・処遇制度の構築、最適人材の採用・育成・配置」を「人事課

題」としている(日経連[2000])。

　現在、進行している賃金・人事制度の改革は、中高年の賃金削減を目的にしたリストラがらみの制度改革という水準の改革と、日本的人材活用システムが時代不適応になったとの認識から、これまでの年功制・能力主義のシステムをチェンジし、新しい制度を構築するという問題意識の改革まで、多種多様である。

　企業によって人事制度改革の問題意識は異なるとはいえ、制度として年功制・能力主義を廃棄する方向であることでは共通している。人事制度の改変は、1つは処遇の等級制度の変更、すなわち、職能資格制度の改編であり、あと1つは個人評価制度の能力主義から成果主義への転換という2つを軸にしてなされている。これらの点を中心にして検討していくことにしよう。

1. 職能資格制度の廃棄と新しい資格制度

(1) 職能資格制度の急速な改編と役割等級制度の登場

　最近の調査の社会経済生産性本部『日本的人事制度の現状と課題』(社会経済生産性本部[2001])と東海総合研究所『人事制度の現状と今後の改革の方向性』(東海総合研究所[2001])は、今日の賃金・人事制度の改革が急速に進行する可能性があることを示している。

1) 職能資格制度の急速な改変

　とはいえ、現在のところ、職能給がまだ支配的な賃金制度であることに変わりはない。社会経済生産性本部の調査では、職能給を導入している企業は、管理職層に対しては82.4%、非管理職層に対しては87.0%であった。しかし、重要なことは「今後も職能給および職能資格制度を存続するかどうか」という将来の方向性になると、急激な変化がみられることである。「今後の職能給(職能資格制度)について」、「今後も従来通り存続する」という企業は、管理職層に対しては50.0%、非管理職層には58.5%と5割台しかない。

　いっそう明らかなのは東海総合研究所の調査であり、概ね3年を想定した「将来」については、「部長級」と「課長級」の管理職層で、職能資格制度は半減するだろうという表1の結果になっている。

2) 役割等級制度への移行

　それでは職能資格制度の改変の後、等級制度はどのような方向に向かっていく

表1　骨格となる人事制度の採用状況

	①職能資格制度	②職務等級制度	③役割等級制度
部　長　級	75%→35%	11%→7%	7%→54%
課　長　級	78%→37%	9%→8%	6%→50%
係長・主任級	82%→69%	9%→9%	4%→19%
非　役　職　者	84%→76%	7%→14%	3%→11%
専　門　職	77%→43%	10%→28%	7%→23%

出所）東海総合研究所調査（2001）から作成。

のだろうか。その点で、処遇の等級制度を、東海総合研究所は「職能資格等級制度」と「職務等級制度」、「役割等級制度」の3つに区分し、社会経済生産性本部は「職能給」と「職務・役割給」の2つに区分している。

社会経済生産性本部の「職務・役割給」は基本給の決定要素として「職務や役割、職責など仕事の内容反映している」ことを基準にしている。しかし、この「職務」と「役割」を括ると、アメリカ型の職務給と日本型職務給との両者を含む概念になってしまうので、2000年版（99調査）で職務給＝「職務分析により、職務間の序列に応じてつけられた賃金」と正しく定義されていたように、選択肢として区分する必要がある。

しかし、社会経済生産性本部の調査から、職能資格制度から転換する方向性については明確な結果が得られている。すでに、管理職層で「職務・役割給が入っている」が43.9％、「入っていない」が54.2％、非管理職層で「入っている」が24.9％、「入っていない」が73.1％である。これは東海総合研究所の調査結果とも対応している。人事制度において管理職に対して役割等級制度が導入されるとする企業が半数を占めている。「現在」10％を満たないものが、3年後の「将来」に50％台になるという調査結果であり、等級制度の急速な移行が予想される。

(2)　職能資格制度の基本的構造

これまでみてきたように、職能資格制度が急速に転換しているのは、その制度が時代に不適応になっているからであるが、それでは何故、時代不適応なのだろうか。それは、職能資格制度を年功制との関連でどのような構造であったのか、このことが明確にされなければならない。

特集1　ゆらぎのなかの日本型経営・労使関係

　賃金・人事制度の改変が進んでいるなかで、興味あるテーマは、能力主義にもとづく職能資格制度が年功的に運用されたが故に今日、弊害を生んでいるのかということである。職能資格制度は、能力主義にもとづいて設定されたにもかかわらず、年功的な運用によって弊害が生じたという理解は正しくない。
　職能資格制度は、日本型雇用を前提にして制度設計されていたために、必然的に年功的な処遇をつくり出したのである (木下武男 [1999])。とりわけ職能資格制度は、内部昇進制という日本独特の雇用システムと結びついていたことが重要である。すなわち、定期一括採用方式によって採用された新入社員はその企業の中で、定年まで段々と昇進、出世する。この昇り詰める階段の刻みが、職能資格制度の職能等級であった。従業員は、個人が保有する職務遂行能力 (職能) を、人事考課制度によって企業から評価され、職能等級に格付けされていた。賃金はその職能等級にもとづいて支払われていた。
　したがって、終身雇用制度と昇進制度を前提にする限りにおいて、「エスカレーター」のように昇進し、昇給していた。しかしそれは、個人が能力を発揮し、それを企業が評価するという能力主義の仕組み、すなわち「圧力釜」のなかに従業員は投入され、経営側は従業員から過度の労働エネルギーを調達することができるシステムでもあった。だから、能力主義が強調されたとしても、あらかたの男性従業員は、右肩上がりの年功賃金は保証されていたのである。終身雇用と内部昇進制という台形型の年齢別労働力構成のなかで、職能資格制度の階段を登っていき、右肩上がりの年功賃金を獲得する。
　日経連2000年報告はこのような理解と関連して注目すべき分析を行っている。「いま日本企業の人事システムは『仕組みとしては能力主義であるが、運用が年功的になっている』という問題点を抱えている」。「何故、能力主義人事制度が年功的に運用される結果になったのか」。これに対して、職能資格制度が日本型雇用を前提にして設計されたところに今日の年功的運用を生みだしたという明確な主張はないが、日本型雇用との関連で年功的運用の弊害を指摘している。すなわちそれは、「入社年次別管理」と「集団内相対評価」という言葉で表されている。
　入社年次別管理は「護送船団方式」であったというのである。「中位グループを標準に、遅れている者についてはてこ入れし、先頭集団については突出を抑えながら同一入社年次の集団を一定の昇進差の中に収めるという意味ではひとつの護

送船団方式でもある」。内部昇進制度の階段を護送船団方式で登っていくということになる。

(3) 新しい資格制度の特徴

それでは、職能資格制度を廃棄して、新しい資格制度はどのようなものとして設計されているのだろうか。先の調査にもとづいて新しい資格制度について以下の3点が指摘できる。まず、第1は、職能資格制度の転換の方向は現在のところ日本型職務給が主流になるだろうということである。東海総合研究所の先の3区分のなかで職務等級制度の比率は将来においてもそれほど高くはない。

さらに、仕事基準といっても、何を重視しているのかによって制度は分かれる。社会経済生産性本部の調査報告で「職務・役割給は仕事の価値に応じて設定をされる。その場合、仕事の価値として特に重視する点を3つ選択してもらった」として、「結果は、『担当職務の会社や部門への貢献度やあるいは責任の重さ』が65.2％、『職位のレベル』54.5％の2つを選択した割合が高くなった」と述べているようにアメリカ型の職務給ではない。

第2は、職能資格制度と役割等級制度との接ぎ木が予想されるということである。東海総合研究所の調査で、管理職において役割等級制度が将来導入されるとする比率は高かったが、非管理職においては職能資格制度が課長・主任級で69％、非役職者で76％であり、一方、役割等級制度が前者で19％、後者で11％という結果になっている。このように、管理職と非管理職との間で比率の大きなアンバランスが生じているのである。これは、非管理職の職能資格制度と、管理職の役割等級制度とが一企業のなかで接合されて人事制度がつくられることを意味している。

企業のなかで処遇制度が異なるのは不自然なことではあるが、従業員の技能養成と能力開発が企業のなかで行われている現状と、若年層の能力の伸長と生活保障の賃金上昇とが対応関係にある職能給の特性とを考えるならば、過渡的にはある程度は止むを得ない選択であるとみることができる。

第3は、役割等級制度においては格付けや評価制度に透明性が欠けるという点である。社会経済生産性本部の調査で、「職務・役割給の運用上の課題」（複数回答）を質問しているが、そのなかで「職務・役割評価の基準があいまい」の項目が

53.8％と際立って高くなっている。これは、「職務・役割」等級の格付けが、職務分析・職務評価を行わずになされた可能性が高いことを予想させるものである。

　また、調査で、「職務・役割給」に自動昇給の有無について、「ない」が、管理職層で84.0％、非管理職層で67.1％という結果になっている。自動昇給がないのは、職務を基準にする賃金であれば当然なことであるが、そうであればこそ、制度の透明性が求められる。これと関連して生産性本部の調査は、「職務や役割で賃金を決定することになると」「これまで以上に評価の納得性あるフィードバックが求められることになる」として、「苦情申し立て制度の有無」を調査している。その結果は「制度あり」31.8％、「制度なし」66.7％であった。この点について「報告」は、企業と労働組合ともに「管理職の役割を重視しており、こういった点が苦情申し立て制度の導入率が高まらない背景にあるものと思われる」としているが、重要な指摘である。管理職の評価能力を高めることは当然であるが、評価の結果に対する異議申し立ての機関が整備されることは評価制度の透明性と信頼性を得るうえで不可欠である。

(4)　日本型職務給(役割等級制度)への移行

　このような結果から、新しい資格制度はアカウンタビリティやポストを重視した制度になっているとみることができるだろう。つまり、職務分析・職務評価にもとづいて職務等級制度を確立し、その等級にもとづいて基本給が支払われ、処遇の基本が決められるというアメリカ型の職務給ではなく、企業にとっての役割や職位の重要性にもとづいて等級を設定するあくまでも日本型の職務給である。

　この職能資格制度から日本型職務給への転換はどのような意味をもっているのだろうか。拙著『日本人の賃金』で述べたように、職能資格制度は、職能等級の「資格」の階段に就いている者すべてをほぼ等しく処遇する制度であり、この処遇制度と、部長・次長・課長・係長・主任というように指揮命令系統である管理序列・職階制とが併存していたのである。処遇の基本はあくまでも職能等級の序列であった。

　昨今の人事制度改革の文書にみられる卒業方式から入学方式という制度改革の方向は、職能資格制度の階段を護送船団方式で「卒業」する方式を廃棄し、職位やポスト、役割等級に「入学」した者だけを処遇するというものである。

したがって、日本的雇用を前提にして設計されていた職能資格制度が廃棄されることは、多くの企業の従業員の昇進・昇給のシステムの根本的な転換を意味する。それは日本の働く者たちの戦後的生活保障のあり方を変容させずにはおかないだろう。

(5) 職務等級制度

なお、職能資格制度からの転換の基本方向が役割等級制度であることは明らかであるが、役割等級制度とは異なる職務等級制度についても留意しておかなければならない。それは成果主義にもとづく役割等級制度と、仕事を基準にした明確な職務等級制度との対抗関係が、将来的には予想されるからである。

東海総合研究所の3区分でみると、職務等級制度は、他の2つに比べると全体として低い比率にとどまっている。しかし、そのなかでも、3年後の見通しとして、職務等級制度の比率の高まりが予想されているのは、非役職者(7％から14％へ)と専門職(10％から28％へ)のところである。役割等級制度が管理職で著しい増加が予想されているのと対照的である。

この違いは、昇進に限界があるスペシャリストの処遇として企業が職務等級制度に注目を向けていることを示しているとするならば、将来、大きな意味をもってくるだろう。つまり、スペシャリストの処遇を職務等級制度によってはかることが今後、必要とされるからである。これまで年齢・勤続を基礎においた年功賃金では定期昇給する基本給が存在した。また、職務にもとづく職務給も変動することのない基本給が確立している。昨今の強い成果主義は基本給を不安定なものにしていることに留意しなければならない。その意味で、日本型成果主義の弊害とそれに対する疑問が広がってきているなかで、職務等級制度は考慮されなければならない処遇システムだと思われる。

そのことは、すでに、生産性本部のこれまでの調査でも一定の注目が払われていることがわかる。98年調査では、「大いに関心」「やや関心」の合計が、77.1％におよんでいる。また、職務給の導入状況について99年調査で「検討している」と「導入し

表2 「職務給をベースにした賃金制度に関心をお持ちですか」

おおいに関心がある	30.6
やや関心がある	46.5
特に関心はない	21.0
回答なし	1.9
合　計	100.0

出所) 社会経済生産性本部『1999年版日本の人事制度の現状と課題』、98年調査。

表3 「職務給をベースとした賃金制度の導入について」

	非管理職	管理職
現在導入しており、今後も基本賃金のベースとして運用する	10.1	14.8
現在導入しているが、今後は基本賃金の一部として運用する	7.6	6.3
現在導入していないが、導入に向けて検討している	17.7	22.2
職務給の導入は、全く検討していない	55.5	47.3
その他	5.0	4.7
回答なし	4.1	4.1
合　計	100.0	100.0

出所）社会経済生産性本部『2000年版日本的人事制度の現状と課題』、99年調査。

ている」の合計は、非管理職で35.4％、管理職で43.35％である。

また、2000年調査では「職種別賃金制度を導入している企業」は、16.0％であり、導入検討企業が11.3％、合計で26.3％、さらに「関心はあるが検討中」が40.9％を占めていた。10年前の調査であったならば、恐らく、考えられない数字であっただろう。賃金人事制度の急激な転換をこの面からも確認することができる。

賃金・人事制度の改革の基本方向が年功基準から仕事基準への流れであることは明確である。98年調査では、「職務給をベースにした賃金制度」への関心の理由を問うている。「関心がある理由」ついての設問に対して回答として、「担当している仕事と賃金を見合ったものにできる」の項目が89.3％（複数回答）と飛び抜けて高い比率になっている。したがって、仕事と賃金との結びつきを重視する方向へと賃金制度が向かっていることは確かである。ただ、仕事基準といってもそれは職位なのか、役割なのか、ポジションなのか、そして職務なのか、あまり厳格な区別がなされていないという状況にあるのが、現段階の特徴なのである。

2. 個人評価制度の変化

(1) 日本的能力主義の構造

従業員の処遇を決める等級制度があり、その等級に格付けされている者に対して個人評価がなされる。その評価システムは、評価項目から従業員の能力をはかるこれまでの人事考課制度や、目標に対する達成度をはかる目標管理制度、職務に根ざした能力の伸長を行動によってはかるコンピテンシー評価制度などがある。

また、留意したいのは、評価の制度だけでなく、その制度を設計する考え方、コンセプトである。能力主義なのか、成果主義なのか、コンピテンシーなのか、という点である。

　この個人評価制度のなかで、日本ではこれまで能力主義評価に一元化されていた。しかし、今日、新しい資格制度と結合して、評価制度の大きな変化がみられる。新しい人事制度で「能力主義の終焉」という言葉すら登場してきている。それでは、これまでの人事制度の改革は「能力主義の強化」がコンセプトであったのに、何故、能力主義の転換がなされてきているのであろうか。

　よく知られているように、日本的能力主義にもとづく人事考課制度の基準は、①実際の仕事の業績を評価する成績考課、②仕事に対する態度や意欲、あるいは個人の性格に関わるような情意考課、③個人の保有している顕在能力や潜在能力を評価する能力考課、この3つを基本にしてきた。

　この能力主義は年功制と相矛盾する概念のように考えられてきた。しかし、よくよく検討するならば、日本的能力主義と年功制は「野合」してきたことがわかる。潜在能力評価とは、将来において期待される能力であり、そのために会社で日々努力する態度である。また、情意考課も仕事に対する構えや意欲や態度、規律性・積極性・協調性・責任性などである。結局、このような能力考課や情意考課で評価される能力とは、その会社に入れば段々と培われるものということになる。また逆に、成績考課を優先的な基準にするならば、年功制を飛び越して、逆転人事が通例化してしまう。それは、先ほどみた、台形型処遇秩序をくつがえすことになる。したがって、年功性と折り合うような能力主義、すなわち日本的能力主義が人事考課制度の基本になっていたのである。

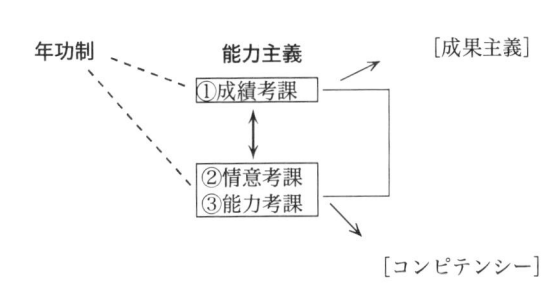

図1　日本的能力主義の構造

　したがって、図1でイメージ化したように、成績考課は年功制と矛盾する関係にあり、情意考課と能力考課は年功制と「野合」する関係にあった。3つのファクターは総合点方式によって点数

化されるので、成績考課のポイントが高いからといって、年功的秩序を超えることはなかったのである。

(2) 新しい個人評価制度

新しい個人評価制度は、年功制と切り離すことを基本にしている。それは新人事制度で2つの傾向として制度化されてきている。1つは成果主義であり、これは年功にかかわらず挙げた「成績」で評価しようとする流れである。成果主義は、これまでの人事考課制度の3つの柱のなかで「成績考課」に特化したものとみることができる。これは、挙げた成果＝結果がすべてという世界であり、すでに目標管理制度として実際に行われている。

あと1つは、新しい能力評価、「コンピテンシー」である。日本的能力主義に代わる評価制度として、成果主義だけでなく、アメリカで開発された「コンピテンシー」評価制度に企業の注目が向かっている。成果主義は、過程ではなく、最後に挙げた業績を評価する。だから結果が全ての話になってしまう。コンピテンシーとは、成果を上げるために求められる知識（ナレッジ）、技能（スキル）、態度（アティチュード）を評価の中心にして、職務に基礎においた顕在的な能力向上を評価するものである。個人の保有能力の評価ではあるが、過去の貢献や将来の期待度は勘案されず、あくまでも職務に根ざした能力を評価する。

(3) 目標管理制度とコンピテンシー評価の広がり

先の調査で、日本的能力主義からの脱却がめざされていることが確認される。これまでの人事考課制度は、個人の能力を「成績」「能力」「情意」の3つの柱とその細項目によって上司が評価するのが通例であった。評価項目を個人にあてがっ

表4 評価制度について

	①目標管理制度	②多面評価制度	③コンピテンシー
部　　長　　級	83%→80%	17%→22%	3%→31%
課　　長　　級	83%→81%	15%→21%	2%→31%
係長・主任級	77%→79%	17%→17%	3%→31%
非　役　職　者	73%→74%	19%→15%	4%→29%
専　　門　　職	82%→81%	17%→13%	4%→29%

出所）東海総合研究所調査(2001)から作成。

て測るこのような要素評定では、要素が抽象的で一般的であるために、個人の具体的な成果や行動を評価することが難しかった。難しかったということよりも、日本的能力主義は、実は、個人の客観的で具体的な成果や行動を考慮せず、年功制の枠組みを前提にしたそのなかで能力主義であったのである。ここからの転換が以下の東海総合研究所の調査結果で明らかになっている。

目標管理制度は、すでに7、8割の企業が導入しており、普及率の高さが注目される。ただ、目標管理制度をとっているとしても、目標の設定と達成度合いで、その成果を評価するということでなく、能力主義の評価項目を中心にして目標面接を行う企業もあり、この制度導入は成果主義へのコンセプトの転換を伴っていない場合もある。

さらに、コンピテンシー評価を、将来、約30％の企業が採用したいとしていることは注目すべきところである。生産性本部の2000年調査でも、「すでに活用」5.6％、「活用の方向で検討」13.6％、「関心はあるが検討中」52.2％という結果になっている。また、コンピテンシーを何に活用したいかという質問に、「育成・能力開発の基準」が62.8％（複数回答）で、最も高い比率になっている。ここでも、従業員の能力開発をすすめるコンセプトになっていた能力主義の転換をみることができる。

(4) 個人評価制度の今後の方向

先の2000年日経連報告は、個人評価制度においても重要な指摘をおこなっている。「入社年次別管理の問題点は、この方式が集団管理であり、その結果として人事評価が同一入社年次集団内における相対評価になるという点である」、つまり「入社年次別管理方式は集団内相対評価という難点を伴う」というのである。注目すべき点は、「国内外の競争企業との厳しい競争に勝ち抜くためには、年次や勤続年数など属人的要素に基づく評価・処遇からの転換を計り、個を重視し、個人の才能を生かすことが重要となっている」との認識に立っていることである。

1995年に日経連が発表した『新時代の「日本的経営」』は、長期蓄積能力活用型、高度専門能力活用型、雇用柔軟型の3つの雇用・処遇形態を打ち出し、21世紀の経営戦略としてマスコミや研究者のなかで注目された。しかし、この段階では、正規社員で長期勤続を想定した長期蓄積能力活用型は、能力主義の強化が基本的

なコンセプトであった。しかし、2000年報告では、「95年の時点では日本型企業システムの中核をなす雇用システムについて一定の方向性を見極めた提案を行うことには困難があったものと考えられよう」と述べている。このような認識に立って、職能資格制度の廃棄と日本的な能力主義の見直しを提起している。日経連の1995年報告から2000年報告への変化は、日本の人事制度の改革に対して、質的に異なる方向性を打ち出したものとして注目される。

　また、人事院が設置した「能力、実績等の評価・活用に関する研究会」は2001年2月8日、「最終報告(素案)」をまとめた。新しい評価制度を提起している点で注目される。報告は、公務員に対しても民間企業なみの評価制度が導入されるとの報道がなされたが、その詳細をみると、客観的で公平な基準をつくる努力がなされていることがわかる。

　人事院の研究会が提起した個人評価は、「実績評価」と「能力評価」の2つを基準とすることになっている。すなわち、能力主義評価における「情意評価」は存在しない。研究会報告は、「いわゆる『人格評定』は、人格の評価につながり易い用語であり、好き嫌い等の主観的要素が反映される結果となりがちであるため、評価の対象外にすべき」であるとの判断を行っている。情意考課は性格評価そのものではないにしても、限りなく性格の評価に結びつきやすいことは、情意項目の「協調性」や「積極性」の言葉をイメージすれば、容易に理解できるだろう。

　さらに、人事院の研究会は能力評価についても、「要素評定から行動評定へ」という評価システムの転換を強調している。「現行の勤務評定は、『企画力』、『折衝力』、『積極的』等の抽象的な評価項目による要素評定で能力評価が行われているケースが一般的。このような要素評定においては、要素が抽象的であり、それぞれの評価項目がどのような行動や態度を評価しようとしているのかが明らかにされない場合が多いため、主観的な印象による評価になりがち」だからである。つまり、人事考課制度における評価項目を、各自の能力を測る物差しにするのではないとしている点が重要である。

　上記研究会報告のいう「行動評定」とは「具体的な行動による職務遂行能力の評価」とされ、「役職段階ごとに職員に期待し求める職務行動を評価の基準として設定し、その行動をとっているか否か、あるいはその程度を評価することによって行うべき」だとされている。職務行動が客観的な基準としてあり、それをなし得

た能力を評価するということである。何らかの成果をアウトプットすることができた客観的事実にもとづいて、その背景となった顕在能力を評価するのである。日本的能力主義からの転換を含んだ人事院の評価制度は、今後、民間企業へも波及する可能性が大きい。もちろん、人事院の研究会も、職務概念にもとづいた評価でないために公平性に限界があることは否めないが、人事院が人事考課制度の転換を示した点で注目される。

3. 成果主義賃金の特徴

　資格制度と個人評価制度と2つを柱にして、賃金・人事制度の転換が進行しているが、この成果主義と表現されている今日の人事制度は、これまでの日本の職能資格制度を引き継いでいるところに特徴がある。その意味で、日本型の成果主義とみなければならない。それではこの日本型成果主義賃金の特徴と問題点はどこにあるのか、以下、列挙しながら、みていくことにしよう。

(1) 職務分析・職務評価なしの「新しい資格制度」

　資格制度の改革は、①職務分析・職務評価にもとづく職務等級から、②アカンタビリティ(役割責任)に特化した新しい資格、③職能等級のブロード・バンディング(大ぐくり化)までさまざまある。そのなかには、日本ヒューレットパッカードのように、会社の職務を分析し、800の職務記述書を作成している企業もある。また、武田製薬工業やさくら銀行、ギャガ・コミニュケーションズのように、ヘイ社に依頼して資格制度をつくっている企業もある。ヘイ社は、世界的に大企業の職務等級を設計しているコンサルタント会社であり、したがって、これらの企業は、職務等級に近い資格制度をとっているとみてよいだろう。

　しかし、職能資格制度を廃棄した企業の多くは、ミッション・グレード、実力バンド、役割ランクなどの呼称をつけた、結局は、アカンタビリティに特化した資格制度である。ヘイ社のヘイ・システムでは、職務評価の総合点は、「ノウハウ」、「問題解決」、「アカンタビリティ」の3つから成っているが、日本における新しい資格制度は、このうちの「アカンタビリティ」に特化した制度が多い。特殊な事例としては、昭和シェル石油のようにコンピテンシー評価のみで資格等級をつくると例もある。

特集1　ゆらぎのなかの日本型経営・労使関係

したがって、このような職務分析・職務評価なしの、アカンタビリティに矮小化された資格制度は、日本型仕事給や日本型職務給といわれているように、本来の職務給ではなく、きわめて成果主義的な色彩の強い制度になっている。

(2) 「個人評価給」の肥大化

新しい個人評価制度は、個人評価の基準や方法がこれまでの能力主義と異なっているが、重要なことは、全体の給与のなかで、この個人評価の部分が肥大化していることである。個人の業績・能力評価が賃金に反映する部分を、全体の賃金のなかで「個人評価給」と表現すると、その「個人評価給」の割合が大きくなっている。日本における年功賃金は、年齢・勤続・性差を基準にした基本給があり、それが賃金のベースになっていた。その決定基準にはそれぞれ問題があるとしても、少なくとも大きな変動のない、来年再来年も、ある一定の賃金額を受け取ることができると予想されるものであった。職能給とされる賃金制度でも、賃金総額のすべてが職能給であるという制度はなく、本俸と職能給とがミックスされた総合給であった。

その比率は業種や企業によって異なっても、能力評価に基づく職能資格制度におけるその資格が賃金の総額を決定するという制度ではなかった。また、欧米の仕事給の世界でも、仕事基準の基本給(職務給、職種別賃金)がある。その基本給に対して業績や能力の個人評価の一定額が、それに乗っかるという関係である。

新しい資格制度における個人の格付けは、資格の等級よって決定されるので、基本給＝資格給とみることができる。しかし、この等級のどこに位置づけられるのかは、年齢や勤続や職務でもなく、客観的基準のない、その時その時に変動する個人評価によってなされる。能力評価いかんで、つねに上下してしまう安定性のないものである。固定的な基本給ではなく、変動する個人評価給である。

(3) 一般社員を巻き込んだ過度の成果主義

日本型の成果主義は、日本的能力主義における評価対象者を継承したという特徴をもっている。すなわち、棲み分け不能の競争主義を引き継いでいるのである。アメリカでは一般的にはノン・エグゼンプトとエグゼンプトの区別が存在し、組合員であり、昇進しない大卒ホワイトカラーのノン・エグゼンプトは人事考課制

度はあまり作用しない(遠藤公嗣[1999])。

　また、アメリカの職務等級制度の場合には、上位等級は、例えば、ヘイ・システムにおいては「問題解決力」のポイントが高い。つまり、そこは自由裁量の度合いが高い仕事領域である。職務等級の上のレベルは、責任や権限が大きな職務であり、それに就く個人に成果主義が期待されるのは当然だろう。逆に、下位のレベルには成果主義はむかない。

　このような欧米型のいわば将校と兵士の区分を明らかにした処遇と評価のシステムになっていないのである。今日、一般社員をも巻き込んだ過度の成果主義の導入が広がっているが、自己裁量権が狭い部署に、成果主義を導入しても労働力を疲弊させるだけだと思われる。また、やみくもに成果主義を煽るならば、個々の者たちは自分の業績を挙げるのに血道を上げ、結局は職場における共同性は切断され、生産性も低下することになろう。現に日本型成果主義の弊害が報道され、一定の軌道修正もなされている。

3. 賃金人事制度の転換と今後の課題

(1) 賃金人事制度の変化と労働市場

　これまで新入社員は、企業内人生において部長までとはいかなくてもそこそこ出世できると信じていた。誰もが年功的に出世していくこの年功的内部昇進制が崩壊し、"下克上"昇進制度とも表現されているように、成果主義の評価によって一部の者だけが昇進していく構造になるだろう。このような年功的昇進制の崩壊と内部昇進制の限定化は、エリート・ホワイトカラーの対極に、昇進しない、あるいは昇進に限界があるホワイトカラーを大量に生み出すことになるに違いない。今日の新人事制度にみられる複線化の処遇は、ジェネラリストではなく、スペシャリストの処遇制度として機能するだろう。専門職ホワイトカラーの集団である。

　また、年功制・能力主義にもとづく台形型の処遇制度が崩壊するとするならば、その後の制度はピラミッド型、ないしは文鎮型になると思われる。そして賃金制度は、文鎮のつまみの部分、すなわちエリート層には強い成果主義賃金、その一方で、文鎮の大きなフラット部分の圧倒的なノン・エリート層には低い賃金という構造になっていくように思われる。

この内部昇進に限界のある専門職ホワイトカラーと横断的労働市場とが結合する可能性が大きい。それは労働者の処遇に多大の変化をもたらすことになるだろう。

　年功賃金は、企業ごとに属人的な基準にもとづいて決められる賃金であり、企業内的性格と属人的決定基準という特質をもっていた。処遇基準が「仕事」基準に傾斜することは、賃金における属人的性格を脱することであり、企業内的性格を失うことである。賃金が個々の企業で年齢・勤続・能力評価という基準で決まるならば、A社、B社、C社ごとに共通した決定基準はない。これが、「仕事」基準になるということは、各社がいわば共通言語をもつことを意味する。年功賃金の特質である企業内的性格が払拭され、そのことによって賃金が市場化することになる。

　これは、労働者に深刻な影響を与えるだろう。なぜならば、企業内の賃金は、A社、B社という比較のみならず、派遣やパートの有期雇用労働者の賃金と比較されることになるからである。これと労働法制の再編が関連してくる。労働者派遣法の改定は、ネガティブリスト方式による派遣業務の原則自由化の道を開き、そのことによって膨大な派遣労働市場が形成されるだろう。また、労働基準法の改定による3年短期労働契約の承認は、技能水準の高い労働者の有期雇用化を促すことになるに違いない。これは、パート労働市場や派遣労働市場、専門職の「有期雇用」労働市場において、あらゆる職種が取りそろえられることを意味する。

　それと、企業内における人事制度の改変の方向とが結びつくことになる。企画職や技術職から、営業職、販売職、技能職、OA機器操作従事者、さらには定型的で補助的な仕事に従事する一般事務職まで、これら企業内のあらゆる職種の労働者は、外部労働市場の対応する職種と比較、競合させられることになる。今日における人事制度の改革と労働法制の再編とが、このようにして深く関連し合っているのである。このように、人事制度の改革は、従業員の処遇基準を変え、そのことによって企業内の労働力と外部労働市場の労働力とが結合し、両者の代替性が高められることになる。

(2)　人事制度の改革に対応した労働システム

賃金人事制度の改革に対して労使ともに検討されるべき課題は基本給の設定である。すなわち、年功制・能力主義を改変するとするならば、何を基準にして基本給を確定するのか、また、賃金水準の最低限の歯止めとして何を基準にするのか、この点が考慮されなければならない。職能資格制度を廃棄するとするならば、いかなる等級制度を構築するのかという問題である。

　役割やポストを等級制度とする日本型職務給が広がっているが、長期的にはアメリカの職務給を視野に入れなければならないように思われる。アメリカの成果主義は、年功や潜在能力とは無縁な仕事基準の世界であるが、まず、個人の能力評価ではなく、仕事の難易度を基準にした職務等級制度が、基本給のレベルを決める縦の軸として存在している。この職務等級のいわばサブシステムとして個人の評価制度がある。このように成果主義の成り立つ土台が重要であるように思われる。

　現在進行している賃金人事制度の改革は、日本の職能資格制度を引き継ぎながら、アメリカの職務給と成果主義を導入するという構造になっている。属人基準と職務基準を1つの資格等級の組み込むことは、「水と油」を混ぜ合わせるようなものである。属人的要素を極力排しつつ、「仕事」に基礎においた処遇を基本とし、それに個人の成果や能力の評価を付加するという関係が望ましいのではないだろうか。欧米でも、属人的な評価を全く入れない「ワン・ジョブ・ワン・レイト」から、個人の業績や技能の伸長を評価し、昇給する賃金制度が広がっている(社会経済生産性本部[1994]、日本労働研究機構[1994])。もちろん、この新しい賃金制度は、「人」と「仕事」が収斂し、混じり合うのではなく、「仕事」を基礎にした「属人評価」との接合関係がその本質である。このような「欧米型発展モデル」を構想すべきだと思われる。

　また、年功制・日本的能力主義は、内部昇進制を基盤にしたジェネラリスト養成のシステムだったが、これからは、圧倒的なスペシャリストと少数のジェネラリストといういわば「文鎮型」の労働力編成になっていくと予想される。そのなかで、この専門職スペシャリストに対して日本型成果主義は適合しないと思われる。その意味からも長期的には日本型成果主義から欧米型発展モデルへの移行が検討されるべきだろう。

　また、さらに、新しい人事制度の導入を、グローバル経済化と情報技術革命の

もとで、日本においてどのような人材の養成・配置・評価・処遇のシステムが構築されるべきなのかという問題として捉えるべきだろう。したがって、人材育成という観点からみるならば、それは企業内の人事制度の改革にとどまるものではない。成果主義の流れは、産業社会のシステムチェンジの問題として受け止める必要がある。これまでの年功制と能力主義にもとづく産業社会の秩序が時代に合わなくなったのあるから、人材育成と処遇基準を中心にした新しい産業社会のシステムが構想されなければならない。

　政府や行政の役割は大きい。労働市場の規制緩和を強めるだけでは、これからの産業社会に必要な労働力は確保されない。OJTに偏重していた技能育成システムや、学校歴に依存する潜在能力評価を転換し、国家レベルで手厚い人材養成システムを設計するとともに、養成された労働力は何を基準にして処遇されるべきなのか、そのガイディング・ライトが示されなければならない。日本の産業社会のシステムチェンジの枠組みのなかで、成果主義賃金の流れを把握することが必要だと思われる。

【引用・参考文献】
遠藤公嗣、1999、『日本の人事査定』ミネルヴァ書房
木下武男、1999、『日本人の賃金』、平凡社新書
社会経済生産性本部、1994、『アメリカの賃金・ヨーロッパの賃金』社会生産性本部
社会経済生産性本部、1999、『1999年版日本的人事制度の現状と課題』社会生産性本部
社会経済生産性本部、2000、『2000年版日本的人事制度の現状と課題』社会生産性本部
社会経済生産性本部、2001、『2001年版日本的人事制度の現状と課題』社会生産性本部
人事院、2001、「能力、実績等の評価・活用に関する研究会　最終報告（素案）」人事院
東海総合研究所、2001、『人事制度の現状と今後の改善の方向性』東海総合研究所
日本経営者団体連盟、1995、『新時代の「日本的経営」』日本経営者団体
日本経営者団体連盟、1999、『経営のグローバルに対応した日本型』日本経営者団体
日本労働研究機構・連合総合生活開発研究所、1994、『賃金要求水準及び賃金交渉方式の国際比較研究』

特集2 フィールド調査"職人芸"の伝承（第2部）

1 職業としての労働調査者を志す人に　　　　　　　辻　　勝次

2 「人権福祉フィールドワーク」の構想　　　　　　八木　　正
　　——被抑圧労働人生の解明に向けて——

3 日産自動車の労使関係調査　　　　　　　　　　　嵯峨　一郎

4 トヨタ調査での「共同研究」　　　　　　　　　　木田　融男
　　——職業・生活研究会の事例——

5 暗黙の認識枠組みと調査で特定される事実　　　　野原　　光
　　——生産システムとその存続の社会的条件という
　　　枠組み設定を事例として——

職業としての労働調査者を志す人に

辻　勝次
(立命館大学)

　先日(2001年5月5、6日)、学会の企画として「フィールド調査"職人芸の伝承"」と題するミニ・シンポジュームを立命館大学の一室で開いた。4人の講師と2人の司会者に30人ほどの若い参加者を交えて進められた討論と、近くの居酒屋での歓談は楽しくも充実していた。コーディネーター兼司会者としてこの企画に関わった筆者としては学会幹事会の見識に敬意を表します。また熊本や広島から手弁当で来てくださり、2日間にわたってご参加くださった講師の方々に厚くお礼を申します。

　会場で行われた報告と討論についてはそれぞれの参加者の論稿に譲ることとして、筆者はこの機会に専門的な労働調査者になろうと志している後継世代に向けて、一先人としての私見を述べてみたい。以下は院生のA君とB先生との対話である。

1. 実証で行きましょう

A君：学部から大学院へ進んでもう4カ月が経ちました。夏休みも近づいて研究の主題を決めないといけないのですが、理論で行こうか実証にしようか、迷っています。

B先生：迷っているなら実証で行きなさい。ある大家はゼミに入ってきた院生が太っていると理論を、痩せていると実証をやらせると聞いています。この先生の指導は確かに乱暴ですが、私は太っていようが痩せていようが実証を勧めるのですから、もっと乱暴かもしれません。ともかく理論というのは一見すると華々しいようですが今のように変化の激しい時代にはその生存期間は短いものです。マルクス理論とかパーソンズ理論とか、つい先日まで隆盛を誇った理論

が凋落している様子は君も知っているとおりです。その点、確かな実証研究は50年、100年の風雪に耐えて生き残ります。私は今でも戦後の労働社会学の出発となった尾高さんの『たたら親方』とか、松島さんの『友子』を読み返すことがあります。横山さんの『日本の下層社会』とか、細井さんの『女工哀史』も読みます。確実な実証研究はまぎれのない事実を記録しているのですから、時代を超えて読む者に深い感動を与えてくれるのです。研究者を志すのなら実証で勝負すべきでしょう。

A君：先輩の院生など、私の周りには理論家を自称する人が沢山いて、その人たちの話はとても賢そうで、私など太刀打ちできません。

B先生：いまは誰もが知る労働調査のベテランですが、この人は院生時代に思想史を研究しようと、さる先生に相談したところ「君、死んだ人の考えが分かるのかね」、と一喝されて、実証で行く決心をしたと聞きました。また高名なある先生はハーバーマスを勉強したいという院生を、「なに！ ハーバーマス！　その何たらマスというのは、一体、どこの川にいるんだね」、と一蹴したそうです。この叱られた人も今では立派な実証家です。

　理論家院生は大きな話をしますからいかにも賢そうですが、流行に乗って何十人もが同じ歌を歌っています。それに比べると、あなた自身が自分のフィールドで見たり聞いたりしたことは、あなただけしか知らない世界です。みんなと同じ歌を合唱したいのなら理論をやりなさい。少々音痴でも独唱したいのなら実証にしなさい。

2.　どんな職業ですか

A君：前に先生の話を聞いてからこの間、夏休みの間にいろいろ考えましたが、ようやく実証で行く決心が付きました。だけど職業として労働調査をする人は何をするのでしょうか。労働という言葉が何となく時代遅れの感じがして、職業に選ぶには違和感が残ります。

B先生：労働という用語がエスニシティーとかカルチュラルスタディーズだとか、舌を嚙みそうな、今ふうのポストモダンの雰囲気に欠けていることは確かです。だけど人間は300万年も前から働いてきたし、今現在も働いているし、これから21世紀が22世紀になっても働いているに違いありません。人が働いている事

実を勤労といってもいいし、仕事といっても、職業でもいいでしょう。ともかく人が働いているという社会的現実についての科学的で客観的な知識はいつも常に求められています。

　世間の大部分の人は男も女も自分自身が働いていたり、家族が働いているのですから、この領域の様々な問題について知りたいと願っています。また役所でも会社でも人が集まって働いている所には必ず人事屋さんとか労務屋さんとかいうベテランがいて、これらの人は自分自身が人事や労務の専門家であるだけでなく、さまざまな労働調査に大きな関心を持っています。このごろは新聞やテレビでも広い意味での労働問題の特集が目に付きますが、こうした特集を企画したり取材する人も、ここでいう「職業としての労働調査」に携わっている人といえます。もちろん、A君が漠然とあこがれているように、大学の中にポストを得て労働調査を担当できることがベストでしょうが、職業的労働調査者の活動舞台は大学の中だけではなく、公私さまざまな組織や領域に及んでいます。

　教育とか行政のことはいわないことにして、大学での研究生活は一言でいえば瑣末なことの気が遠くなるような繰り返しです。面接相手からアポをもらう連絡、面接での緊張したやりとり、聞き取ったテープやノートからの「面接記録」の作成、記録の中から共通の変数を探すコード化作業、そうした数字の集計ソフトや統計ソフトへの入力、数百、数千回の統計計算などです。

　自分のヘマを記録したテープを起こすのは、何度やっても慣れることができません。自分のアホさを何度も何度も聞かされて、ジンマシンが出るほどです。データ入力作業では面接記録を数十回、数百回も読み返して該当個所を探します。まるで自分が「単語検索プログラム」にでもなった気分です。1日10時間の作業をして、埋まるセルの数はせいぜいで100から200です。データベースは数万のセルからなりますから、単純計算では完成までに数カ月かかります。いつ終わるかと考えると、うんざりして手が止まってしまうので、ひたすら目前のセルのことだけを考えます。1日が終わると目がチカチカするし頭は脱水状態です。私は最近300ページの本を出しましたが、執筆に6年かかりました。1年で50ページ、1日では0.1ページ、字数では150字ほどでしょうか。

　マックス・ウェーバーは『職業としての学問』の中で、学者たらんとする者

は、ひたすら瑣末なことに耐えよ、と述べていますが、私も同意見です。
A君：そうなると先生は何が楽しみで研究をしているのですか。まるで労苦ばかりのように聞こえます。
B先生：いい質問です。結局、この仕事が楽しいから続いているのです。まず、調査に行くときには、今日はどんな人に会えるのか、どんな話が聞けるのかと思うと期待が大きく膨らみます。久しぶりにかつての面接協力者に会ってその後の話を聞くことも楽しいことの一つです。人びとの生活小史を聞くことで、自分では体験できなかった人生があったことがわかります。データ分析の中から規則というか関連が見つかったときは、どんな苦労も吹き飛びます。論文を脱稿して編集に渡したときは歌でも唱いたい開放感があります。ただ、私は思い切りが悪いのか、出した直後から迷うことが多いのです。できの悪い原稿のときは、原稿も自分も消えてしまえないものかと妄想します。

　せっかく論文を書いても、この世界は厳しくて、褒めてもらえることはもちろん、批判してもらえることも数えるほどです。ほとんど黙殺、無反応です。そんな中で学会で言及してもらえたり、他の人から引用してもらえたりすると、それはそれは嬉しいものです。だから、所詮は私も名誉欲に駆られた自己中なんだと思うことも多いのです。

　振り返ると私は50代の半ばまでは自分のことだけで精一杯でしたが、いまは後継者を育てることも大切だと考えるようになりました。定年退職まで何年もないなと思うと、自分自身の仕事の総まとめと同時に、労働調査の伝統の継承にも気を配るようになりました。若い人が育っていくのを見るのは、これは研究者というより教育者としてでしょうが、言葉で表現できないほどです。心から、ああこの仕事をしてよかったな、と思えます。

3.　お手本はありますか

A君：職業として労働調査に携わる人の一面が少し分かりました。ところで労働調査というものは何をどのように研究するのでしょうか。労働調査には何かお手本があるのでしょうか。
B先生：労働調査のモデルというものはありません。それは若いあなた自身がこれから見つけだし作り上げていくことになります。ただ、これまで先輩たちが

やってきた代表的な労働調査の報告書を丹念に丹念に読み返すことが大事でしょう。そこには課題設定や分析の枠組みや対象の位置づけなどが一つの全体として示されています。そのようなモノグラフの中からA君自身にとってぴったりくるもの、こんな調査をしてみたいと思うものがあれば、それがA君にとってのモデルです。モデルが見つけられるというのは、それだけ研究が前進した証拠です。次はそのモデルを、A君にできる範囲で精一杯、模倣することを考えなさい。

　もちろん、労働をとりまく情勢は大きく変化していますから、お手本の主題をそのままもらうわけにはいきません。今日の状況に合致したA君自身の研究課題は、現下の労働世界のなかに求めるしかありません。それには新聞やテレビに気を配り、学会の機関誌や専門雑誌に目を通すことが必要です。

　私がいいたいことは二つです。一つは労働調査の方法には一貫して変わることのない方法がありますから、それをしっかりと継承すること、これが何よりも大事です。その方法というのは要するに、現場へ出ていって直接の当事者から話を聞くということ、これに尽きます。研究史に残るような調査研究はどれも徹底した聞き取りを基礎にしています。そしてありがたいことには、この方法は労さえ惜しまなければ誰にでもまねることができるのです。もう一つは、今日的な調査研究の主題を見つけることです。この点でもありがたいことに、研究主題を見つけることは難しいことではありません。研究主題は日常の労働世界の中に埋め込まれた状態でですが、どこにでもころがっています。テレビや新聞の報道は、そのほんの一部だといえるでしょう。その中から自分として興味が湧くものを選び取ることです。

　聞き取りという方法で、今日的な労働問題を研究することは、このように、それ自体としてはたいして難しいことではありません。難しいのは同じ課題を追い続ける持続力であり、その前提となる情熱です。情熱さえあればたいていのことは何とかなるものです。

4.　おじさん世代の使命感

A君：この前に先生に会ってからもう3カ月、そろそろ木枯らしが吹きはじめました。あれから先行研究を勉強して調査手法のお手本を見つけました。また自

分なりの研究課題もどうにか決めることができましたが、困ったことになっています。それというのは、私には先生たちの世代が労働調査について持っている強い情熱とか社会的な使命感とかがないのです。周りの院生と話していると、同じことをいう者がけっこういます。どうしたものでしょうか。

B先生：ううん、これは難問だ。調査の技法とかノウハウとかについては助言や指導ができますが、研究に懸ける情熱をどうするかといわれても、なかなか難しい。まあ、聞いてください。

　私たちおじさん世代は君たちの両親とほぼ同じ世代であり、君たちが生まれる前から私たちは先生をやっていたのです。だから私たちが院生だったのは、今から30年とか40年も前のことで、1960年代から1970年ごろになるでしょう。私たちがものを考え始めた少年時代の日本はまだまだ混沌としていて国民の生活は貧しく、私たち自分自身がいくつもの問題を抱えていたし、身近な友人も何かの問題に悩んでいました。そして、それらの問題はすべて社会の仕組みから生じたものでした。少なくとも問題の原因は社会にあると私たちが信じていた限りでは、社会問題が現存していたのです。

　私たちを指導してくれた先生たちは戦中、戦後の焼け跡をさまよいながら学生生活を送った苦学生でした。これらの先生たちは日本社会の再建に向けて熱い思いをたぎらせていて、それが院生だった私たちにひしひしと伝わりました。例えばマルクス主義に依りながら労働者階級の解放を切々と説く先生がいました。また近代化論の立場から産業民主主義の確立に渾身の努力をしている先生もいました。こうした先生たちが、一種の徒弟として私たちをフィールドに連れて行ってくれて、文字通りのOJTの機会を与えてくれました。私たちは初対面での挨拶のしかたからノートの取り方など、数え切れないノウハウを教科書からではなく、現場での体験として学ぶ機会があったのです。先生の情熱はオーラとなって背中からあふれ出ていて、それを浴びる私たちは、「先生のような情熱があればなあー」と、あなたが今感じているのと同じ気後れを感じたものです。

　私たちが私たちの先生から学んだことは次のような社会観であり職業としての学問観であったように思います。①人間は自由であるべきであり、社会は平等であるべきことは、議論の余地のない先験的な真である。②この社会にはあ

職業としての労働調査者を志す人に

る構造があって、その構造の故に人間の不自由や不平等が生じている。③したがって人間自身がこの構造を変えることによって、社会の不平等や人間の不自由を克服することができる。④社会学者にはその社会の構造を解明し、社会を変える方法を発見するという役割と使命が与えられている。

　私たちはこうした社会観と学問観を先生たちから学び取るとともに、先生たちと同じように、自分自身が社会を変えたり社会を前進させる大きな目的のための「道具」とか「手段」になることを、大した疑問も感じずに引き受けたのです。そしてフィールドに通っていれば社会問題の解決方法は必ず見つかるという、今から思えば相当にナイーブな思いこみをもって調査をしてきたのです。

5. 君たち世代の使命感

B先生：目をつり上げて、鉢巻きを締めて、ときにはハンストをしたりヘルメットを被って街頭に出たりした私たちの世代は不幸だったといえます。私たちの青年時代は選択肢がとても限られていたのです。これに対していまの君たちが何を研究したらいいのかと迷うのは、それだけ多くの選択肢があり自由度が大きいからです。大きな迷いは大きな自由度と裏腹です。そしてこのことが、研究に対する君たちの「情熱」とか「使命感」に大きく影を落としているのです。そして大きな自由度と迷いとは、ともすると最近の社会学界で流行っている学問的な主観主義とか相対主義とか不可知論とかの温床になってもいるのです。研究者としての責任放棄ともいえるこうした態度を克服する方法があるのですが、それはもう少し経ってから話しましょう。

　一昔前には善玉と悪玉の二項対立でできた大きな図式があって、その図式に沿って全てが説明できたのです。ところが今の社会学にはそんな図式はありません。全領域をリードする主導的な理論とか、この理論に身を託せば救われる、ということではなくなりました。さらに社会問題が発生する原因が複雑化、多様化してきて、善玉の中にも悪玉がいたり、悪玉の中にも善玉がいたり、要するに善か悪かを判断する基準自体が一義的には決められない状況にあります。ある社会問題を解決しても、まるでモグラ叩きのように、別のところで思いもよらない問題が吹き出す、というようにキリがつきません。こうなると自分一人が頑張ってもどうにもならない、という無力感が生じることにもなるでしょ

う。

　君たちは理論的にも現実的にも、研究焦点をどこに絞るか決めきれずに迷わざるを得ないのです。こうした意味での厳しい研究環境は私たちの時代にはなかった、君たちに固有のものといえるでしょう。このことが、研究課題や対象について素朴で直接的な情熱を感じにくくしている要因でしょう。そこから「先生世代はうらやましい」と、つい思うことにもなるのでしょう。

　しかし、人間は社会的存在であることは社会学の常識であり、社会が変われば人間も変わり、研究者のありかたもまた変わるのです。それは善悪、好悪の問題ではない、客観的な事実です。言い替えると私たちの先生には先生たちの時代があり、私たちには私たちのそれがあり、君たちには君たちのそれがあるのです。君たちが今すぐ直ちに労働調査についての情熱が湧いてこないとしても、それは君たち自身の問題なのではなく、多くは時代の反映です。だから私たちの世代がやっていたように、大きな理論が教示する仮説に沿って研究主題を選ぶのではなく、君たちが現にやっているように自分自身の身近なところに研究課題を見つけていくのは、むしろ今の時代の自然な結果だといえるでしょう。

　それに、これはとても重要なことですが人間は絶えず成長する、ということです。私たち自身が最初から由緒正しい職業的な調査マンであったわけではないし、使命感に溢れていたわけでもないのです。職業的な社会化によって労働調査を続けているうちに、気がついたらそうなっていたというのが正確です。だから君たちも最初は単純な好奇心とか、もしかしたら研究の穴場だとかいう「不純な動機」でフィールドへ出ているとしても、やがて必ずその対象に情熱を感じるようになるのです。調査対象がオーラを吹きかけてくれるので、調査の中で自己変革が生じるのです。これは私自身の体験から断言できる事実です。

　マックス・ウェーバーは『職業としての学問』の中で、学問への情熱がない者は学問には向かないと、私などには耳の痛いことを述べています。だけどこれは事柄の半分を述べたに過ぎません。学問が嫌いでさえなければ、学問を続けているうちに、いつの間にかそれが好きになる、職業的な社会化という現象をウェーバーは知らなかったのでしょう。

　ところで大学院生活は、俗に入院生活だというように、とても厳しい世界です。院生は一人一人ではなかなか自分を支えきれないことも多いでしょう。同

士を募って共同研究に取り組むことを勧めます。とくに調査活動の場面では、断られたり待たされたり、がっくり来てしまうことが多いのです。そんなときにお互いに支え合うことのできる仲間がいると事態はまったく違います。特に調査の最初の場面は、それなりに場数を踏んできた私にとっても不安と緊張が先立つものです。まして初めて調査に出ようとする院生にはこの不安は大きいことと思います。だから誰かに頼んでついてきてもらう、相手のときにはついていってあげる、というのは少しも恥ずかしいことではありません。出だしのところで躓いてしまうことの方がよほど困ります。最初の一歩を踏み出すときの共同研究者とか友人とかを見つけることができるのなら、是非そうしなさい。

A君：先生の話を聞いているうちに気持ちが軽くなりました。何とかやっていけそうな自信がでてきました。

6. フィールドへ出ました

B先生：あなたもマスター2年生になりました。最近よくフィールドに出ていると人づてに聞きましたが、どんな様子ですか。

A君：春休みになった2月から「飛び込み」でいくつかの中小企業で聞き取りを始めました。最初は駆け出しの院生に時間を割いてもらえるか、とても不安でした。もちろん断られることも多いのですがていねいに対応してくれるところもあって、捨てる神あれば拾う神ありです。ベンチに座っているだけではダメ、打率は低くても打席に立つ回数が増えれば自然にヒットの数も増えることを、身をもって知りました。

　最初の聞き取りは冷や汗もので、用意していた聞き取り項目があっという間に終わってしまって、時間つなぎに四苦八苦でしたが、友人が横にいてくれたので乗り切れました。2カ所目になると1カ所目で聞いたことが知識になっていて、そのおかげでいくらか深い聞き取りができました。さらに3カ所、4カ所と進むにつれて、用意した項目から自由に枝葉を出して、臨機応変の質問ができるようになりました。なるほど、先生がいっていたようにフィールドから学ぶ、とはこういうことかと分かってきました。

　それに嬉しいことに、自分の選んだ研究課題と研究対象が好きになりかかっています。聞き取り記録をまとめていると、あの人たちの世界にはまってしま

いそうです。これだけ惹かれるのは、これを情熱といってもいいのではないでしょうか。そうだとすると、自分にも職業としての労働調査を担う資格がすこしはあるかと、自信ができてきました。少なくともそれを目標に入院生活をがんばろうと、思えるようになりました。

B先生：それを聞いて私もとても嬉しいです。この1年、あなたもずいぶん成長し、逞しくもなりました。いつだったか主観主義とか不可知論に陥らない確かな方法があるといいましたが、他でもない、フィールドへ出ることがそれなのです。現実から離れて机にしがみついているときには見えなかった大事なものが、フィールドへ出ると手に取るように分かるのです。

　話は変わりますが、私もこのごろ労働調査に復帰することができました。よかったら今度の私の調査に参加してみませんか。友人を誘ってもかまいません。私たちおじさん世代を乗り越えて、君たちの時代を切り開く確かな方法を、つまり、私たちの世代が積み上げてきた聞き取り調査の方法を、OJTであなたの世代に伝授しましょう。その代わり、あなたの若さを、少し私に分けてください。

日本労働社会学会年報第12号〔2001年〕

「人権福祉フィールドワーク」の構想

―― 被抑圧労働人生の解明に向けて ――

八木　正
(広島国際大学)

1. レポートの基本的観点

　本レポートに求められているのは、自分が実施してきた「社会調査」の展開経過であろう。ただ、後述の事情から、私のフィールドワークのほとんどはある意味では未だに継続中なので、勝手ながら表題のように、今後の展望をも含めて報告させていただきたい。(以下の論述については、八木正、1998、戦後労働調査を語る、第6回「労働社会学と職業社会学のはざまで ―― 研究自分史の試み ―― 」『日本労働社会学会年報 第9号』を参照願えれば、幸いである。)

　そもそも「調査」は、一体何のために行われるのであろうか？　のっけからきわめてプリミティブな問いを投げかけて恐縮であるが、多種類の調査報告に接したり、自ら調査めいたものを行う中で、この疑問が常に胸にわだかまっていたことを隠すことはできない。

　今回はその論議を行う場ではないが、調査を実施する主体から大まかに類別すれば、(1)行政当局、(2)運動団体、(3)研究団体を区分することができよう。(1)はどのような政治体であれ、明らかに統治を目的とする支配権力作用として被支配者層に関して「調査」事業を実施している。(2)は多かれ少なかれ反権力の立場から社会変革を志向して、「社会問題」告発のための「実態調査」を行っている。(3)は一定程度の「中立的・客観的」立場を標榜して、何らかの「理論」の実証ないし構築の場として「調査研究」活動を位置づけている。ただ、(2)と(3)といえども、相対的に知的優越の立場にあればこそ調査を遂行しうるわけで、目的の如何を問わず、そこにある力関係が一定程度働いていることを自覚しておく必要があろうかと思われる。

特集2　フィールド調査"職人芸"の伝承(第2部)

　それはともあれ、学問研究における「調査」の原点をなすのは、研究者の社会現実に対する何らかの「問題関心」であり、理論的もしくは実際的な問題意識にもとづいて実証的な探究が行われると考えてよい。私見では、現実のデータにもとづく仮設(仮説)理論の検証なり構築は、むしろその次なる段階の作業であろう。

　少なくとも自分の場合には、社会調査は理論検証もしくは構築のためではなく、ほとんどが「問題発見のための探索調査」であったと思う。したがって私の問題関心はとめどなく浮動し続け、いつも中途半端な結末である一方で、常に現在進行形でもあるという奇妙な形になっている。この気まぐれな研究は当然さまざまな批判を招き、たとえば、労働社会学の辻勝次氏(立命館大)からは「八木さんの仕事ぶりは忙しい。新しい課題を追うことに急で、磨けば光る原石を掘り出したまま放置している感がある」、寄せ場研究の田巻松雄氏(宇都宮大)からは「腰を据えた系統的な『定点観測』が欠如している」といった忠告をいただいている。いずれも抗弁の余地はなく、素直に反省せざるをえない。

　また私の場合、基本的にはすべて「単独調査」であったということの功罪もあろう。単独行動であるゆえに調査組織の制約を受けることなく、自由気ままに振舞えた反面、相互刺激による練磨や協働作業による労苦の成果を共有することなく、ひとりよがりに終始してしまった限界は明らかにあったと言えよう。

2. 若年期における労働調査法の探求

　研究者としての初期の頃に探求していた研究法をキーワードで表せば、「労働疎外」と「労働者生活の構造」ということになろう(八木正、1972、『現代の職業と労働』)。今の時点で振り返ると、当時、労働疎外論に関してカール・マルクスからの影響を強く受けていたのは当然としても、労働者生活構造論についてはマックス・ウエーバーの「労働者の精神的生活論」ならびに「職業的および職業外的運命論」(『工業労働調査の方法』)に注目していたことにわれながら驚かざるをえないものがある(八木、1972、90～96頁)。

　すなわち、前者では、ウエーバーが労働者の人口移動の原因を「賃金の地域差」ではなく、全く別のところに、すなわち故郷の社会的諸拘束からの解放を願う「労働者の心理」にあると見なしている点を重視している。後者では、労働調

査が解明すべき課題として、「大工業は、それに内在する特質により、いかなる人間をつくり、また、いかなる職業上（また同時に間接には職業外）の運命を人間のために準備するか」という問いを掲げていることに関心を示している。その際かれが「労働者の客観的な労働適応と客観的な職業運命という観点とともに、全く同じ程度に彼らの労働活動に対する主体的な態度も考察」すべきだと説いている点に深く共鳴していたことがまざまざと想起される。

　今にして思えば、《鉱山労働者生活構造調査》(1964)において示した、「労働者生活の基本構造」の図（八木正、1978、『社会学的階級論の構造』、175頁）は、これらの観点を盛り込んで自分なりに編成した概念図であると言うことができよう。

　ただし、もう少し具体的な調査手順については、ポーランド出身のF．ツワイクが行った無作為な「労働者との語り合い」の手法（『英国の労働者』）から強い示唆を受けている (八木、1972、97～98頁)。ただその際、真に注目に値するのは、その語り合いの過程においてかれが探求した問題の内実と方法にほかならない。私がほとんど無意識的にとってきた面接調査手法に、かれの考え方が強烈な影響を及ぼしていたことを再認識させられている今、参考までに、ある感慨をもって旧著の記述を引用しておきたい。

　「かれは社会学者に要求される素質として、面接対象である人々と一方では同一化し、他方では分離するという『二つの矛盾する精神的行為を遂行しなければならない』こと、さらに『他人の生活を理解することのほか、彼らの困難や苦痛に共感すること』をあげている。かれは平均的な仮説ではなく、具体的状況に置かれた生きた人間の性格の調査に志向した。調査の過程でかれを悩ましたのは、『人の態度、行動および見解における客観的相剋』であり、それが人間の行動の真の動機を隠すことがしばしばあった。それゆえ、かれは心の深層の探究に努力を傾けるが、かれにとって『心の深層の探究は常に過去を探究することであった』のであり、したがってかれは『人の生活史を調べるように努めたのである』。このような調査によるかれの確信によれば、『ごくありふれた男女から多くのことが学ぶことができる』ばかりか、むしろ『社会的階層の最上層部にある者よりもそのどん底にある者から、人生と労働についてより多くを学ぶことがしばしばある』のである。」

労働問題調査についてはこのほか、ある時期すべての調査を断念して深く沈潜

した、シモーヌ・ヴェイユの「労働者の不幸」に関する実践的思索について当然触れなくてはなるまいが、それはこの小稿の範囲を越えるので、旧著 (1978) を参照願いたい。

3. 各種移動労働者に対する関心の進展

本年報の「戦後労働調査を語る」(八木、1998) に書いたように、初めて自前で実施した《鉱山労働者生活構造調査》(1964) をきっかけに、当面の研究対象である相対的に安定した常勤労働者よりも、むしろ極度に不安定な移動労働者 (組夫＝「渡り労働者」) へと関心が移行し始めたのは、ある意味では皮肉なことであった。特に金沢大に転じてからは、能登半島最奥部の出稼ぎ地帯が念頭にあったことから、広義の「出稼ぎ労働者」に関する理論・調査研究へと歩を進めることとなった。ちなみに自分の場合、理論研究とフィールド研究とは常に「並行的一体化」の関係にあったと言うことができよう。

以下、主要なフィールドワークの実施を列挙して、簡単にコメントを加えておく。

《秋田県出稼ぎ互助会東京事務所訪問》(1980)

比較的組織化が進んでいる秋田県出稼ぎ互助会にアプローチして、所属労働相談員に随行するお願いをし、都内の中小事業所で働いている出稼ぎ者や労務職員との面談に立ち会い、見聞させていただいた。その際傍らから質問したり、また巡回移動中に労働相談員自身と会話を交わす中で、研究上の貴重な示唆を頂戴した。東北地方からの壮老年出稼ぎ者が農作業のため郷里に帰る期間、その間の労働力の欠落を埋める形で、沖縄地方から若年層が出稼ぎに来ているという耳寄りな情報を得たのは、この時である。

《沖縄県若年移動労働者調査》(1982〜1984)

その頃から明治学院大の「出稼ぎ労働研究会」(代表：渡辺栄教授) へのお誘いを受け、幸いなことに、比較的フリーな立場で行動することをお許しいただいた。さっそく上記の情報を披露し、沖縄の若年労働者の出稼ぎについて調査する必要を力説した。その結果、沖縄調査班が組織され、沖縄県庁や職安で基本資料の収集や聴き取りをすると共に、沖縄本島北部と伊江島を視察し、ある中年出稼ぎ者からお話もうかがったりした。

その後、科研の個人研究費を得て、沖縄大・金城一男助教授（当時）のご協力のもと、宮古島調査を行った。さらに単独で与那国島にも渡り、辺境の過疎状況を体感した。一連の沖縄調査において、最も鮮やかな印象を刻まれたのは、沖縄社会特有の魅力的な伸びやかさと若者たちの仕事や人生に対する楽天的な考え方であった。

《寄せ場日稼ぎ建設労働者》へのアプローチ（1987以降）

「釜ケ崎」（あいりん地区）、「山谷」、寿町、笹島を歴訪、とりあえず、出稼ぎ労働の延長線上において考察した（八木正、1988、「国内出稼ぎ労働者と寄せ場労働者」。八木正編著、1989、『原発は差別で動く』明石書店、所収）が、次いで「寄せ場」日稼ぎ労働者を均一的にとらえるのではなく、その内部階層＝職人層、土工層、雑業層に注目する視点を獲得し、さらには「寄せ場生活者の生きざま」に対する関心が徐々に育っていった。また、野宿による健康破壊と労働能力の衰耗、その結末としての野宿生活への定着という悪循環の問題性を、ソーシャルワーカーの小柳伸顕氏（釜ケ崎キリスト教協友会）から学んだことの意義はまことに大きい。

4. 職業・労働差別問題との遭遇

各地の「寄せ場」に何度も足を運ぶうちに、単なる「調査フィールド」としてではなく、「労働生活の現場」、それも生き抜くために己を賭して「差別と闘う現場」に立ち会い、共感する機会が増すにつれて、「科学的客観性」を標榜する、「社会調査」の身勝手にして傍観者的な立場に対する根本的な疑念が自分の心の中に猛然と湧き上ってきたのは、如何ともなしがたいことであった。自ら「調査対象」との間に何ら人間的な信頼関係を結ぶ努力をすることなく、「お為ごかし」の寄与を謳う、知識人の欺瞞性に対する内なる憤りとも言えようか。

これを契機にして、「フィールドワーク」そのものを、研究のための「資料収集調査」から研究者の「現場学習」へというスタンスに抜本的に改める必要性が自覚されたのであった（八木正、1988、「実践的課題と社会学の自己変革――〈生活実践の社会学〉への道程――」。八木編著、1989、所収）。事実、寄せ場に関わっている支援運動者・実践的研究者の間では、「労働者や野宿者からの研究収奪はやめよう」という暗黙の諒解が成り立っているのである。

特集2　フィールド調査"職人芸"の伝承(第2部)

　何はともあれ、研究者のフィールドワークにおいて最も重要な鍵となるのは、相互の間に人間的な信頼関係をつくりだすことに尽きると断言してよいだろう。言い換えれば、「調査者」と「被調査者」という一方的な関係ではなく、問題を共有し合い、力を合わせて探究する協同関係において学習を深めるという発想の転換が、何よりも大事なことなのである。そういうスタンスに立って幸いにして信頼を寄せていただくことができるならば、今まで単なる無関係の「対象者」でしかなかった、共同の問題探究者からごく自然な形で知人の紹介を受けたり、その人脈をたどらせていただくことに発展しうることにもなる。

《食肉産業労働調査》(1993～1995)

　日本の社会では、「殺生」を忌む観念が民衆の間に非常に根深く浸透しているところから、食肉産業従事者に対する差別意識はきわめて根強い。その差別意識はいわゆる「部落差別」と密接に絡まり合っていて、単なる職業差別とは言い難い独得の様相を呈している。それは寄せ場の日稼ぎ労働者や野宿者に対する差別感とも、何ほどか位相を異にしている。それゆえ、この分野の労働調査に取り組むことは、幾重にもわたる障壁の存在が予想され、その分正直なところ、アプローチの仕方に大変神経を使い、極度に慎重とならざるをえなかった。その経過と結果の詳細については別稿(八木、1998)を参照願いたいが、社会調査の原点に横たわる基本問題については、長編論文(八木正、1995、「日本の食肉産業における雇用形態と労働の実状──部落差別と職業差別の重層への問い──」)の冒頭部分で、次のように記述していることにあえて注意を促しておきたい。

　「事実、食肉産業労働の実状と問題を研究課題として設定して現場を訪問した自分に対して、さまざまな関係者たちから表現こそ異なれ真っ先に問われたのは、『何のために？』というまさにその一点の事柄であった。原初的なその問いは、実は『研究』作業のもつ最も本質的な問題性を明確に突き出しており、単なる傍観者的な『研究関心』の浅薄性と欺瞞性の実質を剥き出しにするに十分なものであった。

　とりわけ、高知県中村市にあって高齢の身でなお一層、部落解放への強い意志と熱情をたぎらせていた、北澤一氏から浴びせられた峻烈な問いかけは忘れがたい。地区内で食肉生産労働の経験をもつ氏は、部落解放への熱い思いから、実に識字の勉強から始めて地元の部落史研究に取り組み、(略)志操の人である。

氏の『部落解放に役立たないような部落研究は、拒否する！　解放に寄与するような理解を、ぜひしてもらいたい。でないと、差別者が次々と生まれてくる』という堅い信念は、自分のあいまいな研究姿勢に一本の筋を打ち込むに足る衝撃力をもっていた。」

こうして職業・労働差別の実態解明と学習に向けて発進することになったわけだが、被差別世界の深部に立ち入れば立ち入るほど、当事者たちの生活の成り立ちそのものに痛切な傷みを伴って関わってくる、差別の深刻さ(特に、「顔がさす」ことへの恐れ)を実感させられると同時に、そこからの乗り越えの方途について、思わず当事者と共に思念を凝らしている己を見出し、われながら驚かされた。この段階ではもはや、一方的な「聞き取り調査」の域を超えて、当事者との普通の「語り合い」へと移行していたと言うことができよう。

また、食肉産業に限らず、建設業(特に、トンネル掘削工事)などのあらゆる職業分野で社会を下支えしている、技能労働者たちの「請負作業」という基本的労働形態を再発見し、注目を余儀なくされたのであった。

《ライフライン復旧作業体制調査》(1995)

　阪神・淡路大震災に遭遇して考えをめぐらし、水道、電気、ガス、電話、道路、鉄道、港湾などいわゆる「ライフライン」敷設業の実態を知るべく、復旧作業に焦点を絞って、独力で概観調査に乗り出した。通常の時であったなら、この種の調査に入るのにある困難の伴うことが想定されるが、緊急の災害復旧が社会的に要請されているこの時機をとらえて、内部資料を通じて現業労働の下請け体制に迫りたいという意図は、正直なところ確かに働いていた。関係業界のトップ企業の大阪本社を歴訪して基本資料の提供をお願いし、幸いにもご協力してくださる好意を頂戴した。この調査はいわゆる「第２次資料」にもとづく分析に終始したものの、当初の予想を超えて、復旧作業に献身する下請け労働者たちの姿と心情を垣間見ることもできたのである(八木正、1999、〈縮約篇〉「ライフラインの復旧作業体制と現業労働者の職務活動への献身」『阪神・淡路大震災の社会学１　被災と救援の社会学』昭和堂)。

5.　被抑圧労働者の人権福祉問題の究明と克服に向けて

　定年後の再就職で医療福祉学部に所属した私は、否応なく「人権と健康福祉の

問題」に関心を集中せざるをえなくなった。すなわち、差別実態の究明からさらに歩を進めて、人権確立に向けて行動を起こし、人の幸せを追求することが自らの課題として浮上してきた。

《ごみ処理業務職員調査、その一環としての斎場業務職員調査》(1996)

その端境期における仕事だったが、大阪市環境事業局からの依頼調査で、清掃各部門(ごみ収集、運送、焼却、埋め立て、斎場)職場を歴訪して懇談したことが、貴重な学習機会となった。特に、斎場業務に対する差別の深刻さ(「家族や子どもへの悪影響を恐れて、転居を繰り返している」)と健康障害(じん肺、視力障害、白血球異常、腰痛、過大ストレスなど)に私は打ちのめされ、しばし言葉を失う始末であった。

こうした極限的な被差別労働と接する中で、「人権尊重なくして健康福祉なし」という思いは、益々強く胸中にたぎらざるをえないものがある。各職業分野における被差別ないし被抑圧の労働者(福祉ワーカーや介護家族員をも含む)に焦点を絞ってその労働人生に迫り、その人たちの人権確立と幸せのためにいかなる方途が可能かを模索することが、今後の最重要課題であることは多言を要しない。

《トンネル工事専業請負出稼ぎ労働者》へのアプローチを開始した(1997)のも、科研費研究課題(1999～2001)として、「職業生涯と医療福祉問題との関連性に関する社会学的研究」を設定したのも、当然このような問題意識から発している。だがこの研究も今までと同じく中途半端に陥ってしまうのであれば、いささかやるせないことではあろう。

日産自動車の労使関係調査

嵯峨 一郎
(熊本学園大学)

1. 私の姿勢

　1976年3月、東大社研・氏原正治郎教授を中心に「労使関係調査会」が発足した。当時、第一次石油危機の影響をまともに受けた日本経済は「狂乱物価」の状態に陥り、企業は「減量経営」へと突入していた。日本の高度成長期における労使関係がどのような転換を迎え、いかなる方向に向かおうとしているのか——これを探ろうというのが同調査会の課題であった。

　私はそれに1年遅れて合流したのだが、他のメンバーとはスタンスがやや異なっていた。調査に関わる際の姿勢、調査をとおして得られた教訓と反省点がすべて私個人に属することをお断りする意味でも、私のスタンスについては予め述べておきたいと思う。

　その当時まで私は、研究者とはおよそ縁遠い世界で生きていた。60年代末の全共闘運動のさなかに逮捕され長期の公判を余儀なくされていた私は、何人かの仲間とともに労働運動に関心を向けるようになっていた。68年フランスの「五月革命」、69年イタリアの「暑い秋」が印象に強く残っていたからである。といっても活動は既存の諸組織と無関係にその外側で行われていたから、知り合った現場労働者と会って話を聞き相談に乗るといった、さながら手工業的ルンペン・インテリの生活であった。たまたま糊口を凌ぐためにある私学の非常勤講師になった折、私がすっかり更生したものと誤解された戸塚秀夫氏あたりが「調査会」に引っぱって下さったのだろうと推測するが、私はというと更生するつもりなどさらさらなかった。現場労働者たちのルサンチマンを晴らそうという明確な意図があって、これ幸いとばかりに「調査会」に加わったのである。後にも述べるが、こう

した心境は私の調査報告にもはっきり現れており、また苦い体験にもつながっていく。

2. 自動車班の仮説

さて、私が加わったのは同調査会の「自動車班」(山本潔氏、上井喜彦氏)だった。両氏はすでに調査対象を日産自動車と決めており、予備的な聞き取りや資料収集が始まっていた。そして自動車班が温めていた作業仮説は実に興味深いものだった。

その仮説を要約すれば、「塩路一郎を頂点とする日産労組の体制は組合内のキャリア派とノンキャリア派とのバランスの上に乗ったものであり、低成長時代の到来によって両者の利害に食い違いが生じ、したがって塩路体制の変質ないし没落は必至である」というものである。なおキャリア・グループとは学卒者のことで、彼らは組合活動を経験したのち会社側のポストに戻って昇進していく。これにたいしノンキャリア・グループとは、準直部門や直接部門に身を置きながら組合活動に専念する労働者たちで、これが日産労組の組織力の主たる担い手になっている。山本氏が苦労して描いた絵によると、今後これら2つのグループの上に乗っかった塩路体制はいわば股裂き状態に直面するだろうというのだ。

振り返ってみれば、60年代初頭以降日産では「相互信頼的労使関係」が築かれていたが、その内実は例えばトヨタとは大きく異なっていた。トヨタを初め多くの大企業では圧倒的に経営者主導の労使関係となっていたのであるが、日産では塩路一郎というカリスマ的指導者を頂いて、組合が会社の人事権に介入するほどまでの強力な体制が築かれていた。65年の日産・プリンス自工合併に際し、日産労組が組織力を総動員してプリンス自工の組合切り崩しに奔走したエピソードは有名である。これほど強力な日産労組にして「変質ないし没落は必至」とする予言めいた仮説に、魅力を感じないわけがない(そしてこの予言は見事に適中することになる)。

山本氏が強調しておられたことだが、仮説は曖昧さを含まずできるだけ率直なものがいい。仮説はいわば調査全体の指針であり、その指針に曇りがあっては方向が分散し、結論もまた曖昧なものになるからである。集めたデータが「ゴミの山」になるか「宝の山」になるかは仮説しだいだ、と山本氏は言う。なお、場合に

よっては仮説と異なる結果に到達することも大いにあり得るわけだが、その調査は仮説を越えたという意味で実り豊かな調査と言うべきだろう。

　私が駆け出しの頃に山本氏から聞いた教訓的なエピソードを2つ紹介しよう。

　1つは山本氏がパン職人の調査をした時のことだが、パン焼き釜の容量を示すのに「皿の枚数」を用いることを知った山本氏は、近所のパン屋の主人に「お宅の釜は何枚釜ですか」と問うてみた。すると主人は大喜びで山本氏を招き入れ、よくぞ聞いて下さったとばかりに次から次へと話をしてくれたという。適確な質問が調査にとっていかに大事かを示すエピソードである。いや、これは調査だけの問題ではない。いかなる対話でも、真の主役は質問の側なのである。

　もう1つの話は調査者の資質についてである。山本氏によれば、あまり人付き合いのいい人間は調査に向いていないという。理由は、「分からないことがあったらまた会って聞けばいい」と安直に考えてしまい面接への姿勢が淡泊になりがちだからだ。確かに面接では相手に忙しい時間を割いてもらうわけだから面接を気安く考えてはいけないのだろう。傾聴すべき教訓だと感じ入って聞いていたが、そのうちだんだん分かってきた。要するに山本氏が私に言いたかったのは、「僕は人嫌いだから面接は主に君にやってもらいたい」ということだったらしい。かくのごとく調査者たるもの、自分の嗜好さえ理論的に語るくらいの度量がなければいけないのである。

3.　質問票と面接

　この調査には当初からひとつの困難がつきまとった。それは、日産労組に調査の依頼を行ったところ返答が梨の礫だったことである。事実上の拒否回答ということだろう。オモテが駄目ならウラから行くしかない。組合にお願いしてアンケートを回すことなど到底無理であった。私たちに残された選択肢は、何人かの現場労働者と慎重に面接し、様々な事実を掘り起こしていくことだけであった。

　面接に先立って行うべきなのは「質問項目」の作成である。いかなる事実が明らかになれば仮説が立証されるのかが問われるわけだから、質問項目づくりは山本氏と泊まり込みの作業となるほど念の入れようとなった。なおその際、労働調査論研究会編『戦後日本の労働調査』（東京大学出版会、1970年3月）に盛られた豊富な事例が大いに役立った。

特集2　フィールド調査"職人芸"の伝承（第2部）

　私たちの調査票は以下の3種類から成り立っている。
　まず「工場票」だが、これは当該工場に関するフェース・シート、職場や組合機構についての規則・規定に関する部分である。しかしこの工場票はかなりの部分を予めこちらで調べておくことが可能なので、面接の場では不明な箇所を補足的に聞くだけで充分である。
　次に「職場票A」は、最近の職場での動きを中心に、職制機構、生産性向上運動（当時のP3運動）、賃金・労働条件、団体交渉、経協活動、就業規則などについて全面的に質問する部分である。また職場のレイアウトやいくつかの機構の説明には絵を描いてもらうことにした。
　そして最後の「職場票B」では、職場労働者一人ひとりについて挙げてもらい、その人物像、職場での言動、思想的傾向などを可能な範囲で聞き出そうとした。
　以上の調査票にもとづいて面接を行ったわけだが、その結果、予定どおり2工場5職場の労働者から話を聞くことができ、さらに幸いなことに本社事務部門の大卒者との面接も追加的に行うことができた。しかも「職場票B」を通じて、間接的ながら合計71名の労働者について情報を得た。
　面接には何回か山本氏、上井氏にも手助けをいただいたが、主に私が質問し答えてもらうという形で進んだ。場所はいろいろである。面接相手のほとんどが私の知人ということもあって、全員が交替勤務の合間を割いて駆けつけてくれるなど、実に協力的だったのには今でも感謝している。なかには面接が実に8時間にも及んだケースもあった。ある若い労働者は面接終了後、「これだったら会社の仕事の方がラクだったな」と苦笑していた。またお互いのやり取りは、むろん「秘密厳守」を約束し了解を得た上でテープに収録させてもらった。なおテープ収録は、特に初対面の場合には避けた方がいいように思う。現に私も別の機会には、相手の話をできる限り記憶に納め、面接終了後に大急ぎで記録した経験がある。いずれにせよテープ収録はあくまで補助的なもので、メモや記憶をメインとみるべきだろう。
　さて、いよいよ面接だが、これがなかなか予想どおりにはいかなかった。「どこからそんな質問が出るんだ」と笑われたこともある。特に苦労したのは、労働者の話がどこまで正確な事実なのかを判断することだった。ある労働者は普段から日記をつけていて、質問をすると日記を見ながら「例えばこんなことがあっ

た」と答えてくれたのでその信憑性は高いと実感できた。多くは自分の記憶を頼りに答えてくれたが、なかには明らかにオーバーな表現の回答もあった。また、面接が終わってビールを飲んでいたさなか、「さっきあんなことを言ったが実はね」と切り出されて酔いが吹っ飛んだこともあった。しばしばあったことだが、飲んでリラックスした頃に聞き過ごせない大事な話が飛び出すことがある。調査者は、本当に酔いたければ一人で飲む方が間違いはない。

それにしても面接はおもしろい。うっかりすると調査者の立場を忘れて相手との話に耽ってしまうこともある。山本氏が「だから駄目なんだよ」と言うのも、こういうことを指すのだろう。

こんなエピソードがあった。

賃闘の時期に3週間ほど各労働者に職場日記をつけてもらったのだが、そのうちの一人の日記に、「部品を取り付けるのを忘れ○○台を分解し直した」といった記述が2回あった。そこで私は「3週間に2回というのはちょっと多いのではないか」と恐るおそる聞いてみたのだが、彼は全く悪びれた様子もなくこう言い切った。「いや、俺なんか正直に言った分だけいいんだ。なかには黙っている奴がいて、ファイナル・テストまで行ってクルマが走ったまま止まらないことがあった」と。「ま、こんな俺がつくっているんだから嵯峨さんもウチのクルマには乗らない方がいいよ」とまで言うのだが、彼はそういいながら明らかに日産車を愛していた。

面接の全体をとおして言えることだが、いずれの労働者も驚くほど能弁に語ってくれた。考えてみれば、自分の仕事や職場生活について彼らが思いきり語る機会など滅多にないのだろう。それにクルマづくりに専念しているというプライドもある。こちらから迂闊に「単調労働」とか「疎外」などといった用語は使うべきではない。「けっこう工夫しなければいけないことがある」と反論されるのがオチだからだ。また本社事務部門の大卒者の聞き取りは迫力があった。概して労働者たちは組合執行部に対し強い不満を抱いていたが、この大卒者の場合は、執行部の賃闘方針に執拗に反対したため、あとで組合に呼び出され、「あんたの将来にかかわるぞ」と恫喝されるという生々しい体験があった。その話にさしかかると彼は顔を真っ赤にして大声でしゃべりまくるので、山本氏も私も言葉を継ぐことができなくなってしまった。

4. 記録の整理、調査の'副産物'

　分厚い大学ノートびっしりの面接記録ができあがったが、しかしこのままでは使い物にならない。仮説に照らして何が要点なのかを腑分けし、論点ごとに整理していく必要がある。

　私の場合、整理票にまとめあげることにした。方法は簡単である。横書きの罫紙を使い、左端に（例えば作業内容、職場構成、労働時間、作業速度、労働者の意見、組合役員選挙などといった具合に）上から下へと質問の主要項目を書き出す。そして面接記録を見ながら、各項目に対応した回答の要点を右側に書き込んでいく。ここで大事なのは沢山書き過ぎないことだ。この整理票は、いわば面接記録の「索引」だと考えればいい。とにかく面接結果を一覧できるようにするというのが整理票の目的である。こうした整理票を職場ごとに作成していくわけだ。

　私は1枚の整理票（タテ型B4サイズ）に2つの職場を詰め込んだから、合計3枚になった。コピーを取り、3枚を横に貼り合わせ、これで整理票づくりはおしまい。何が便利かというと、各項目ごとに眼を横に移動すると職場どおしの共通点、相違点が一目瞭然になることだ。例えば、同じ工場でも職場によって雰囲気はかなり違っていて、文字どおりライン・スピードに追われる職場もあれば、まるで町工場のような協働作業の職場もある。当然ながらそうした違いは、労働者たちのメンタリティや言動にも深く影響する。また大方の労働者が、職制（組長）に概ね信頼を寄せているのに対し、組合役員（職場委員）にはかなり厳しい評価を下しているという姿も浮かび上がってくる、等々。私はこの整理票を数日間眺め続け、気付いた点をこれまた1枚の整理票にまとめた。

　残るは文章化のみである。ここで内容にまで立ち入る余裕はないが、とりあえずの結論を引き出した私たちは、面接に応じてくれた労働者にもう一度集まってもらい、中間発表会を持った。こうして調査の最終結果は、労使関係調査会編『転換期における労使関係の実態』（東京大学出版会、1981年2月）、山本潔『自動車産業の労資関係』（東京大学出版会、1981年5月）、拙著『企業と労働組合』（1984年9月）などにまとめられた。

　以上の調査の過程で予期せぬほど感慨深い'副産物'があったので簡単に触れ

ておこう。

　1つは日産争議経験者の方々との出会いである。調査を進めていくうち1953年の日産争議のことが大いに気になったのだが、すでに資料は散逸したらしく、争議経験者の消息についてもさっぱり分からなかった。偶々ある研究会を通じ、「日産旧友会」なるものがあって年に一度集まりを持っていることを知った。早速私も参加させていただいたのだが、40人ほどだったろうか、神奈川県の温泉宿で酒を酌み交わしながら昔の思い出を語り合い、なかには真夜中まで激論を交わす方々もおられた。私にとって感動的な出合いであった。

　もう1つは日産争議の資料との出会いである。ある知人から「トヨタ退職者の方が資料を持っているそうだ」との知らせを受けた。すぐ飛んで行ったのだが、御当人からは「お見せするだけですよ」とクギをさされた。当時のビラやパンフが押し入れにびっしり詰まっていて、全部に眼を通すことなど到底無理だ。私もだんだん欲が出てきた。あの『三国志』ではないが、3日間通い詰めてやっと御主人から「東大社研でマイクロに収めさせていただく」との了解を得た。さすが御主人はしぶしぶだったが、奥様からは「これで押し入れがさっぱりした」と感謝されたようだ。翌日には運送業者が搬出する手続きまでして私はお暇した。考えてみれば奇妙なものだ。日産退職者の手許には資料はほとんど残されていないにもかかわらず、なぜトヨタ退職者がそれほど大事に保存していたのだろうか。そのことをお聞きしたところ、実はそのトヨタ退職者は当時の全自動車日産分会にたいし批判的な意見を持ち、「いずれ真実が証明されるだろう」との思いから資料を保管し続けたのだという。こうしてみると、歴史的資料というのは実践の当事者というよりは、むしろその周辺で見つかるものなのかもしれない。

5.　私の反省点

　20年後の今あの調査を振り返ると、学ぶものが多かった反面、大きな問題（あくまで私自身の問題）もあったと感じている。そう思うようになった切っ掛けは、私がいくつかの文章を発表するうち海外マスメディアから頻繁にインタビューを受けるようになったことである。情けないことに私は有頂天になって応じたのだが、はたと気がついて脂汗が出た。私の話は全て、「貿易摩擦の原因は日本のアンフェアな労使関係にある」という脈絡のなかに嵌め込まれていたからである。

たかが一介の研究者の発言によって日本の大企業や政府の土台が揺らぐとは思わないが、それにしても組合民主主義に関する私の問題意識はあまりにナイーヴだった。言い換えれば、熾烈な国際競争戦という現実を度外視して「民主主義の不在」という側面だけを批判する態度は、いとも簡単に諸外国の国益の脈絡に絡め取られてしまったわけだ。身から出た錆とはいえ、これは私にとって苦い思いとなって残った。

　福田恆存は「民主主義の根本には他人に対する軽蔑と不信と警戒心とがある」と言い切っているが、まさにそのとおりだろう。私自身は民主主義者を自認しているが、民主主義を理想的だなどとは全く考えていない。実際あらゆる政治の世界で「民主化」というスローガンは、民主主義なんぞハナから信じていない人間たちの都合のいい攻撃用武器の役割を果たしている場合さえある。民主主義にまつわる血なまぐさい話はソクラテスやヒトラーを持ち出すまでもなかろう。日本でも、労働組合のみならず、また政治的立場の如何を問わず、いざという時に民主主義を棚上げした事例は決して珍しくはない。となると、「これ以外のルールは見つからないからさしあたりはこれで行こう」ぐらいの構えがちょうどいいのではなかろうか。

　話を調査に戻すと、日産労組における民主主義の不在をただ外在的に論ずるのは、包括的分析としては明らかに不充分なものだった。いったんは日産労組の立場に降り立ち、なぜ彼らがあそこまで思い詰めたような体制を築き上げたのか（しかも日産労組はあのような批判の存在をとっくに承知していた）、このことをその心性にまで遡って追求するのが理論というものではなかったのか。その点で、自動車班の一人・上井喜彦氏のお仕事は敬服に値する。冷静だった上井氏は恐らく私を横目で睨みながら自分の構想を温めておられたのだろう。上井氏は一連の作品において、いわば「抑圧型」一色にイメージされた日産労組の姿を修正し、その路線や運営方針のなかで読み解こうと努力された。というわけで長い眼で見れば、私たち自動車班3名のコンビネーションもなかなかのものだったわけだ。

6. さいごに

　最後に、調査者（研究者）と実践主体との「距離」の問題について触れておきた

い。これも私が実際に経験し、今に至るまで大きな宿題として抱えている問題である。

　一般に調査は、対象への何がしかの思い入れがなければ行えるものではない。特に対象が組合運動や社会運動といった実践主体となると、調査者の思い入れはそれだけ強くなりがちになる。言い換えると調査者と対象との距離が狭まるわけであり、場合によっては両者が一体になってしまう。だがこのことは研究者としての自立の喪失であり、実践主体の'応援団'への転落に他ならない。あるいは、しょせん実践者にはなりきれぬというニヒリズムを抱え込んだ、まさに境界人として歩み続ける道しか残されなくなる。

　私の場合で言うと、それは理論上の視野狭窄をもたらした。つまり実践主体とその周辺だけに眼が釘付けされ、例えば日産における経営と組合の分析は蔑ろにされるか、せいぜい引き立て役として登場するだけとなった。いずれにせよバランスや包括性を欠くわけである。

　繰り返しになるが、調査は面白い。特に面接の相手と信頼関係をつくり、新たな事実と次々に出会うという経験は調査者にとって最高の喜びである。と同時に、理論や仮説はあくまで調査者独自のものであり、その責任は調査者じしんに属す。その意味で、度を越した密着や一体化は禁物だと思われる。

　これからの若い研究者の方々には、自由な発想で仮説を立て、私たちの世代が気づかなかったような社会の側面に光を当てて下さるよう期待している。

トヨタ調査での「共同研究」
―― 職業・生活研究会の事例 ――

木田　融男
(立命館大学)

「共同研究などありえない、私は共同研究というものを信じない。」これは私の所属する大学のある先生にいわれた言葉だ。そもそも研究というものは、個人でなりたつし、個人の内省的な営みを基本とするものだろう。研究とはまずは個人のそれを基本とすることはわざわざ確認されることがない命題である。研究領域・対象や問題意識がことなり、所属する大学や機関・場所がちがい、経歴・出身大学や居住地域がさまざまな研究者たちが、共同で研究するということは、いったいどういうことなのか。はたしてそれはなりたつのか、そして共同研究というものは信じるに価するものなのか。トヨタ調査に中心をおいた職業・生活研究会の共同研究というものをふりかえることによって、こういった問いをすこしは考える素材としたい。

1. 共同研究を構成する

まずは、共同研究という場合どのようにしてそのメンバーは集まったのかということからはじめる必要があるだろう。共同研究といっても、普通はだれか「ボス」のもとに集合するパターンか、あるいは資金や情報・コネをもつ組織・機関が、プロジェクトを組み研究者を集めるパターンだろう。これらは、個々の研究者にとっては「外在的・拘束的」な「共同化」であり、研究課題やテーマ・役割分担は所与のものであり、内発的・自律的な研究はなかなか期待できない。しかしながら「業績」はえることはできる。これをはたして「共同研究」といえるのかどうかは、冒頭のある先生のいわれるように疑問が生じても不思議はない。これらの「共同研究」の「成果」を見ると、「ボス」の問題関心の枠をでない「単一テーマ」のピラミッド的集合体か、あるいはまったく逆の「共同」とは名ばかりの異質な

個人研究の「寄せ木細工」であったりすることが多い。

　私たちの研究会は、最初は「現代社会研究会」の「労働者研究部会」という集まりから出発した。労働者研究に興味をもつ数人のメンバーで労働者研究にかんする社会学などの文献を読みあう読書会形式のものだった。一番の年長者に今は亡き小山陽一氏がいたが、本人のパーソナリティーからなのか、メンバー（小山氏以外はほとんど若い研究者だった）の志向からなのか、決して彼が「ボス」とかリーダーとかいった風ではなかったように思う。そのうちだれかれとなく、「本ばかり読むより、労働者研究なのだからどこか調査にでもいこう」という話しになった。「調査をするぞ」というかけ声を大きくすれば、そういった要求をもっていた若い研究者は多かったと見え、研究会のメンバーは増えた。

2.　共同調査の課題を討議する

　調査の課題を決定するのに、なによりも困難性を見せていたのは、当時（今でもそうだが）のわが国における労働者研究（あるいは産業・企業・労働研究）をとりまく状況であっただろうと思う。「調査したい」というメンバーの強い想いは、当時の研究状況ではかなりの必然性をもっていたのだ。当時、日本は「経済大国」となり、日本的経営が世界で話題となり、日本の労資関係が注目をあびはじめていた。そして日本企業の「内幕」である労働者状態を報告するルポルタージュものが本屋に目立ちだしていた。しかし、なによりも特徴的だったのは、日本企業がもつ「ガードの堅さ」であり、よほどのことでないかぎり企業公認の調査は受けつけられなかった。さらに労働組合も会社が認めない調査を組合が認められるはずがないという態度であった。いったい日本の企業内部はどうなっているのか、そこで実際に労働者やその家族はどういった労働や生活をおこなっているのか、彼らは日々なにをどのように感じ生きているのか、これらについて世界的にも注目と関心をよんできているのにもかかわらず、客観的な実証調査研究で解明しえた業績は、ほとんどないに等しい様相だった。さて、調査課題の設定についてであるが、ここで研究会の共同性がまずは試されるということになろう。労働者とその家族をなんとか実証研究したいという点だけは一致しているのだが、どこのなにをどういうふうに調査するのかという点では20名近いメンバーではなかなかまとまらない。はじめはよくあるアンケートをとったりしていたが、みん

なでわいわいがやがや、ああでもないこうでもないと話し合った。とりあえず実地にいろんな企業や地域を見てやろうと、学会や研究会合宿を利用したりしては、工場見学をひんぱんにおこなった。

　明確な課題設定や方法規定をあらかじめしないで、資金調達のめどもあまりないまま、小規模な調査を工場見学を兼ねておこなっていたというのが最初の段階なのである。研究会の特徴の一つなのだが、「まず歩いてみる、見てみる、聴いてみる」という作風がどうもあったようで、plan→doではなく、do→planなのだった。そのことが結果的に「群盲が大きな象をなでる」ようにやみくもにトヨタ調査にむかうことができたのではなかったか、と今感じている。ただ、私たちの研究会のような異質なメンバー同士が、これといった「専制的ボス」や「統一的理念・方法」をもたないなかで、大規模な調査研究を遂行するというような共同的まとまりをもつようになれた一つの要因は、この「まずはみんなで歩いてみる」なかから生まれてきたのではなかったか。

3.　共同調査の課題を設定する

　調査課題の設定については、自動車産業に目をつけるというのは1980年代初頭の社会経済状況（国際的にも国内的にも）のなかで大方の支持をえた。自動車製造それ自体に興味関心があるメンバーもいたが、労働者とその家族の状態に調査研究のポイントを定めていた研究会にとっては、当時よく読まれていたルポルタージュであった鎌田慧の『自動車絶望工場』(徳間書店、1973)などの影響もあった。しかしながら自動車産業が課題対象にうかんできた一番の理由は、それがもっている「総合性」だったのではなかったか、と思う。すなわち研究会のメンバーの研究領域や関心は多様であったのであり、きわめてグローバルな国家や社会の構造把握を見すえるべき、というものから、企業経営を、生産・労働過程を、労働者統括機構を、不安定就業層を、地域構造を、ミクロな家族や余暇や福祉を、つかむべきなどなどの意見が複在したが、ある意味でそれらをすべて含んでいそうな対象が自動車産業だったのだ。

　自動車産業のどの企業にしぼるのか、という問題については少々躊躇があった。それは先述した調査にたいする企業側の「ガードの堅さ」だった。自動車で日本の収益トップ企業はトヨタ自動車工業(当時、後にトヨタ自動車に改称)だった

が、ここはとりわけ調査については困難だというイメージがあった。例えば鎌田（前掲書）によれば、独身寮などは鉄条網で仕切られ、見張りがたっている、などと報告されていたからだ。彼自身は期間工としてトヨタで労働体験するなかでルポしたという参与観察法をとっていたのだった。研究会は、鉄鋼、電機、化学、コンピュータなどの多くの産業部門の工場見学をおこなっていたが、とりわけ自動車については、トヨタはもちろん、日産、ホンダ、マツダ、ダイハツ、鈴木など主要な自動車企業は、調査対象設定の前後に工場見学を重ねてはいた。そのなかで調査対象企業をトヨタにしぼった理由は、結局のところ会メンバーの多様な研究志向を満足させうるトヨタがもつ「総合性」だったように思う。とりわけ愛知県の豊田市という地域に企業と多くの関連下請け企業、およびそれらの従業員と家族の居住区が集中しているという環境は、生産・労働だけではなく広く労働者の状態を家族の生活まで見定めたいという調査研究目的には適していた。しかし、はたして実際調査できるのかということについては研究会で結論をえないまま、調査準備につっこんだのは、「まず歩いてみて、それから考える」という「無謀な」研究会の性格をよく表している。

　当初の研究会のもちかたがそうであったのだが、労働者研究や自動車調査研究にかんする文献や調査結果、報告・資料などのレビューはよくやった。（文献リスト集は、第1期調査の「中間報告」に掲載されている。職業・生活研究会『自動車工業労働者の労働と生活――トヨタ調査中間報告――』『立命館大学人文科学研究所紀要』32号、1981年）いわゆる仮説理論はもたなかったが、今までの労働者研究にはない調査はやろうということにはなった。まずは、当時の日本企業における労働者の実態をなるべく事実にそくして調査すること。さらに、客観的な機構や制度・政策だけではなく、労働者の労働過程、統括機構、地域・家族生活を、そして青年、一般、職制、定年退職者、家族の成員（妻、子どもなど）を多角的に把握しようという志向は、そのような調査研究が見あたらなかったがゆえに、私たちの目標としてはぜひとも必要だということになった。研究会メンバーの多様性をいかすためでもあったのだが、逆にいえば多様な労働者へのアプローチこそが調査方法として求められていたからそうしたのだった。そしてこの目標達成のためには、真の「有機的」で共同的な調査研究を遂行せねばならない、という想いにもなったのだった。

硬直的な仮説理論を先有せずに、調べてきたことを例えば調査期間中などは、メンバーが調査から帰ってきた毎夜、宿屋で一杯やりながら交換しあい、その談論のなかでみなで「理論化」していくという「歩いて、見て、聴いて、そのなかで考える」研究会スタイルがあった。「悲惨で絶望的な」はずのトヨタ労働者が、実際聴き取りであってみると、「はりあい」をもって働いていて、なかには人格的に実に魅力的な人にも接触したというような体験は、私たち研究会の問題意識を変化させていった。トヨタ「絶望工場仮説」からの脱却だったのだが、かといってトヨタの企業や豊田市の地域自体がもつ労働のみならず生活全体をもコントロールする巧みなメカニズムを、何日も現地で泊まりこんで歩きまわるなかで具体的に感じとっていったことも事実であり、日本的経営「ばら色仮説」になったわけでもない。日本企業の代表的なトヨタにあって、労働者がおかれている状態の複雑に錯綜したさまを、多角的重層的にとらえる必要性を、日々新たに心していったというのが正確なところだろう。

4.　共同調査を準備する

「いざトヨタへ」調査を、と銘うったものの現実の調査のあてはまったくない。トヨタは名うての「企業秘密」の堅さで知られており、調査されることにきわめて警戒的だと聞いていた。企業の「ガードの堅さ」をいかにうち破ったかについては、涙ぐましい努力と根性物語が研究会史上に残っている。トヨタを調査対象に選択した最初は、「真正面作戦」とばかりに、立命館大学出身の当時のトヨタ重役を頼って、細野武男元総長（氏も今は亡い）の紹介状をもって出向いたが、やんわりと拒否されてしまった。初期の頃はとにかく「ゲリラ作戦」でトヨタにたちむかった。「飲み屋にいってトヨタ従業員らしき人物をつかまえて聴き取りをしよう」とか、「夜に、会社の門近くとか寮の入り口付近に立ちんぼうして、出てくる人に調査したら」とかの「名アイデア」を採用して実践にうつしたこともある。こんなことをすれば普通は「ポン引き」とまちがわれるのがおちだが、研究会メンバーは必死であったのだ。それでも一人二人はとっつかまえた「豪傑」もいたが飲み屋で待っているうちにこちらのほうが酔いつぶれてしまったこともあり、不成功に終わった。インフォーマントとして、豊田市の市会議員にあたり、聴き取りをさせてもらったり、資料を見せてもらったりもした。研究会メンバーのな

かから、「こんなのは調査とはいえない」とか、「調査の客観性をどう保つのか」などの疑問がでて研究会のなかが紛糾したこともあった。

　この「ゲリラ性」は後々の調査にも研究会では「いかんなく」発揮されたように思う。

　地域からの調査ではなかなか独身青年労働者（当時で約4万人従業員のうち約1万人にもなる）を対象に選びとれなかった。そこで「鉄条網」と「見張り役」で有名だったトヨタ独身寮に「独身青年」のような"ふり"（見た目はみんないいおっさんだったのだが。ただし女子寮へは女性研究者が入った）をして忍び込み、寮の部屋をこそっとノックして入りこみ調査をしてまわったのだ。車でなにげなく（心の中はビクビクドキドキ）入寮するのだが、時には見張り役（寮自治会役員）に呼び止められ「ここまでか」と観念したら、実はシートベルトをしていないことへの注意だったというような体験もある。当時は他企業からの応援者や期間工も寮に住んでいたことがおいおいわかって、少々の「おっさん」が入寮してもあまり警戒されないという理由も読みとれてきたりもした。（第1期第6次調査、青年労働者調査、1981年8月）

5. 共同調査を実施する

　本調査（第1期第3次調査、豊田市民地域生活調査とトヨタ・関連下請労働者調査、1980年8、9月）については、結局は「外堀から攻めよ」とばかりに、豊田市地域調査を学生アルバイトをつかっておこない、そこでトヨタや自動車関連の従業員サンプルだと判明した対象者を研究会メンバーが自宅訪問して聴き取りをおこなうという手法をとった。地域のサンプリングは住宅区分地図から無作為におこなったのだが、さいわいなことに圧倒的な自動車関連区域である豊田では、私たちのめざす対象者はかなりの割合で見つけることができた。この本調査についてはすでに報告もしてあるので詳しくは紹介する必要はないだろう。調査手法についてたてた原則に、必ず全メンバーが直接調査に赴いたというものがある。私たちは、地域アンケート調査は学生にやってもらったが、そこで浮かび上がった自動車関係者への聴き取り調査は、全研究会員で手わけしておこなった。この研究会スタッフが直接調査にいくという作業は調査自体にも内容を豊富にしたように思う。調査対象者の住まいや家族（妻子や祖父母など）や本人などの調査者が

見て取った感想を、研究者は直接に調査票の「印象欄」に書き込んでおくというもので、あとで自動車労働者や家族をケース分析するさいのイメージづくりに貢献した。調査対象者と親しくなった場合は、それ以降の補足調査や種々の調査などで系統的に訪問させてもらって、時系列的な聴き取りをおこなうことができたり、貴重な資料をもらったり（家計簿を何年もつけているお宅からどさっと家計簿をみせてもらい一級の貴重な資料分析ができた）、インフォーマントとして他の調査対象者を紹介してもらったりもしたのであった。

6. 共同調査の結果をまとめる

先に述べたように、研究会は幾度かの共同報告や個人報告を経過した後に、科研費をとって大部の調査結果をまとめあげることとなった。それは小山陽一編『巨大企業体制と労働者——トヨタの事例——』(御茶の水書房、1985)に結実した。この共同執筆は全研究会員が参加した。貴重なデータをだれがどこであつかうか、コンピュータであつかったデータの量的分析と、事例研究的な質的分析との調整をどのようにおこなうか、データからはうかがいしれない構造分析をどういう風におこなうか、会社名や団体・個人名をどこまでイメージをこわさずに公表していくか、多様なアプローチを集約した著名のタイトルをどうするか、などなど。しかしなんといっても一番の困難だった課題は、理論上の共同化についてであっただろうと思う。

当著を読まれた方はお気づきだと察するが、全体を貫いて一本化された「仮説」や「理論」がない。とりわけ私たちが、アンケートや聴き取りで獲得し、だれもが実際のトヨタ労働者との面談で実感的に感じとったトヨタ労働者に見られる高い「はりあい感」をどう説明するかについては、生活史分析からくる「給源」仮説、労務管理などの「組織された競争」仮説、生活過程からする「生活からの脅迫」仮説などが、並べられてある。後には「新しい熟練＝社会的、組織的、集団的熟練」仮説もだされたが、それでも全研究会で一本化された理論ではない。後に学会誌などでの書評でも、トヨタ、トヨタ労働者、あるいは日本企業(社会)あるいは日本労働者の社会的性格に関して、そこから組みたてられた明示的な全体を通底する理論が希薄であるとの指摘が見受けられたのだが、そこのところが共同執筆における最大の問題点だったといってよいだろう。

研究会共同の「合意」を獲得していない個人の先行する「仮説理論」はたえず存在した。小山氏は、なるたけ個人の「ぬけがけ公表」を制止し、しかしながら最後の共同報告では、「仮説理論群」としてそれらを必要な限り紹介した。当著を注意深く読んでいただければお判りだが、各章で紹介されている分析には、今までの学会などで表された理論をこえる数々のものが存在している。それらは共同化のなかで合意された到達地点としての根拠を有する理論だった。それらは全研究会員が共有しうる確定された調査事実にもとづく論証を経た理論といえよう。そのうえで私たちは、共同的にはまだ合意をえていない「仮説理論」を群として並列したのだった。それほどに、研究会員は貴重な厳しかった共同の調査経験と、そこからえた調査事実を大切にしたのだといいきることができる。全体で獲得した共同の調査データから、全体が納得・合意しうる理論のみを、共同の一つの研究成果として公表したのだ。そして、それまでも、またそれ以後も、種々の調査の進行の過程で、各個人研究会員は調査報告という形であれ、理論論文という形であれ、個人が獲得した「理論」を紹介してはいる。そこから共同の討議と検討をへた共同で合意された理論こそが共同研究の理論成果とされるのはいうまでもない。

　日本の企業(社会)と労働者(とその家族、あるいは日本人)の現代的な社会的性格を実証にもとづいて共同的に調査研究するということは、学問的である限り、以上のような研究態度も必要なのではないであろうか。もちろん「幸福な」少数の「気心の知れた」研究者が、一本化した仮説と論証、理論化をおこないえる可能性は否定しない。しかし、その時、各研究者の研究個性をどのように保持しながら、理論化するかについては、もしもその研究者たちが真に対等平等で相互に他を尊重する者たちの集まりであるならば、その研究過程をうかがい知りたいものである。私たちの場合、多数の研究者集団が、相互に他の研究理論関心を尊重しつつ、調査実践を一つの共同のものとし、そして調査結果にもとづく理論結果には厳しい討議と相互検討を重ね、結果として合意されたものは共同研究の一本化された理論成果として共同のものとし、合意されなかったものは個人の理論仮説として個人に委ねるという作風をとったのである。

7. 共同研究は存在した

一番はじめに紹介した私の所属する大学の某先生がいった「共同研究などありえない」という言葉はある意味であたっているかもしれないし、ある意味でまちがっているのだともいえる。それぞれ個人が俊英な問題意識やテーマ仮説・理論をもっているとして、それがなんの外在的拘束をこうむることなしに、集団が全く同一の相似した理論に一本化されるとしたら、それは「理想的」なことであるかもしれないが、研究者のあり方としてはどこか気持ちの悪い奇妙な現象であるとも感じれるのだ。

　Ｊ．ハバーマスのコミュニケーション的合理性の理論（『コミュニケーション的行為の理論』（上・中・下）河上倫逸他訳、未来社、1985-87年）が指摘する認識方法は参考に価する。すなわち、確かに「真理」は最終的には一つであるにしても、そこにはあらかじめ定められた既成の規範的理論や、誰か「偉大な」理論家や超越的な指導原理に収斂されるまとまり方ではない、各々のあいことなる見解の合理的なコミュニケーション（理性的な言語による討議）による納得と合意のみにもとづいた真理性・正当性・誠実性、およびそこに存在するたえざる根拠づけをともなう妥当性判断を必要とする。私たちの研究会ほど、こういった根拠づけ（調査事実による論証）にもとづく合理的なコミュニケーション（研究会員同士のたえざる討議と理論化妥当性への相互認知）と、それをもとにした納得・合意による真理判断（共同化された調査結果の理論）を徹底化しようとした共同集団はなかったのではないか、と自画自賛したい。それだけに、共同的に合意し到達しえた理論成果と、そうでない個人の「仮説理論」とは峻別する必要があったし、その峻別態度こそ共同研究公表の方法論としては一番誠実だったのだと思う。

　本章は"共同研究"というタイトルであるが、結論的にいえば、この"共同性"とはまず調査行為における共同性をあげるべきであろうと考える。次に調査結果を著述し、それを理論化する場合の"共同性"については、討議による「コミュニケーション的行為」にもとづく妥当性判断をへた共同の合意による真理理論と、コミュニケーションをへたうえでいまだ合意をえられない個人の「真理仮説」を峻別したのだが、ある意味では「共同研究の最終的な統一された単一理論」にたいしては極めて「禁欲的に」判断制止をおこなった。そこが「共同研究というものは存在する」のか「しない」のかの価値判断が分かれる地点といえようが、私たちは"共同の調査経験"という「妥当性根拠」を重要視したがゆえに、「最終的な単一

理論」という共同研究の最終成果については留保したのだった。この私たちの"共同研究"姿勢をどう評価するかが、共同研究の正否を分けるところであろうが、少なくともいえることは、共同で合意し相互認知の妥当性判断を獲得した「部分的な」理論（当時の当該研究領域における水準では、それすらも貴重で大きい蓄積であると自負しているが）を、各個人研究会員は自分が獲得した研究地平として土台とすることができ、それぞれは最低限度そこから出発することができるのであり、各自めいめいの理論化（最終的な各人における体系だてられた「全体理論」）を推進しうる"共同の"橋頭堡をきづきあげたということではあったのだ。

暗黙の認識枠組みと調査で特定される事実
――生産システムとその存続の社会的条件という枠組み設定を事例として――

野原　光
(広島大学)

1. 暗黙の認識枠組み

　ここでは、調査の方法を、それとして論じることは割愛して、この10年あまり、調査研究の中で痛切に考えさせられた或る一点に絞って論じたい。それは以下の点である。記述された研究結果の中で、必ずしも明示的に語られない著者の認識枠組みが実は、構成されて提出される研究結果――つまり、何に事実として着目し、何を無視し、或いは見落とすか――を本質的に規定する。従って、異なった事実認識の当否は実は、半ば暗黙の前提として、叙述されていない認識枠組みに照らして、論じなければならない。このことはさらに、その叙述されない認識枠組みの妥当性が、何らかの仕方で、俎上に載せられなければならないことを意味している。以下、筆者の経験に即して、具体的に考えてみよう。

　我々の共同研究『自動車産業と労働者』(1988)では、その時点での日本の労働者統括の機構は何故、どのように再生産され続けるのか、そしてこの機構を破砕・突破する可能的な主体は、どこにどのようにして形成されるのか、この点を見通すこと、これを課題とし、そのことをリーディング産業としての自動車産業に即して明らかにすることを目指したものであった。その限りでは、全機構把握を通じて全構造揚棄の方向を見通そうとした、山田盛太郎『日本資本主義分析』の衣鉢を、各論においてではあるが、密かに受け継ごうとしたのである。意図たるやまことに壮大であった。しかし、この観点からするならば、研究対象は基本的には、批判と超克の対象としてのみ現れる。従って、ここからはさらに次の二つの観点が導き出されざるを得ない。第一には、構造揚棄が課題であるから、構造の内部に、批判的に継受すべきものと、拒否すべきものとが含まれているとい

う認識枠組みは成立しない。こうして、構造の内部を腑分けするという実証研究への途は、前もって論理的に遮断されざるを得ないのである。第二には、揚棄の対象である構造の、その拡大再生産を容認することが出来ないのは当然である。従って、80年代に怒濤のごとく進んだ日本的経営の海外進出については、このような労働者支配の仕組みを、世界に拡大することは、日本の労働者の惨苦を世界に広めることであり、労働運動の国際連帯の力によって、それをなんとしても阻止しなければならない。事態の精査に先立って、問題はあらかじめ、このように捉えられた。(3)しかし認識枠組みが、このような二つの制約をもたらすことは、認識枠組みそのものの問題性を自覚していなかった当時の我々には、必ずしも明らかではなかった。

2. 暗黙の認識枠組みの再検討を促した諸契機

(1) 『トヨタ生産方式』(大野耐一) は何故面白いのか

だが幾つかの経験は、こうした認識枠組みの設定そのものの再吟味を筆者に迫ったのである。第一には、『トヨタ生産方式』(大野耐一、1978)を大変に面白い本だと思いながら、経営者でも経営コンサルタントでもない我々が、何故面白いと思うのか、何処が面白いのか、この点が長い間分からなかったのである。つまり、我々が揚棄の対象と考えたその構造の内部に、我々もまた傾聴すべき重要な内容が含まれているように感じられるのはいったい何故なのか、この点を厳密な意味では、ついに明らかにすることが出来なかった。我々が研究対象としている構造の何処に、この本の内容——つまり生産システム——が位置づくのかを明らかに出来なかったと云うことである。ということは、我々の対象にしているはずの「構造」とはそもそも何なのか、この点の再吟味をも我々に迫るはずである。

(2) 日本的経営を巡る評価の錯綜

第二には、80年代における日本的経営——これは我々が揚棄の対象として分析しようとしたものの主要な構成要素のひとつであったはずである——を巡る国際的な論争と認識の混乱の我々に対する影響である。同じ日本的経営が、一方で非常に高く評価され、他方で手厳しく批判されるのは何故なのか？ それが、一方は経営の効率に着目し、他方は職場の労働者状態に関心を払うからだという、つ

まり、何を分析対象として取りあげるに値すると考えるかという、価値関心の違いによるだけであるならば、事情も比較的わかりやすいのであるが、ことはもう少し複雑であった。この点では問題は三つあった。一つには、評価主体の錯綜である。西欧の改革派の多くの研究者が、日本の現代日本肯定派と同様に日本の現状を高く評価したのである。いわゆる日本＝ポスト・フォーディズム論もこれにあたった。これに対して日本の現代日本批判派の一部は、このような日本評価は、日本の現代日本肯定派を利するものであり、日本の改革を妨げると批判した。しかし、認識の内容それじたいに則さないで、理論の社会的機能に着目したこのような批判は、日本と異なった社会的文脈に生きる——従って肯定的な日本評価が、そこでは西欧の守旧派を利することなく、それを撃つものとして機能する——西欧の改革派を納得させられなかった。他方ではまた、日本の現代日本批判派の日本社会批判と、西欧自賛派の、彼らの現状肯定論の裏返しとしての日本批判とが、奇妙に一致したのである。此処では理論的共同戦線をインターナショナルなレベルで、誰と組むべきなのかという点での当惑が生じたのである。この当惑は、我々の日本研究の再吟味の、少なくとも動機の一つとなった。

　二つには、価値関心が同じと思われる諸研究の間でさえ、同一の対象への評価の分岐が起こったのである。例えば、労働者状態の向上に関心を持ったとき、日本的生産システムは、労働者抑圧的か、或いは西欧のシステムよりは、労働者を尊重するものであるのか。戦後日本の労使関係の特徴を、戦後労働運動の敗北の結果と見るのか、戦後労働運動の成果と見るのか。こうした分岐は、それが何故生じるのか、その吟味を我々に迫る。

　三つ目には、西欧の改革派の日本の肯定的評価のうちには、価値関心が同じか否かにかかわらず、日本の現代日本批判派の議論の、思いがけない死角を突くものが、時には、あるように思われたのである。これも枚挙にいとまないが、例えば、日本の系列関係は、日本の下請けを強くしたという指摘や、日本の集団主義——我々には、この内実は、個人の抑圧と集団無責任と思われていたのであるが——が、顧客に対する現場での企業の誠実な対応を支えているという指摘、或いは企業間の取引における契約主義にたいして、日本の現物主義、非文書主義が、技術進歩を促したという指摘などは、傾聴すべき論点を含んでいるように思われる。

こうして、揚棄されるべき構造、つまり否定の対象として、研究対象をもっぱら理解するという我々の暗黙の接近方法は、再検討を迫られたのである。ついでに付言すれば、対象の否定という接近方法は、対象の内部で生活を実践する人々(労働者、技術者、管理者)——その人々にとっては、対象の全否定は、対象の内部で生き続ける方法とはなり得ないはずである——との意志疎通を難しくすると云うのも、我々の実感であった。[4]

(3) 海外進出した日系企業の評価

第三には、海外に移転した日本的経営の実状の評価である。海外の日系企業の高い再評価への本格的な突破口となった代表事例として、GMとトヨタの合弁会社NUMMIがあるが、この評価に二つの論点を区別する必要がある。一つは、同じNUMMIについて、二つの一見するところ、全く相反する評価が存在するのは何故かという点である。その典型例として、MITのIMVPプロジェクトのJ．クラフティックのlean production論と、それと全く逆の評価をした、レイバー・ノートのM．パーカーらのmanagement by stress論を挙げることが出来よう。前者は、著者自身のNUMMIでの経験に基づき、トヨタ生産システムの仕組みをより一般化して、lean productionと規定し、その生産性＝効率性の高さの源泉を、生産システムのあらゆる側面において、無駄を省き贅肉をそぎ落とした点に求めている。後者は、同じNUMMIでの調査に基づいて、トヨタ生産システムは、労働者に対するmanagement by stressとして大きな負荷をかけると結論している。[5]この両者の分析を対比してみると、前者は生産システムの効率性への高い評価とその労働者への影響に対する無関心、後者は生産システムの効率性への無関心と労働者への悪影響に対する批判とを顕著な特徴としている。この意味で両者は、正確には同じ対象への異なる評価というよりは、同じ対象について、異なる側面に焦点を当てた評価であるということが出来る。従ってこの同一対象の異なった側面の内的関連に注目すれば、この二つの評価は両立することになる。即ち、lean productionつまりlean system（クラフティックの規定）では、戦後のフォード・システムの特徴、つまりbuffered system（クラフティックの規定）と対比したとき、私見によれば、後者の物的、人的バッファーが、前者では人間の潜在的能力(いざというときには力を振り絞って何とかしてしまう能力)によって代位されてお

り、そのことによって、lean systemとなりえているのである。従って労働者は、頻繁に力を振り絞ることを求められるか、或いはそうしなくていいように、前もっていつも緊張して注意を集中しておくことを求められる。いずれにしても、作業者は常に、management by stressにさらされている。こうしてlean productionとmanagement by stressという異なる評価は、同じ盾の裏表として両立するのである。

　二つ目に取りあげたいのは、NUMMIに即して、日系海外進出企業の実態を見たとき、日本的経営が労働者の観点からしても、もっぱら拡延を阻止すべき対象でしかないと、単純に言い切れないという点である。筆者は90年代の初頭に日本的経営進出の代表事例として、GMとトヨタの合弁会社NUMMIの労働者調査をおこなった。もちろん日本流儀の管理者のやり方に、個々には様々な批判が存在し、UAWの反主流派は、主流派組合が日本の経営べったりで労働者の権利を守らないと批判していた。この批判にはかなりの大衆的支持があったのである。しかしこれに加えて見逃せなかったのは、反主流派を含めて、誰ひとりとして、合弁前のGMの状態に戻った方がいいとは考えていないことが分かったということである。つまり、この点では、彼らは、戦後のフォード・システムよりは、進出した日系企業の現実を評価したのである。この評価の内容は、本格的検討のためには、詳しい分析を必要とするのであるが、とりあえず簡単にいってみれば、そこには実際に作業をやっているものの立場からする仕事の合理性という点が含まれていたのである。そうだとするならば、彼らの評価する、日本のシステムに含まれている仕事の合理性とは一体なんだろうか、この点が問題として浮かび上がってくる。

3.　認識枠組みの再設定：生産システムとその前提条件

(1)　認識枠組みの再設定の方法

　以上のように第一から第三までの経験は、我々の認識枠組みに、再検討を迫るものであった。他方でしかし、多くの日本企業の職場で、過労死に極限的表現を見るようなおどろくべき過密労働が常態化し、またしばしば基本的人権の侵害というべき民主主義の不在が指摘できることも看過できない。そうだとすれば、このふたつの相反する傾向をどのような統一的な認識枠組みのもとで理解すべきで

あろうか。この点で、此処にいう過密労働や、基本的人権の侵害は、もちろん労働者が進んで選び取った事態ではなく、経営に強いられて発生したものである。その意味でこれは労使関係の産物であり、その表現なのである。これに対して、第一から第三の経験において対象とされたのは何であろうか。そこではもちろん、指摘したような日本の労使関係の産物が高く評価されたのではなくて、日本のものづくりの仕組みが評価されたのである。従って、我々に必要なことは、労使関係とものづくりの仕組み＝生産システムとを概念的に区別して、その上で両者の関係を考える、その様な認識の枠組みを獲得することであるように思われるのである[6]。

　以下に筆者が現在考えている認識の枠組みを示してみよう。まず生産システムと労働条件・労使関係とを区別する。その上で、前者が後者と、どの程度まで必然的に関連するのか、或いは同じ前者に対して、別の労働条件・労使関係が関連することもあり得るのかを検討する。換言すれば、現実の世界では、生産システムと労働条件・労使関係とは区別しがたく絡み合った現実として存在しているが、認識の方法としては、生産システムを経験的事実そのものではなく、分析的概念として措定し、その存立の前提条件と区別するのである。この生産システムとその存立の前提条件のそれぞれについて、すこし立ち入って考えてみよう。

(2) 生産システム

　まず生産システムとは何か。これは抽象的にいえば、生産物を生産する仕組みであるが、具体的にいえば、それは、原料(労働対象)、機械(労働手段)、労働者(労働主体)を、製造の継続に向けて結びつけるシステムである。従ってここには当然に、原料間(在庫管理の方法等を含む)、機械間(加工別配置、工程別配置等を含む)、労働者間(分業)の関係が含まれている。ここで、システムとは、生産諸要素を結びつける、一回限りではない継続的安定的な様式を意味している。歴史的には、フォード生産システム、トヨタ生産システム、ウデヴァラ生産システム等がその例である。

(3) 生産システムの存立の前提条件

　次に、この生産システムを成り立たせる前提条件を考えよう。或る環境で、ど

ういう生産システムが成り立つかは、その生産システムを構成する原料、機械、労働者という生産諸要素の特質によって異なり、仮に、それらが同じでも、生産システムを成立させる外部環境によって異なる。具体的に見れば、労働主体に関連する前提条件としては、労働市場(様々な労働力の質と量)の特質、労使関係及び労働の条件と内容に関する社会的規制があるだろう。労働対象に関連する前提条件としては原材料となる資源の利用可能性、労働手段に関連する前提条件としては、利用可能な技術の限界がある。システム全体に関連する前提条件としては、市場条件(量、品質への要求、変動の程度)、環境、生態系上の限界と制約がある。また以上が同一だとしても、経営が意識的にどういう戦略を採るかという戦略の違いによって企業の採用するシステムが違ってくる。それぞれの生産システムが、フォード、大野耐一、ユレンハンマーという経営者の名前と結びついているゆえんである。この意味では、経営の戦略もまたシステム全体に関連する前提条件のひとつである。

(4) 生産システムの前提条件の区別:歴史的生誕条件と社会的存続条件

さて次にここで、生産システムの存立の前提条件の2種類を区別しておきたい。一つは、生産システムの生誕の歴史的条件(歴史的生誕条件)であり、もう一つは、その存続の社会的条件(社会的存続条件)である。何故この区別が必要なのか? それはこうである。ある歴史的前提条件が持つ特定の機能が、特定の生産システムを生み出すのだが、しかし、一旦生まれた生産システムは、その特定の機能さえ確保されれば、その機能を保持する別の社会的存続条件のもとで、もともとの歴史的生誕条件を離れても、存続しうる。この意味で、そのシステムの存続の条件は必ずしも生誕の条件と同じではない。つまり、歴史的生誕条件と社会的存続条件を区別しなければならない。

さらに、特定の生産システムは特定の社会において、特定の社会的存続条件を必要とするが、社会が変われば——同じ国で時代が変わるにせよ、同じ国で社会が変わるにせよ、別の国に移るにせよ——、別の社会的存続条件がこの特定の生産システムと対応することがあり得るのである。しかし、もちろん或る特定の生産システムについて、どんな歴史的生誕条件、どんな社会的存続条件でも対応するというわけではない。或る生産システムを、或る歴史的生誕条件の特定の機能

が生み出したとき、その特定の機能を担う或る社会的存続条件が別に存在するならば、それは、歴史的生誕条件に代わって、この生産システムの存続の前提条件となることが出来る。このとき、同じシステムについて、後者は前者に対して、生産システムの社会的存続条件として、機能的等価物なのである。このことは複数の異なる社会的存続条件のあいだについてもいえることである。こうして、同じ生産システムでも、社会が違うとその存続の条件に違いがあり得る。この違う存続条件は相互に、違う社会における同じ生産システムの存続条件の機能的代替物である。従って、社会が非常に違っても、ある社会で存在する生産システムを、その社会の存続条件の機能的代替物さえあれば、別の社会に移転することが可能である。

4. 再設定された認識枠組みと現実の突き合わせ

(1) フォード生産システムと半熟練労働者

このような認識の枠組み設定の妥当性を裏付ける具体的な事例を幾つか挙げてみよう。第一に、20世紀初頭のデトロイト周辺で経営者たちは拡大基調の工業製品の市場を前に、熟練労働者に依存しない生産の仕組みの確立に迫られていた。というのは、一方では、依存しようにも、眼前に存在する圧倒的多数の利用可能な人口は、工場労働の経験を全く持たない南東欧からの移民で、しかも英語を解さない。仕事を可能な限り単純にして、しかも勝手なことをやらせないようにしない限り、彼らをにわか仕立ての工場労働者に転用することは出来ない。他方では、既存の少数の熟練工に依存しようとすれば、彼らの「組織的怠業」と「職長帝国」に阻まれて、思うように生産を拡大できない。このように移民労働者と監督者との言語的なコミュニケーションの困難と熟練工の抵抗排除の必要とは、構想と実行の分離に基づく厳密な職務区分と作業の単純化と標準化、つまりテイラーリズムを生み出したのである。これを、専用機械、ベルトコンベア、互換性部品と組み合わせて、労働主体、労働手段、労働対象の特有の組み合わせのシステムとして作り上げられたのが、フォード生産システムであった。

こうして、言語的意志疎通の困難と熟練工の抵抗排除の必要は、半熟練労働者を構成要件とする生産システムとして、フォード生産システムを生んだ。しかし市場の拡大基調のもとで、生産性を増大する有効なシステムとして一旦確立する

と、これは、20世紀初頭のUSAのような言語的意志疎通の困難と熟練工の抵抗排除の必要という歴史的条件を共有しない日本やヨーロッパにも、半熟練労働者が得られる限り、浸透したのである。そこではUSAとは違った社会的条件が半熟練労働者を提供し続けたのである。日本でいえば、戦後の一般的な生活水準の低さと、就業機会の不足、そして農村の過剰人口の存在がそうした条件であり続けただろう。このようにフォード生産システムの核心的構成要件である半熟練労働者を生んだ歴史的生誕条件と、それを供給し続ける社会的存続条件とは異なりうるのである。

　他方、フォード生産システムが強固な社会的存在として確立したUSAでは、労働組合運動もまたそれを前提にした、団結と経営の規制の方途とを編み出すことになったのである。これが、テイラー的分業（構想と実行の分離）を与件としたjob control unionism (narrow job classificationとseniority system)である。こうしてUSAでは、テイラーリズムとjob control unionismは相互補完的となった。この意味で、job control unionismは、今や、テイラーリズム、フォードシステムの社会的存続条件となって、半熟練労働者を再生産しているのである。

(2) トヨタ生産システムと労働者の積極的な生産過程参加

　第二の例を挙げよう。トヨタ生産システム、ないしはリーン・プロダクションにおいて、現場労働者の積極的な生産過程参加は、その一つの核心をなしている。上の空の労働者ではこのシステムは成り立たない。しかし、この積極的な生産過程参加をもたらす社会的存続条件はいつでも同じわけではない。日本のばあい、一般的には、人事査定システムと結合して組織された職場仲間の間の競争、労働組合の弱い職場コントロール、そして、標準作業をやるだけでなく、「変化、異常への対応」や、改善活動への半ば強制された参加によって、テイラー的分業とはひと味異なった労働を日常的におこなっていること、これらが、現場労働者の積極的な生産過程参加の社会的存続条件である。だがこのような積極的な労働者参加はしかし、例えば、現場作業と生産計画を巡る意志決定過程への労働者参加によっても成立しうるのである。現に現場への部分的な権限委譲、半ば自律的な職場集団の導入が、労働者の積極性を引き出しているという事例報告は、それが他方で、労働強化を生み出しているにもかかわらず、枚挙にいとまない。或いは、

やむなく組合管理となった倒産企業で、戦略的意志決定の領域にまで労働者が関与を余儀なくされたことが、嫌でも労働者の積極性を引き出しているという事例も我々の知るところであろう。このように現場労働者の積極的な生産過程参加の社会的存続条件も一つではなく、これらは互いに他者に対して、機能的に等価な代替物の位置を占めているのである。

(3) セル生産とその社会的存続条件

第三の例としてセル生産[7]を見よう。このばあい、激しい市場変動とコスト削減のための職場での労働者数の減少の要請は、その歴史的生誕条件でありかつその社会的存続条件でもある。しかしこれが一旦導入されると、職務範囲の拡大によって、仕事の全貌が労働者に見えるようになり、これは生産過程における労働者のやる気を促進する。従って労働者の間に、これまでのような単調な繰り返し労働への嫌悪が支配的になると、このシステムは、この嫌悪という新しい社会的存続条件に合致することが明らかになる。また他方では、セル生産は、市場変動へのフレキシビリティを追求して導入されたのであるから、逆にいえば、これは、巨大な安定的市場に適するシステムであるフォードシステムが、今日の市場の社会的存続条件には適合しないことを示している。

ところで、セル生産の一つの起源はU字ラインだといわれている。直線ラインがU字型に変えられ、配置された労働者の数は減らされ、しかし、組合の抵抗がないから、総労働負担は変わらない。結果として、個々の作業者のjob enlargementが行われ、時にはjob enrichmentさえ実現するが、しかし労働者の負荷は増大するのである。これが日本の現実である。しかしこれはセル生産が必ず、労働負荷の増大に帰着することを意味しない。セル生産になったから労働負荷が増大したのではなく、人減らしにもかかわらず、チームの作業量が変わらないから、1人あたりの労働負荷が増大したのである。もし組合規制が十分に働けば、job enlargementとjob enrichmentは、セル生産において労働負荷の減少と両立するのである。日本の現実では、セル生産の導入という生産システムの変化と労働負荷の増大という労使関係の結果は同時に一体のものとして起こっているが、違った社会関係のもとでは、別の結果も起こりうるのであるから、理論的には、生産システムと社会(労使)関係を区別しておかなければならない。さもないとベルト・

コンベアの廃止に、労働組合運動が反対するという事態さえ招きかねない。

5. まとめにかえて

　以上、再設定された認識枠組みに依る現実分析の有効性は、或る程度確かめられたと思われる。要約しよう。現実の世界では、我々は生産システムとその社会的存続条件との組み合わせだけを職場で見るわけである。両者が区別されて我々の眼前に現れるわけではない。しかし、分析的には、生産システムをその前提条件から、論理的に区別しなければならない。この意味で生産システムは経験的事実ではなくて、分析的概念なのである。我々はまた特定の生産システムに対応する幾つかの社会的存続条件のうちで、何と何が機能的に等価の代替物であるかを見分けなければならない。そうすることで我々は最善の生産システムを現実から救い出し、または様々な異なった生産システムからそのハイブリットを作りだして、後の世代に伝えることが可能になる。

〔注〕
(1) 筆者の調査論については、以下を参照されたい。
　1) 社会的実践と現地調査研究との関係。
　　「生産拠点の軸はなにか」『エコノミスト』1973年6月19日号。
　　「山村の構造グループの調査論―現地調査活動における研究と実践」古島敏雄他編『地域調査法』所収、東京大学出版会、1985年。
　　なお両者の間には、60年代から80年代にかけての筆者のささやかな社会的コミットメントの経験を踏まえた、大きな立場の変化が存在する。
　2) 「労働者調査への地域からの接近」古島敏雄他編『地域調査法』所収、東京大学出版会、1985年。
(2) 野原光・藤田栄史編『自動車産業と労働者』法律文化社、1985年。
(3)) 念のためにいえば、このように述べることは、我々のこの共同研究の具体的達成を自己否定することを意味しない。此処では認識枠組みが、特定される事実を制約するという方法的な側面だけを取りあげているのである。またこの点での本稿の見解も筆者の個人的見解にとどまり、共同研究者たちがこれに共同責任を有するものではない。
(4) 対象の否定という方法の再吟味は実は、もう一つ冷戦体制の崩壊に深刻に影響された世界観の再吟味に帰因しているが、この点は本稿の対象外である。
(5) J.F. Krafcik, "Triumph of the Lean Production System", *Sloan Management Review*, 30(1) Fall,1988,41-52.
　　M.Parker & J.Slaughter, *Chosing Sides: Unions and the Team Concept,* South End Press,

1988.
(6) こうした問題意識に基づく筆者の暫定的認識は以下に示してある。
「日本のフレキシブル生産システムの再検討」『現代日本の労務管理』社会政策学会年報第36集、1993年。
Reconsidering the Japanese Production System Model、『広島法学』Vol.16 No.3, 1993.
(7) ベルト・コンベアをやめて、1名または数名から数十名のティームで、一つの製品をまとめて組み立ててしまう生産のやり方を総称して、セル生産と呼んでいる。

投 稿 論 文

1 労働争議研究の再検討　　　　　　　　　　　　　中村　広伸
　　——「家族ぐるみ」闘争における既婚女性への着目を通じて——
2 「東京管理職ユニオン」組合員の意識変容　　　　小谷　　幸
3 外国人労働者と高卒就職者の雇用代替　　　　　　筒井　美紀
　　——「間接雇用によるマス代替」のプロセスとインパクト——

労働争議研究の再検討
——「家族ぐるみ」闘争における既婚女性への着目を通じて——

中村　広伸
(一橋大学大学院学生)

1. 問題の所在

　本稿の目的は、既存の労働争議研究の再検討を通じて、労働争議を既婚女性そして家族との関係において捉え直す意義について論じることにある。その焦点は1950年代を中心に展開された「家族ぐるみ」闘争におかれ、これを企業と労働者家族との関係(企業—家族関係)の変容過程として捉えようとする。

　日本において、家族の外部社会の特質を析出する有力な議論の一つとして〈企業社会〉論が挙げられるが、これまで家族と企業社会とを結びつける研究は手薄だったといえる。[1]この分野の研究の発展のためには、日本の労使関係、経営の変遷過程に関する研究蓄積に学びつつ、家族と企業社会との相互関係を描き出すことが必要であると考える(木本[2001])。

　日本における家族と企業社会との相互関係を歴史的に探っていく際、興味深い二つの動きが1950年代に見られる。第一に、労働者のみならず、その家族も組織され展開された労働争議——「家族ぐるみ」闘争——が存在したことである。「家族ぐるみ」闘争といった場合、一般的には日本労働組合総評議会(総評)傘下の労働組合によって展開された1953-1954年の労働争議——三鉱連(全国三井炭鉱労働組合連合会)争議(1953年)、日鋼室蘭(日本製鋼所室蘭製作所)争議(1954年)、尼崎製鋼争議(1954年)——が想起される。しかし、1950年代には、これらの労働争議以外にも「家族ぐるみ」で展開された労働争議は存在した。日立製作所での労働争議(1950年)や三井三池争議(1959-1960年)等がそれである。1950年代の労働者階級にとって、家族を組織することは労働争議を闘ううえで重要な位置を占めていたのである。そこで、本稿ではこれらの労働争議を含めて「家族ぐる

み」闘争と位置づけ論じていくことにする。

 1950年代における興味深いもう一つの動きは、大企業を中心に、労働者家族を対象とした「新生活運動」が積極的に展開されたことである。新生活運動は、1950年代に農村部のみならず多くの企業で展開された。企業における新生活運動の場合、日本鋼管川崎製鉄所が1953年に初めて導入した。日本鋼管を例に取ると、新生活運動の趣旨は、家庭生活の中心たる「主婦の向上をはかり、明るい家庭をつくり、ひいては明るい社会をつくり」さらには「明るい職場をつくる基盤」とすることにあった[2]。

 企業—家族関係をめぐるこれら二つの動きの関係については、これまでほとんど問われることがなかった。しかし両者が決して無関係ではなかったことが、新生活運動に着目したアンドリュー・ゴードンと木本喜美子によって指摘されている。

 ゴードンは日本鋼管を中心とした本格的な調査を通じて、新生活運動の果たした役割の一つが、労働者家族が企業に対抗しうる価値観をもつことを妨害することにあったと捉え、当時の労働組合運動との関連で新生活運動を位置づけた。つまり新生活運動は、1950年代の自動車産業や九州の炭鉱等におけるラディカルな労働組合が、既婚女性および家族を強力な支援グループとしていたことに対抗する企業側の活動であったとする（Gordon [1997]）。

 木本もまた、日立製作所における新生活運動を対象とした酒井はるみの研究 [1994, 1997] の検討を通じて、新生活運動を当時のマクロな労使関係——1950年前後の民間企業においての大量解雇をめぐる左派労働組合運動の抵抗と敗北——との関連で位置づける必要性を主張した。木本は、日立製作所で新生活運動が展開される前史として、1950年に同所で大量解雇をめぐる労働争議が起こり、労働者側が「家族ぐるみ」の闘いを展開していたことに着目した。この歴史的事実を踏まえ、木本は新生活運動を労働争議勝利後の企業が職場内秩序を固めていくための介入であったとする（木本 [2001]）。

 両研究は、いずれも新生活運動の分析を通じて、それが労働者家族に対するイニシアティヴ獲得のために企業が展開した活動として位置づけ、その前史として「家族ぐるみ」闘争の存在に着目している。今後「家族ぐるみ」闘争から新生活運動へという歴史的変遷の理解をより深めていくためには、「家族ぐるみ」闘争それ

自体を、企業―家族関係の変容過程として捉え直す視点が不可欠であろう。[3]

「家族ぐるみ」闘争を企業―家族関係の変容過程として捉える際、その第一歩として労働者の妻や母である既婚女性「主体」、および彼女らが担ってきた活動に着目する必要がある。その理由として、以下の二点が挙げられる。第一に、「家族ぐるみ」闘争の特徴の一つとして家族構成員、特に既婚女性が独自に組織され、労働争議に参加していたこと。第二に、企業が新生活運動を通じて直接働きかけた対象は、既婚女性および彼女らが担ってきた再生産活動[4]であったのである。しかし、日本における既存の労働争議研究は、分析すべき対象を生産領域における労使の対抗関係に限定し、その結果、分析すべき「主体」もまた、労働者や資本家・経営陣に限定していた。その結果、これらの研究は、既婚女性「主体」および彼女らが担ってきた活動に十分着目していない。この点で、既存の労働争議研究は、労働争議を企業―家族関係の変容過程として捉える視点に欠けていたと思われる。

2. 日本における労働争議研究

(1) 二村一夫と山本潔による労働争議論

日本で労働争議分析の重要性を提唱した中心的な研究として、二村一夫 [1971, 1988][5] と山本潔 [1988, 1990, 1991] が挙げられる。ここでは、両者の労働争議論の考察を通じて、既存の労働争議研究の基本的視角を検討したい。

二村は、戦前期を対象とした日本労働運動史研究の検討を通じて、日本の労働者、労働組合および労資関係の特質を探るうえで、労働争議研究が必要であることを主張した。二村がこのように主張した背景には、大河内による労働争議の位置づけに対する批判があった。1950年末以降における日本労働運動史研究の一つの課題は、労働組合の組織形態の変化をもたらした要因——主として企業別組合の生成要因——を把握することにあった。その際、最初にこの課題を提起し、研究の枠組みを提示したのは大河内だったのだが、彼の問題提起の背景にある労働争議の位置づけに対して、二村は反論した。大河内は、労働運動史研究の課題として労働組合の研究こそ重要であると強調し、労働争議や暴動のような「事件」ではなく、労働組合の日常的な活動を研究すべきだと論じた (大河内 [1970])。

これに対し二村は、戦前日本の労働者の主要な闘争形態であった労働争議を抜

きには日本の労働組合の特質も明らかにはしえないと反論し、労働争議研究の意義を主張した。つまり労働争議は、「労働組合の日常活動の記録からは容易にうかがえない」労資関係の矛盾が顕在化する場であり、争議分析を通じて「組合の日常活動も動態的に分析すること」が可能である。特に活動家や一般組合員の意識や思想は、比較的文書記録の残りやすい労働争議における彼らの活動から垣間見られる (二村 [1971：300-301])。また二村は、労働争議研究のメリットの一つとして、「争議後の労資関係の新たな特質」を把握することが可能だと述べている。

　二村は、労働争議研究の課題を「各時期における代表的な争議についての徹底的な事例研究」とした。具体的にはまず、労働争議分析を通じて「一経営レベル」での「労資関係の具体的な存在様式」を解明する。そして、各時期の代表的な労働争議を比較検討することを通じて、労働運動の歴史的特質が解明されるのである (二村 [1971：301])。

　この二村の問題提起に触発され、1970年代から1980年代にかけて、多くの労働争議研究が発表された。これを受け、二村は1970年代から1980年代にかけての労働争議研究の成果として、以下の四点を挙げた。第一に、労働運動の担い手である労働者の具体的な存在を資本との対抗関係の中に位置づけることを可能にした。第二に、「労資関係」についての経済主義的理解・固定的図式的見解を是正した。[6] 第三に、運動の主体的な要因——日本の労働者の価値観や意識、感情といったマンタリテの問題——の重要性が認識され始めた。第四に、企業社会[7]、職場社会、職工社会といった社会関係の重要性が明らかにされた、である (二村 [1988])。

　他方、山本は1979年に結成された労働争議史研究会による共同研究 (労働争議史研究会編 [1991])[8] に序論を執筆し、研究課題、研究史、そして方法について論じた。[9] 山本は、労働争議研究の目的を「労資の対抗関係」を断面図的に描き出し、社会構造の移行問題を解明することにあると位置づけた (山本 [1991])。[10]

　山本は、個別労働争議の分析を「当該時点における資本主義の矛盾の集中的表現としてその断面図の中に捉えることなしには成功し得」ず、労働争議の史的研究を「日本資本主義史研究の一分岐」と位置づけた (山本 [1991：2])。

　労働争議の史的研究を「日本資本主義史研究の一分岐」として具体的に進めるにあたり、山本は研究対象の選択が問題となると述べた。この点に関して、山本は戸塚秀夫による労働争議論の検討を通じて、「社会構造」の移行問題を解明する

ために労働争議を考察すべきだと主張した。

戸塚は、労働争議研究の課題が労働争議という「異常現象」の分析を通じて、争議以前の「正常な労使関係」自体に内在する矛盾を把握することにあると主張した(戸塚[1963])。これに対し山本は、戸塚の視点が「特定の労資関係が再生産されていくメカニズムを明らかにするという観点にたっており、労働争議という異常事態の研究は正常な労資関係の単なる手段に過ぎなくなっている」と批判した。山本は歴史を「特定の社会構造から他のそれへの移行の歴史」と捉え、「異常事態としての争議の異常性そのもののなかに、社会構造上の移行問題をとく重要なカギ」を見出そうとする視角の重要性を指摘した。つまり労働争議という「深刻な異常事態」を発生せしめた基礎的要因は、それ以前の「平常」の「社会構造」の運行の内部に蓄積された矛盾に求められる。そして、何が異常事態である労働争議の「争点」として突き出され、それがいかに解決されるかによって、争議後の「社会構造」に変化が起こるのである(山本[1991：5-6])。

以上、二村と山本両者による労働争議論を概観した。二村と山本による労働争議論の相違点として、以下の点が挙げられる。まず、二村は「非日常」的な労働争議分析を通じて、その前後の「日常」の労資関係、およびその質的変容を解明することを研究課題としている。これに対して山本は、「異常事態」である労働争議それ自体の分析を通じて、「労資関係の構造」変化を解明することを研究課題としている。

このような研究課題の相違を反映して、研究対象とする労働争議の選択に関しても、二村と山本は異なる見解を示している。山本は「労資関係の構造」の変化をもたらす労働争議を研究対象として選択すべきだとする。これに対して二村は、労資関係の「日常」性の解明にこそ労働争議のメリットがあるので、研究対象を「労資関係の構造」変化をもたらすような「大争議」に限定する必要はないと主張した。

両者の労働争議論には以上の相違点があるものの、両者はともに「非日常／異常事態」としての労働争議を、その前後の「日常／平常」の労資関係との関わりにおいて位置づけている。つまり両者は、労働争議をそれ以前の「日常／平常」の労資関係に潜在する矛盾が顕在化し、かつその後の「日常／平常」の労資関係に何らかの変容をもたらす場として位置づけているのである。この労働争議の位置

づけは、労働争議を企業―家族関係というレベルで捉える際も、基本的には応用可能である。つまり労働争議を、それ以前の「日常／平常」の企業―家族関係に潜在していた矛盾が顕在化し、争議後の関係に影響を与える場として捉えることができるのである。

しかし、問題は二村と山本が分析すべき諸「主体」として誰を想定していたか、という点にある。二村は主として労働者「主体」を、山本は主として対抗する労働者と資本家・経営者双方の「主体」を分析すべき「主体」として位置づけている。これは、両者がともに労資関係に直接組み込まれていない既婚女性、およびその他家族構成員を分析すべき諸「主体」として位置づけていなかったことを意味している。

これに対して、鎌田とし子・鎌田哲宏による日鋼室蘭争議の実証研究[1993]は、分析すべき諸「主体」を労働者に限定しているものの、再生産領域における労働者家族の日常生活に着目し、労働者「主体」とは異なる独自性をもった既婚女性「主体」を垣間見せている。その点で、鎌田・鎌田[1993]は、他の労働争議研究とは異なる独自の視角を切り拓き、労働争議を企業―家族関係の変容過程として捉える可能性を内包していると思われる。

(2) 鎌田とし子・鎌田哲宏による日鋼室蘭争議研究

鎌田・鎌田は、日鋼室蘭争議を「日本の伝統的な『労働者世界』の変質あるいは消失を意味する」労働争議であったと捉えた。そして、鎌田・鎌田は日鋼室蘭争議を支えた労働者に着目し、彼らがいかなる資質を備え、どのような人間関係を築き、労働者としての思想をどのように獲得したのかを明らかにし、現在の労働者の連帯の基盤を回復するための一つの処方箋を提示することを研究課題とした(鎌田・鎌田[1993：3-6])。

日鋼室蘭争議以前における労働者「主体」の日常生活と争議中の具体的な行動に迫ることを通じて、鎌田・鎌田は彼らの連帯の基盤としての「労働者世界」を発見した。「労働者世界」とは、「労働者階級の中にあって身分的に他と区別された一つの階層を形成し、職業上、生活上の立場の共通性を土台に、価値観、生活習慣を共有し、我々意識を持つにいたった集団」である。日鋼労働者に関していえば、学卒(＝大学卒)の事務・技術者とは明確に区別された、生産現場で働く

労働者が形成していた「世界」を指していた。彼らの間では、技能の熟練を体得することが自らの誇りであり、仲間からの尊敬も得られるという価値観が共有される、いわば「実力がものをいう世界」が存在していた（鎌田・鎌田［359-360］）。

注目すべきは、この「労働者世界」が単に生産現場のみならず、家族の暮らす再生産領域によっても形成されていた点である。当時、一般工員が住む「八戸・六戸長屋（工員社宅）[11]での水道栓を中心とした共同生活」は、「世帯道具から晩のおかずまで知悉する暮らしぶり」で、互いの「家庭の事情にも通暁」しており、そこには「家族の延長のような共同生活体」が形成されていた。そこでの「稼ぎ方、収入、日々の暮らしぶり、土地の習慣、話し言葉、話題、ものの捉え方、感じ方にいたって共通した生活様式」は、水道が個別に設置されている「職員社宅」に住む職員＝学卒者の「世界」とは明らかに異なる「独特の世界」を作り上げていた、と捉えられている（鎌田・鎌田［1993：360］）。

しかし、鎌田・鎌田は労働者「主体」の解明という課題設定に基づいて日鋼室蘭争議を分析したため、既婚女性やその他家族を分析すべき「主体」として位置づけなかった。その結果、鎌田・鎌田は、再生産領域である社宅における日常生活との関わり方において、労働者と既婚女性との間に差異が存在したことに目を向けなかったのである。だが鎌田・鎌田は、インフォーマントの証言に依拠して「労働者世界」の一要素をなす社宅生活を論じており、この中には、労働者と既婚女性が社宅生活とそれぞれ異なる関わり方をしていたことを示す証言を見出すことができる。

　　Ｃ・Ｋ　旦那さん方の職は全部違うわけでしょう、職場行ってしまうと。ところが奥さん方は地域に残って社宅生活しているというのは、それはもう親子兄弟以上の付き合いですからね。隣の奥さんが、あるいは向かいの奥さんのところ(夫)が(解雇)該当になった。とんでもない。そういったような気持ちですよ（鎌田・鎌田［1993：58］）。

この証言は、労働者家族内部に存在する主たる生活領域のジェンダー差を反映して、「職場行ってしまう」労働者である「旦那さん」よりも、「地域に残って社宅生活している」既婚女性が、工員社宅において形成された人間関係の中心をなしていたことを示している。つまり工員社宅における日常生活が労働者の連帯の基盤であったことを論ずるためには、既婚女性を労働者とは異なる独自の「主体」

として考慮することが不可欠なのである。

実際、鎌田・鎌田の研究における他の証言からも、既婚女性「主体」を独自に分析する必要があることを示す事例が記述されている。次の事例は、争議後、第二組合勧誘という切り崩しに動揺する夫＝第一組合員に対して、既婚女性が「気合いかけ」て彼らを第一組合にとどまらせていたことを示している。

　　H・S　そういう切り崩し。でも断固として守ってきたのはいくらもありませんでしたよ。さっき冒頭でもしゃべったように技術屋でしょう。技術屋ってのは下手なんだよね。だから直属の班長からいわれればやはり迷うでしょう。ところが家へ帰ったらそうじゃないんだな。母ちゃん第一組合でピッとかかってる。母ちゃんには弱いですね。今は笑い話だけどね。あの当時「ふやけたらだめだよ」って……母ちゃんのほうが気合いかけるんですよ。そういう話なんぞ持っていったらたちまちやられるさ。そういう時代だったんですよ（鎌田・鎌田［1993：298］）。

この事例は、既婚女性が労働者の単なる従属的な支援者にとどまっていなかったことを示している。既婚女性が労働者の従属的な支援者だとするならば、第二組合勧誘に揺れる夫＝第一組合員とともに、第二組合へと容易に移ったかもしれない。既婚女性が日鋼室蘭争議に主体的に参加し、第一組合に残ることに独自の意義を見出すまでに至ったからこそ、第二組合勧誘に揺らぐ夫に「気合いかける」ことが可能だと考えられるのである。

事実、こうした事例は決して特殊な例でなかった。鎌田・鎌田が1983年に発表した研究においては、以下のように述べられているのである。

　　第二組合は、争議できたえられた「日鋼主婦協議会」に対抗するため第二組合側に「日鋼翠蘭婦人会」を結成（1955年3月）し、全市的には自民党系の「室婦連」に加入させたが、夫は第二組合員であっても主婦が第一組合系にとどまるものが多く、これに手を焼いた第二組合をして「新労の主婦の中にまだ相当数が旧労（第一組合）系の日婦協（日鋼室蘭主婦協議会）に加入し、活動に背を向けている」（1963年『運動方針案』）といわしめ、問題視させている。第二組合は主婦の説得を強化するとともに、早くから主婦向けに組合機関誌『ともしび』を発行し、会社と手を結び家族ぐるみの福祉・レクレーションに力を入れてきた結果がこれであった（鎌田・鎌田［1983：437］）。

この一節は、争議後9年経過した1963年の時点においてさえ、夫である労働者が第二組合員となっても「争議で鍛えられた」既婚女性が「旧労系」に留まるケースが多く存在したことを示している。ここから、会社に対して多くの既婚女性が労働者よりもむしろ抵抗していたことが読みとれる。またこうした事態は、会社と第二組合から問題視され、その対応策として「家族ぐるみの福祉・レクレーション」が精力的に展開されていたのである。

こうした事態がなぜ生じたのかを明らかにするためには、労働者のみならず、既婚女性を独自な「主体」と位置づけ、いかにして彼女らが「争議で鍛えられた」のか考察しなければならない。しかし、鎌田・鎌田の研究をはじめとする既存の日鋼室蘭争議分析においては、このような視点からの考察は十分に行われていない。

3. 三井三池炭鉱の事例

それでは「家族ぐるみ」闘争は、既婚女性の活動を明らかにすることによって、いかにして企業—家族関係の変容過程として描かれうるのだろうか。その手がかりとして三井三池炭鉱の事例を取りあげて検討したい。

ここで筆者が三井三池炭鉱を取りあげる理由は、以下の通りである。三池労働者によって組織されていた三池炭鉱労働組合(三池労組)は、三鉱連に所属していた単位組合である。第1節で述べたとおり、三鉱連は1953年の三鉱連争議において「家族ぐるみ」闘争を展開している。その際、三池既婚女性は、三池炭鉱主婦協議会(三池主婦会)を結成したのだが、結成前から結成以降の彼女らの活動が『三池主婦会二〇年』(三池炭鉱主婦会編[1973])に記されている。

また、この「家族ぐるみ」闘争はその後の三池争議(1959-1960年)においても展開されたのだが、三池争議に関しては、平井陽一による実証研究が存在する(平井[2000])。平井は分析すべき諸「主体」として、三池労働者と三池炭鉱経営陣を取りあげ、三池争議前史に展開された三池労組による「職場闘争」に着目し、「真の争点」を提示することを通じて三池争議を考察した。そこで本節では、平井[2000]と三池主婦会による活動記録が、それぞれにどのようにして三池争議を描いたのか、この点を見ていきたい。

投稿論文

(1) 平井陽一による三池争議研究

　平井は、三池争議がなぜ大規模かつ長期にわたって争われたのかを考察することを研究目的としている。その際、平井は一般的に捉えられている「争点」に対して「真の争点」を提示することによって、この課題に取り組んだ。つまり一般的に三池争議の「争点」は、1200名の人員整理に含まれる300名の職場活動家、会社側のいう「生産阻害者」の解雇問題にあったとされる。しかしこの「表面的な争点」の自明さゆえに、「真の争点」がぼやけてしまったと平井は捉えている。三池争議の「真の争点」とは、積年の職場闘争によって形成された「労働者的職場秩序」を三池労組が維持しうるのか、それとも会社側がそれを切り崩し、職場の末端にいたるまで経営権を確立しうるか、という点にあったとする。この「真の争点」に孕まれた労使の非和解的性格こそが、三池争議を大規模かつ長期的なものにした、と捉えられている(平井[2000：2-3])。

　このような認識に基づき、平井[2000]は三池争議の「真の争点」を実証的に解明することに力点をおいた構成となっている。第Ⅰ部「三池争議の争点」では、三池職場闘争の成果である輪番制と「生産コントロール」が行われた前提とその実態を考察し、三池争議の「真の争点」を明らかにした(平井[2000：9-65])。第Ⅱ部「三池争議への道」は、「到達闘争」と「職場争議」を対象として、三池職場闘争の運動史的側面を考察した(平井[2000：67-130])。第Ⅲ部「三池争議」は、第一に、三鉱連の戦線離脱と、第二に、三池労組の分裂問題を取りあげ、争議諸「主体」(主として三池労組、三鉱連、三池炭鉱経営陣)が「真の争点」をどのように認識し、行動したのかを分析した(平井[2000：131-199])。

　このように平井が分析対象とする諸「主体」は、主として三池労働者および彼らの組織である三池労組と、それに対抗する三池鉱山経営陣であった。これら諸「主体」の分析を通じて、平井は三池争議の「真の争点」を三池争議前史、具体的には三鉱連争議の勝利後の職場闘争によって形成された「労働者的職場秩序」をめぐる労使の対立に求めたのである。そして、争議諸「主体」の「真の争点」に対する理解の違いが三池争議にどのように影響したのかを明らかにした。

　平井が行ってきた手堅い資料蒐集、およびそれらを駆使した緻密な実証分析の精度は高く、そこから学ぶべき点は多い。しかし、三池争議が「家族ぐるみ」で展開されたにもかかわらず、平井は既婚女性および彼女らの組織である三池主婦

会を分析すべき「主体」から排除している。それでは、平井は既婚女性を分析すべき「主体」として位置づけなかった結果、何を見落とすことになったのだろうか。以下、三池主婦会の活動記録から、三池主婦会が行ってきた具体的な活動にたちもどってみたい。

(2) 三池炭鉱における既婚女性の活動

平井の研究が三池争議の分析に際し、その前史として三鉱連争議以降の職場闘争に着目している。そこで、三池主婦会の活動に関しても、同様に三池争議の前史まで遡ってみていくことにする。

三池主婦会結成前、つまり三鉱連争議以前、会社による三池労働者家族を対象とした「労務管理」が存在した。こうした「労務管理」を支える代表的な制度として、「世話方制度」と「家族会・婦人会」の存在が挙げられる。「世話方制度」とは社宅内をいくつかに区画し、それぞれ担当の世話方を配置して、労働者の出勤状況のチェックや逃走防止にあたらせ、家族構成の内容、縁故および思想関係など、細部にわたって調査表を作成し、労働者の私的生活のすみずみまで掌握する制度であった (三池炭鉱主婦会編 [1973：49-50])。

また会社は三池主婦会結成以前から、各地域に「家族会・婦人会」を設けていた。「家族会・婦人会」では、鉱長や総務部長といった役職レベルの妻が会長・役員となるのが慣例であり、一般の既婚女性は会の役員人事や運営に対して何一つ口を挟むことは不可能であった。こうした「家族会・婦人会」と協力関係を築くことによって、会社は福利厚生制度に対する一般既婚女性の不満および彼女らの組織化への動きを抑圧していた。これら「労務管理」諸施策によって、会社は三池労働者家族の日常生活を管理することが可能だったのである (三池炭鉱主婦会編 [1973：42-43])。

こうした状況の下、三池労組は組織強化の一環として労働組合と連携しうる既婚女性の組織化を目指した。1953年、三池労組は組織強化に重点をおいた運動方針を掲げ、その対策の一つとして、地域分会の育成強化と既婚女性の組織化を積極的に展開した。地域分会は、労働者によって職場毎に組織された「職場分会がたんに選挙母胎 (ママ) としての形式的な存在に化しつつある傾向」に対する反省を背景として、「集団社宅」という「日常生活の場における強力な結合」を活かす

べく組織された。一方、既婚女性の組織化は「台所をあずかる主婦が立ち上がり、力強く（労働）組合と提携して」「会社側の網の目のように張りめぐらされた綿密周到な支配・管理をはねのける」ことがその目的であった（三池炭鉱主婦会編[1973：44-45]）。

これに対して、会社側は執拗な妨害工作を仕掛けてきた。[12]しかし三池労組と既婚女性たちの努力が実り、各社宅地区で支部が次々と結成され、1953年7月20日、ついに三池主婦会が結成されるに至った。三池主婦会結成直後、指名解雇をめぐる三鉱連争議が起こり、三池労組と三池主婦会は指名解雇者ゼロを勝ち取ることに成功した。さらに、彼らは会社に三池主婦会の存在を認めさせ、争議翌年の1954年には会社に「世話方制度」を廃止させたのである（三池炭鉱主婦会編[1973：80-111]）。

しかし、三鉱連争議において労働者側は「指名解雇ゼロ」という当初のスローガンを達成したとはいえ、同時に争議の過程で多くの希望退職者を出してしまった。こうした背景には、希望退職者の多くが三鉱連争議以前から高利貸から多額の借金を抱え、退職金を借金返済に充てざるをえなかったという事実が存在していた（三池炭鉱主婦会編[1973：100]）。

三鉱連争議で多くの希望退職者を出してしまったことの反省から、三池労組は「特別生活対策」という活動を実施した。まず、三池労組は各社宅地区毎に全労働組合員の生活実態調査を行い、その結果、三鉱連争議後希望退職をせずに会社に留まった労働者家族でさえも、その半数がなんらかの借金を背負っていたことが明らかになった。そこで、三池労組は労働金庫等から約2億2000万円を借り入れ、特に多額の借金を抱えている労働者家族に対して、貸し出しを行ったのである。この「特別生活対策」の目的は、単に借金を組合が肩代わりして組合員家族の苦悩を解決することだけを目的として行われたのではなく、借金を抱えた組合員家族が生活苦のために生活を乱し、労働組合運動への関心を失っていくことを防止するために行われたのである（三池炭鉱主婦会編[1973：100-107]）。

その後「特別生活対策」の一環として、組合員家族の生活を安定させるために家計簿記入活動と料理講習会が行われ、また、虚礼の廃止、子どもへの小遣いの節約、パチンコ禁止、嗜好品の節約、食生活の改善、掛け買い廃止等も積極的に取り組まれた。家計簿記入活動は既婚女性に「生活の計画化だけにとどまらず、

これ(家計簿)を全家庭に配布することによって、消費実態を具体的に把握」させ、「賃金要求の意識をたかめる」ことを目的として行われた。このような「生活の合理化」をすすめることで、「考える主婦づくり」が目指されたのである(三池炭鉱主婦会編[1973：110])。

この「特別生活対策」は1955年以降の「生活革命運動」に引き継がれるかたちで、三池争議に至るまで継続的に展開された。生活革命運動において、三池既婚女性の活動として新たに加わったものとして「給料一日寝かせ」運動、「家族会議の開催」、「学習会」、「仲良し運動」等が挙げられる(三池炭鉱主婦会編[1973：138-183])[13]。

さらに、三池主婦会は1955年度の活動方針を「私たちは今後のたたかいには、ただたんに組合に協力するということではなく、みずから陣頭に立つという意気をもって、主婦としての立場からも勉強を続けなければならない」とし、各社宅地区で「学習活動」が展開された。こうした三鉱連争議後の日常的な活動を通じて、三池既婚女性は「夫のあとおしだけの主婦から、自分で考え、たたかう主婦」へと成長を遂げていったのである(三池炭鉱主婦会編[1973：171-181])。

三池争議には以上の前史が存在した。それでは、三池争議中に三池主婦会が行ってきた活動を以下に見ていきたい。三池争議において三池主婦会が行った代表的な活動として、「一万円生活運動」「説得活動」「青空保育園」が挙げられる。

まず、第二次合理化案提示直前に会社は赤字宣伝によって一般労働者家族の企業危機意識をあおることを目的とした、いわゆる「兵糧攻め」を行った。すなわち、1959年6月26日、会社は7月分の賃金分割払いの提案をしたのである。これに対して、三池労組、三池主婦会は猛烈に反対したのだが、同年7月15日、会社は賃金の60％だけの分割払いを強行した(三池炭鉱主婦会編[1973：188-193])。

この会社の「兵糧攻め」に対し、労働者側は主婦会が中心となり「一万円生活運動」を展開した。つまり家族構成5人(夫、妻、長男15歳、長女10歳、次女5歳)による消費生活モデルを提示し、三池主婦会はきたるべき長期の争議に備えて無駄な支出を省いた計画的な消費生活を奨励し、実行したのである(三池炭鉱主婦会編[1973：193-196])[14]。

また会社は、ロックアウト後、労働組合・三池主婦会双方に対しての分裂策動を表面化していき、まず主婦会の分裂策動を労働組合に先がけて展開した。既婚

女性を独自に切り崩そうと考えた経営側の意図は、「合理化について意識の低い、台所をあずかる主婦の組織を分裂させることによって、組合の分裂を引き起こそうとする」ためであった。このような会社による分裂工作に対して、三池主婦会は説得班を結成して個々の労働者家族を訪問し、労働組合員、既婚女性、その他家族員の不満や苦情を聞き出し、これを解消することによって、組織の連帯維持を図った（三池炭鉱主婦会編［1973：202-220］）。

さらに会社による労働者家族への圧力は、企業福祉である保育園にまで及んだ。1960年3月28日、会社は保育園の一時閉鎖を一方的に強行し、その結果1300名の園児が締め出されることになった。閉鎖された保育園は、「つねに三池労組、地域闘争本部を監視するための」警官隊の駐留所となった。これに対して、三池主婦会は第一組合員の保母とともに「青空保育園」という移動保育園を展開し、組織的に三池労働者の子供たちを保育しようと試みた。こうした三池主婦会による「青空保育園」活動に対して、全国から多くの支援がなされ、「三池の保育園を守る会」が結成されるに至ったのである（三池炭鉱主婦会編［1973：231-240］）。

4. 結論

以上、平井の研究と三池主婦会の活動記録によって描かれた三池争議、より厳密にいえば、三鉱連争議から三池争議に至る過程をそれぞれ概観した。三池主婦会の活動記録から、平井の研究では見えてこなかった以下の視点が新たに浮かび上がってきたといえる。

第一に、再生産活動をめぐる企業─家族関係の変容、およびそれを通じた既婚女性独自の主体形成の存在である。先述したとおり、既婚女性は会社による「世話方制度」や「家族会・婦人会」に対抗すべく、労働組合主導のもとで主婦会の結成を目指した。既婚女性は主婦会の結成段階から会社からの激しい攻撃を受けたが、三鉱連争議直前に主婦会を結成した。この争議の結果、会社は「世話方制度」を廃止し、主婦会の存在を認めたのである。このことは、労働者家族の再生産活動に対する会社側のイニシアティヴが弱まったことを意味する。

さらに三鉱連争議の自己反省から「特別生活対策」および「生活革命運動」が展開された際、その中心的担い手は既婚女性であった。注目すべきは、こうした活動が、平井が論じた「労働者的職場秩序」の形成過程と併行して展開されていた

ことである。すなわち三鉱連争議以降、労働組合は主として生産領域において、既婚女性は主として再生産領域においてそれぞれ組織強化を積極的に展開していたのである。「特別生活対策」と「生活革命運動」は、その具体的内容をみると再生産活動の組織化を目指した活動であり、これを通じて既婚女性は「夫のあとおしだけの主婦から、自分で考え、闘う主婦」へと成長したのである。つまり、既婚女性は単なる労働者の従属的な支援者の立場から脱し、再生産活動の利害に基づいて会社と対峙する自律的な存在へと変貌を遂げたのである。この意味で「特別生活対策」や「生活革命運動」は、再生産活動の組織化を通じた既婚女性独自の主体形成過程であったと捉えられる。

　三池争議にはこのような前史が存在したのである。この事実を踏まえるならば、三池争議を通じて会社がイニシアティヴを確立しなければならなかった射程は、平井のいう「職場の末端」にとどまらず、再生産活動にまで及んでいたと見なければならない。つまり三池争議の「争点」は、争議以前に展開された既婚女性による再生産活動の組織化を通じた会社との対立関係においても存在しうるのである。三池争議以前に再生産領域でのイニシアティヴをめぐり既婚女性が会社との対立を深めていたことも、三池争議が長期的かつ大規模に展開された重要な要因であったと見なければならない。

　平井の研究から見えてこなかった第二の視点は、三池労組が打ち立てた闘争戦略の多面性である。先述のとおり、再生産活動の組織化を通じて独自の主体形成をしたのは既婚女性であった。しかしながら、既婚女性が独自の主体形成をする契機となった主婦会の結成は、既婚女性ではなく三池労組の主導の下で推し進められたものであった。つまり三池労組は、生産領域のみならず再生産領域を含めた、より包括的な範囲におよぶ会社側のイニシアティヴを蚕食すべく闘争戦略を練っていたのである。この点を看過するならば、三池争議分析は一面的なものとならざるをえない。「家族ぐるみ」闘争は既婚女性そして家族との関係を分析対象に組み込んで捉え直さなければならない。

　平井の研究が分析対象を生産領域における労使関係に絞り込んだ背景には、二村と山本による労働争議論があった。両者の提示した分析枠組みは「家族ぐるみ」闘争を企業―家族関係の変容として捉える視点に欠けていた。「家族ぐるみ」闘争は、既婚女性そして家族への着目を通じたより幅広い考察が必要である。

しかしながら、二村と山本両者による労働争議の位置づけは、今後「家族ぐるみ」闘争を企業−家族関係の変容過程として分析していくうえで、継承すべき重要な視点であると考える。先述のとおり、両者は「非日常／異常事態」である労働争議をそれ以前の「日常／平常」の労資関係の矛盾が顕在化し、かつその後の「日常／平常」の労資関係に何らかの変容を及ぼす場であると位置づけた。つまり両者は対象を労資関係に限定していたものの、労働争議をその前後の文脈の中に位置づけたのである。

この視点を継承しつつ、さらに本稿で主張した新たな視点を加えることによって「家族ぐるみ」闘争から新生活運動に至る歴史的変遷を解明していくことが、今後の課題である。これは別稿にゆだねたい。

〔注〕
(1) 木本喜美子は〈企業社会〉論を「狭義の〈企業社会〉論」と「広義の〈企業社会〉論」に区分した。前者は、企業内部に焦点を当て日本的経営と日本的労働慣行の特徴を描き出すもので、後者は、狭義の企業社会がその外部社会に及ぼす影響の結果生じる問題群を問おうとするものである。木本は後者の掲げた問題提起が家族との相互連関を問おうする点を評価しつつも、それが家族を狭義の企業社会によって一方的に規定される犠牲者／被害者として捉えている点を批判した。他方、家族社会学も、近年家族の歴史変動過程に関する研究関心が高まりつつあるものの、外部環境、とりわけ労働環境との関連づけという問題意識は希薄だった(木本[1995])。
(2) 日本鋼管における新生活運動の具体的な実施項目として、以下の7点が挙げられている。①家族計画の普及。②生活設計に関すること。③生活合理化に関すること。④家族の安全に関すること。⑤教養に関すること。⑥家族の慰安に関すること。⑦家庭道徳および社会道徳に関すること。(折井[1973：113-114])。
(3) 以上の問題意識に基づき、筆者は日本製鋼所室蘭製作所を対象とした事例研究を行っている。本稿は、この事例を分析する際の方法的視角を提示するものとして位置づけられる。日鋼室蘭争議を対象とした既存の個別事例研究として、労働争議調査会編著(1958)第十章、角田(1963)、鎌田・鎌田(1993)等が挙げられる。また個別事例研究ではないが、日鋼室蘭争議を取りあげている通史的な労働運動史研究として、海野編(1961)、戸木田(1968)、佐藤編(1976)、坂本(1982)、栗田(1994)、兵藤(1997)が挙げられる。
(4) 筆者は「再生産」をフェミニズム理論における定義に基づいて使用している。つまり、「再生産」とは、「世代的再生産および家庭の維持ならびに社会生活のための諸活動を含む日々の生活の再生産」を意味している(Humm[1995])。

(5) 二村 [1971, 1988] は、いずれもホームページ『二村一夫著作集』(http://oohara.mt.tama.-hosei.ac.jp/nk/) に収められている。
(6) 従来の日本の労働条件に関する研究が、常に低賃金・長時間労働を論じており、その論理の一環として、労働争議の原因もまた、低劣な労働条件や、それによる労働者の経済的窮乏が強調されてきた。しかし、個々の労働争議を考察することを通じて、労働争議の原因は単純な経済的窮乏だけでは理解しきれない場合があることが明らかとなった（二村 [1988]）。
(7)「企業社会」の具体例として、二村は「ブルーカラー労働者と労働者出身の下級職制の関係、ブルーカラー労働者全体とホワイトカラーとの関係」を挙げている（二村 [1988]）。
(8) 労働争議史研究会編 [1991] は、戦後動乱期、高度成長期、石油危機以降という時期区分を行い、それぞれ三篇、四篇、二篇の論文が収められている。
(9) 研究史に関しては山本 [1990] に、また、方法論に関しては山本 [1990] に詳述されている。
(10) 山本は「社会構造」を厳密に定義していない。ただし、山本は「社会構造」を「日本資本主義の構造」と言い換え、また「資本主義の歴史」を「労資の対抗関係の歴史」と言い換えている。このことから、山本がいう「社会構造」とは、日本全体の労使関係の特質、といった意味を指すと思われる。
(11) 鎌田・鎌田 [1993] では、八戸・六戸長屋は共同水道、四戸・二戸・一戸長屋は戸別水道であることを意味している。つまり鎌田・鎌田は、「何戸の長屋に住んでいるのか」ということが、「労働者世界」の内側、あるいは外側にいるかを示す指標となると捉えたのである。しかし筆者による現地調査から、実際は一般工員が居住する共同水道の「二戸・四戸」長屋が存在していたことが明らかとなった。つまり、「労働者世界」の内／外にいることの指標は、長屋の戸数ではなく、共同水道／戸別水道という区分にあったのである。そこで筆者は、当時の日鋼関係者の呼称から、共同水道をもつ社宅を「工員社宅」、戸別水道をもつ社宅を「職員社宅」と呼ぶことにしたい。
(12) 具体的には、労務係が社宅をまわり、既婚女性に対して、炭婦協（ママ）に加入しない、加入してもすぐ脱退する、自分は中立である、といった内容の文書に署名させる「署名捺印戦術」、夫に対して係長や係員が圧力をかける「夫への攻略」、炭婦協に加盟すると夫のクビが危ないと吹聴する「脅迫戦術」、炭婦協結成には共産党の影響が強いというデマをまき散らす「デマ放送戦術」、炭婦協加入に対して動揺している既婚女性を狙い、ゴチソウして口説き落とす「ゴチソウ戦術」、炭婦協には会社は反対だと宣伝する「会社が反対戦術」、社宅内の集会を就業規則違反として行わせない「解散戦術」が挙げられる（三池炭鉱主婦会編 [1973 : 63-64]）。
(13)「給料一日寝かせ」運動は、「刹那的に流れがちな家計の計画化の第一歩」として取り組まれた。そして、三池労働者が賃金を持ち帰り、その遣い道を家族全員で協議する「家族会議」が急速にひろまったのである。これら二つの活動は、後の「生活革命運

動」の核となる活動となった(三池炭鉱主婦会編[1973:156])。
(14) また、この「一万円生活運動」を自主的に実践するため、三池主婦会は既婚女性たちの古い因襲や生活態度を変えるための活動が必要であると考えた。そこで三池主婦会は三池争議前から展開されていた「仲良し運動」と「学習運動」をより積極的に展開した。「仲良し運動」は、既婚女性たちによる井戸端会議において特定の組合員、および家族の陰口をなくし、三池労働者家族の分裂をさけることを意図して行なわれた。そして、この「仲良し運動」をより効果的に行うためには既婚女性の意識の階級的発展が必要不可欠と考えられ、「学習運動」が展開されたのであった(三池炭鉱主婦会編 [1973:197-199])。

〔参考文献・論文一覧〕

Gordon, Andrew, 1997, *Managing the Japanese Household: The New Life Movement in Postwar Japan,* Social Politics, University of Illinois Press.

平井陽一、2000、『三池争議―戦後労働運動の分水嶺』ミネルヴァ書房。

Humm, Maggie, 1995, *The Dictionary of Feminist Theory* (second edition), Ohio State University Press(木本喜美子・高橋準監訳、1999、『フェミニズム理論辞典』明石書店).

兵藤つとむ、1997、『労働の戦後史(上)』東京大学出版会。

角田豊、1963、「日鋼室蘭争議」藤田若雄・塩田庄兵衛編『戦後日本の労働争議 上』御茶の水書房。

鎌田とし子・鎌田哲宏、1983、『社会諸階層と現代家族―重化学工業都市における労働者階級の状態Ⅰ―』御茶の水書房。

鎌田とし子・鎌田哲宏、1993、『日鋼室蘭争議三〇年後の証言―重化学工業都市における労働者階級の状態Ⅱ―』御茶の水書房。

木本喜美子、1995、『家族・ジェンダー・企業社会―ジェンダー・アプローチの模索―』ミネルヴァ書房。

木本喜美子、2001(刊行予定)、「企業社会論からのアプローチ―日本型〈近代家族〉モデルの歴史的特質―」石原邦雄編『家族と職業―競合と調整』ミネルヴァ書房。

栗田健、1994、『日本の労働社会』東京大学出版会。

三池炭鉱主婦会編、1973、『三池主婦会二〇年』労働大学。

室蘭中央生活協同組合、1968、『室蘭中央生協十年のあゆみ』。

二村一夫、1971、「文献研究 日本労働運動史(戦前)」労働問題文献研究会編『文献研究・日本の労働問題《増補版》』総合労働研究所。

二村一夫、1988、「労働争議研究の成果と課題」『労働運動史研究会会報』no. 16。

二村一夫、1991、「書評:労働争議史研究会編『日本の労働争議(一九四五～八〇年)』」『二村一夫著作集』(http://oohara.mt.tama.hosei.ac.jp/nk/)。

大河内一男、1970、『社会政策四十年:追憶と意見』東京大学出版会。

折井日向、1973、『労務管理二十年』東洋経済新報社。

労働争議調査会編著、1958、『鉄鋼争議』中央公論社。

労働争議史研究会編、1991、『日本の労働争議(一九四五～八〇年)』東京大学出版会。

酒井はるみ、1994、「日製の少子化政策」日立現代史の会編『日立製作所と地域社会Ⅱ』日立市。
酒井はるみ、1997、「企業の家族政策」女性学研究会編『女性がつくる家族』勁草書房。
佐藤浩一編、1976、『戦後日本労働運動史（上）1945-1955』社会評論社。
坂本守、1982、『昭和史の中の労働運動』日本労働協会。
戸木田嘉久、1968、『現代の合理化と労働運動』労働旬報社。
海野幸隆他編、1961、『戦後日本労働運動史第三編（下）』三一書房。
戸塚秀夫、1963、「争議調査の方法と課題」『戦後日本の労働争議（下）』御茶の水書房。
山本潔、1988、「労働争議史研究の方法について」『大原社会問題研究所雑誌』第351号。
山本潔、1990、「労働争議の研究史について」『社会科学研究』第42巻第3号。
山本潔、1991、「戦後日本の労働争議」労働争議史研究会編『日本の労働争議（一九四五～八〇年）』東京大学出版会。

投稿論文

⟨Abstract⟩

Review Studies of Labour Dispute
—— Taking Note of the Married Women under "Kazoku-gurumi" Dispute ——

Hironobu Nakamura

(Student in Graduate School of Hitotsubashi University)

This paper has an important purpose in discussing Labour Dispute in view of the relations between married women and working-class families, inquiring again and deeply into the former studies of Labour Dispute. Also, the paper has my attempt to realize how the relations between the companies and the working-class families (kigyo-kazoku kankei) have changed mainly in 1950s, making the point very clearly on the important case of "kazoku- gurumi" dispute on that occasion.

Pointing the conclusion of the paper is as follows: First, the married women actually established their own independent position throughout the change of "kigyo-kazoku kankei" inside the domain of reproduction activities. Second, the union strategy for dealing with a struggle actually had many-sided aspects.

――――――― 日本労働社会学会年報第12号〔2001年〕

「東京管理職ユニオン」組合員の意識変容

小谷　幸
(早稲田大学大学院学生)

1. はじめに

(1) 研究課題

　本稿は、個人加盟労働組合「東京管理職ユニオン」(以下、ユニオンと略)組合員への聴き取りに基づき、組合員が「企業社会」から距離を置き、個人として自己を確立していく意識変容過程を描いた論考である。

　グローバル化する経済の下、熾烈な企業間競争を乗り切ることを名目として、管理職を主な対象とした「リストラ」が行われている。それは時に解雇や退職勧奨、あるいはいじめのような人権問題を伴い、当事者を自殺に追い込むことすらある。それゆえ、個別的な労使間のトラブルが増えており、労政事務所等の相談機関への相談数は増加の一途を辿っている。また、各地の労働委員会に持ち込まれる紛争は、東京都の場合ではその8割以上が個人加盟労働組合による申し立てである(「『企業内』では闘えない『個人加入』争議の主役に」『朝日新聞』2000年9月3日朝刊)。以上から、失業あるいは労働条件切り下げの事態に接した従業員の個別的な不満解消の受け皿として、労働組合推定組織率が21.5%(2000年度厚生労働省『労働組合基本調査』)と下がる一方で、個人加盟労働組合が注目されていることが見てとれる。

　日本の労働組合法では、たとえ1企業内の組合員が1人であっても、その組合員が申し入れた団体交渉に応じなければ、不当労働行為となる。これは例えば米国と比較した場合との日本の特殊性であり、個人加盟労働組合の戦闘力はこの労働組合法に支えられているといっても過言ではない。一方、企業内では人事管理の個別化が進んでおり、生活の私化、価値志向の多様性とあいまった、「個人と

しての労働者」像が示され始めている。これらを、個人加盟労働組合が注目される背景として指摘できよう。

　歴史的に、個人加盟労働組合は非組合領域における未組織労働者の組織化に一定の役割を果たしてきた(1)。1950年代には、総評が経済の二重構造という実態を踏まえ、合同労組主義をとなえて中小零細企業従業員の組織化をめざす大会採択をおこない、組合員からカンパを募って全国にオルグを配置した。1960年代に入ると、一般労組や産業別単一組織の全国(地方)組織の形態をとる個人加盟労組運動が展開され始めた(沼田編〔1963:39〕)。1960年代後半以降になると春闘の制度化により、大企業での春闘賃上げが中小未組織分野に波及し始め、組織化への熱意は熱っぽい運動課題ではなくなった(下山〔1997:45〕)。しかし、1970年代後半にはオイルショックによる減量経営を背景として、地域の個人加盟労働組合は重要な位置を担った。1980年代前半からは総評によってパートの組織化がめざされ、地域を組織化の基盤とするコミュニティ・ユニオン(2)が注目された。1980年代後半から90年代に入ると、雇用形態の多様化を一背景として、パート(3)、外国人労働者(4)、女性(5)、管理職などいわば属性を重視し、個別問題(6)を提示するような個人加盟労働組合が主に大都市に結成された。これら連合結成以降の個人加盟労働組合は、総評期の地区労・県評や全国一般の流れを引き継いでいるものが多い(下山〔1997:58〕、高木〔2000:54-5〕)が、特に名称に「女性」を冠した個人加盟労働組合には、市民運動から開始した団体が、労働問題を取り扱う中で組合機能を持つに至った事例もある(7)。

　注目すべきは、1990年代に結成された個人加盟労働組合の多くが、ホワイトカラー(8)によって構成されていることである。それはもちろん、非組合領域において、ブルーカラーのみではなくホワイトカラーにも数多くの「リストラ」がなされるようになったからだが、組合領域の中にも理由を求めることができる。周知のように、日本の労働組合はそのほとんどが職工混成組合であり、ブルーカラーを主な活動層としている。しかし、多くの企業別組合が、集団的労使関係レベルでは企業と交渉するが、組合員個人の苦情処理には関与しなくなっている(9)。したがって、1990年代半ばから人員整理の対象となってきたホワイトカラーが、紛争の主体として可視化されてきたといえよう。

　なかでも、管理職は、元来組合の組織範囲に含まれていない場合が多い。それ

ゆえ、まずは、青森銀行管理職組合やセメダイン社の管理職組合であるCSUフォーラムといった、企業別組合における管理職組合の誕生を経て、1993年に日本で初めて、一企業の枠を越えて管理職を組織対象とした「東京管理職ユニオン」が結成された。(10)以下でこれを検討していく。

(2) 対象と方法

ユニオンの概要は**表1**に示したとおりである。(11)属性的特徴として、中小企業の管理職(12)が多くを占めていることが挙げられるが、役職についていない者も在籍している。表中の「ネットワークユニオン」について補足すると、①1997年頃からユニオンに若年層の相談が増加し、かつ②「私は管理職ではないのですが相談できますか」といった問い合わせが増加したことから、より多様な層の受け皿となりうる組織をめざして1998年2月に結成された。管理職、派遣、パートのような専門性を持った労働組合のコアという位置づけがなされ、現在は独立の方向を打ち出している。しかし、事務所をユニオンと同じくしているため、さしあたり本稿では両者をあわせて扱うこととする。

ユニオンの理念・方針はユニオンの書記長で、発足当時から専従を務めている

表1 組織概要（2000年11月現在）

正式名称	「東京管理職ユニオン」
結 成	1993年12月
事 務 所	東京都新宿区
組合員数	400名。ネットワークユニオンの120名と合わせて520名。総加入者数は1731名
専 従	副委員長(1名)、書記長、書記次長(1名)の計3名
執行委員	執行委員長、副委員長(6名)、書記長、書記次長(2名)、会計、会計監査(2名)。執行委員と合計して23名
基本組織	議決機関：大会と執行委員会。協議機関：書記局(執行委員長、副委員長、書記長、書記次長から構成)
大 会	年1回。役員選挙は1998年まで全員投票式だったが、投票用紙の回収率が低く1999年から代議制に
執行委員会	月1回。議事への賛否は挙手の評決で決定。執行委員会における討議内容は機関誌(「管理職ユニオンニュース」、年12回発行)に掲載
財政規模	4317万円(1999年度決算)
主な収入	入会金5000円・組合費月額4000円、解決金カンパ(1割。任意)
主な支出	活動費(交通費)と事務所の家賃、維持費
上部団体	なし。1999年全労協全国一般東京労組から脱退
共済制度	あり

Aさんの意識に負うところが大きい。彼は学生時代から長く合同労組運動に関わっており、それまで経験してきた組合運動を内在的に批判し、ユニオンの活動に生かそうとしている。Aさんは過去の運動経験を通じて次のような意識を持つに至った。すなわち、基本的な①運動方針は、いわゆる「労働者本体論」[13]を脱却し、未組織労働者の側に立つ、次に②組織理念として労働者を高みに立って選別しない、最後に③労働者像として、卑屈にならずに、堂々と対等に経営者にものを言える労働者像をめざす、である。

彼の意識は、他の組合員との実際の活動の中で方針・理念としてより豊富化され、確立する。まず①運動方針としては労働者、社会のニーズにこたえる、すなわち労働相談活動を最重要視する[14]、次に②組織理念と③組合員像としては、組合専従が組合員や相談者を上から指導し、依存されるような関係ではなく、組合員の自己決定責任をベースにした、対等な関係を形成する、ボランティアで相談しあう姿勢を重視する、である。以上の3点について敷衍しよう。

まず①運動方針について。従来の合同労組は、個人加盟とはいえ職場活動が重視され、実質的には大きな分会が財政と活動を支え、役員を務めてきた。したがって組織運営にあたっては、分会内の数の多さがものをいった側面は否めない。例えば、沼田編（1963：190）では、主要合同労組に対する調査の結果、「駆け込み訴」（労働問題に遭ってから相談に訪れること。特に被解雇者を指す）が意識の低い者として見なされ、以下のような「選別」がなされていることを明らかにしている。

* 「駆け込み訴があっても追い返すことにしている。そのようなものはどうせ組合に入らないのだから。」
* 「駆け込み訴があれば相談に乗るが、被解雇者が組織化に努力することを条件として救済活動に乗り出す。」

このように、職場の組織化が重視される状況下では、「駆け込み訴」が軽視されがちだった。しかし、ユニオンの結成メンバーは、こうした状況こそが現状における労働組合の影響力の低下だと捉え、労働相談を契機にした組織化をしようという方針を持っていた[15]。ここに「駆け込み訴」像の転換が起こり[16]、個人を大切にし、個人の問題を集団で解決することが意味づけられるようになった。

ただし、この方針は当初から意図されていたわけではない[17]。設立直後、ひっきりなしにかかってくる相談電話に追われた専従者（Aさん）が、全ての相談にの

ることをめざし、ユニオンに来ていた相談者に電話を受けるように指示した。すると、相談者自身が同じことを経験しているために応対がうまくいき、以後その仕組みが定着していったというのが事実である。その結果、日々の活動は、専従と、自身が会社と争議中か、もしくは争議を終えたボランティアによって担われるようになった。

　次に②組織理念については、従来の労働組合にみられるような、組合専従が組合員や相談者を上から指導し、依存されるような関係、つまりオルグを中心とする「指導―依存」的な体制ではない、「ネットワーク」型をめざしている。この理念は「ユニオンは指導も救済もしない」というスローガンとして掲げられている。この実践についてユニオンリーダーらは意識的であり、具体的には、相談者と相談員の個別的関係を減らして担当者も途中で変える、なるべく突き放す、相談の仕方を話し合う、普段から自己決定責任を育むようにするなどの手段がとられている。

　最後に③組合員像について。相談に来る組合員への対応方針として重視されているキーワードは、「自己決定」である。ここでの「自己決定」とは、自分が争議の主体となって、自分の雇用・労働条件を自分で決めることを指す。

　これを育むために、相談員は、「争議における主体はあくまでも当事者であり、他の参加者はボランティアとして当事者を支援する。つまり、組合員が相互に支援しあうというのがユニオンの基本姿勢である」ことを強調する。具体的には、相談者に案をいくつか示し、「あなたはどうしたいのか」と尋ね、本人が決定した解決方法を最も重視する。[18]相談員と相談者自身の不安を取り除くために、失敗してもかまわないこと、争議の正解は1つではないことなどが語られる。例えばある相談者が3人の相談員に相談したところ、それぞれが違う案を出したという事例が笑い話としてなされるなど、本人の決定に負荷をかけない配慮がみられる。

　労働相談の結果、相談者自身が行動を起こすことを決定すると、ユニオンに加入し、組合加入書と団体交渉申入書を配達証明郵便で会社側に送付する。その書類は、サンプルをもとに自分で作成する。パソコンの苦手な者には、その作業がトレーニングの一環となる。団体交渉や抗議行動の期日が決定すると、各自がユニオンの事務所に掲示された「争議日程表」に記入し、自分の争議への参加者を募る。他の組合員の団体交渉に参加を希望する者は、日程表に自分の名前を記入

する。争議は団体交渉のみで終了する事例が多いが、東京都労働委員会の斡旋や不当労働行為申し立て要求、あるいは裁判へと事態が複雑になる場合もある。

ちなみにユニオンの争議は、組合4役(委員長・副委員長6名のうち実質的に活動に関わっている者3名・書記長・書記次長2名)がおよそ半分くらいに関わって、残り半分は一般組合員が担っており、分権的である。このように、組合員が相互に相談、団体交渉、抗議活動などを支援しあう仕組みが徐々に確立し、現在に至っている。しかし、組合員の移動が激しいこと、また労働運動に関する経験が浅い新規加入の組合員が相談者として多様な相談に対応しなければならないことが課題となっている[19]。

研究課題の解明にあたり、収集資料、非参与観察及び聴き取り調査を資料として用いることとする。筆者の所属する早稲田大学人間科学部の「産業社会学実習」(担当：河西宏祐教授)では、1999年度の調査の対象として「東京管理職ユニオン」を選定し、40名(男性32名、女性8名)の組合員に聴き取り調査をおこなった(以下、「実習調査」と略)。本稿ではその記録を使用している[20]。

また、筆者個人では1999年から2000年まで、資料収集、非参与観察及び14名への聴き取りをおこなった(うち3名は「実習調査」の対象と重複している)。この内訳は、執行委員以上の役員、元役員が7名(男性7名)と一つの分会を構成する7名(男性6名、女性1名)の組合員である[21]。分会員に聴き取りをおこなった理由は、ユニオンの最近の趨勢として分会が増加しており、また「実習調査」では主に個人でユニオンに加盟してきた者を中心とした聴き取りが行われたので、複数でユニオンに加盟した者にも実施する必要があると考えたからである。

(3) 分析枠組み

従来の労使関係・労働組合研究の議論の中では、主に大企業における集団的労使関係に重点が置かれ、したがって、企業別組合の労働条件規制機能、経営「参加」機能をめぐる研究が蓄積されてきた。それゆえ、個人加盟労働組合を研究対象とする際にもまた、「二重構造」の打破、未組織労働者の組織化といった独自の問題関心が持たれながらも、労働条件規制機能が重視されている。特に1960年代の合同労組の研究においては、統一労働協約締結のような賃金・労働条件の超企業的決定をめざしながらもそれを果たすことができず(沼田編[1963:228])、「基

準法遵法闘争、苦情処理的な権利闘争、厚生福利の活動の分野に活路を見いだそう」(石川編〔1963：77-80〕)とする組合像が描きだされた。

　もちろん、集団的労使関係における労働条件規制機能が重要なことは言うまでもない。しかし、本稿の対象の特殊性は、そうした機能の下からこぼれおちた個人を重視し、「駆け込み訴」を組織化の方途と位置づけたところにある。したがって本稿では組合員の不満解消機能が重視される。さらに、個人加盟労働組合を対象とした1980年代以降の研究では、1960年代の研究と同様の枠組みが重視されつつも、同時に社会運動との類似性が強調され始めている。[22]しかも、本調査の進行過程で、ユニオンが組合員の意識変容機能を有することがわかり、かつそれが組合リーダーに重要視されていることが明らかになった。例えば、Aさんはユニオンに所属する組合員に対して、以下のような意識変容がなされることを重視している。

　＊「自立・自己決定能力、コミュニケーション能力、それによる自信、そして『東京管理職ユニオンっていい労働組合だったなぁ、こんな労働組合ならあってもいいかな』っていう気持ち、その4つを組合所属中にいかに獲得してもらうか、管理職ユニオン学校を正しく卒業してくれるか、そこが重要だなと考えています。」

集合行動論と資源動員論の接合という見地にたち、メゾ(組織)レベルにおける社会運動の総合的把握のための分析枠組みを提示した片桐(1995)は、運動の組織成員に対する潜在的機能の1つとして意識変容機能を挙げている。そこで本稿では、分析枠組みに社会運動論の視点を取り入れ、同書が、組織成員に対する顕在的機能として指摘する不満解消機能と、潜在的機能として挙げるアイデンティティや連帯感の付与機能、そして特に意識変容機能を重視してみたい。

　では、次にミクロレベルに立ち入り、組合員の不満解消や意識変容を捉える枠組みを検討していこう。まず、不満解消とは「リストラ」で受けた不利益に対する精神的要求、金銭的欲求が充足されることだろう。ならば、意識変容の内実とは何だろうか。片桐(1995：91)は1つの典型として、「生活そのものを見直す意識を引き出し、生活スタイルの変更を導く」という例を挙げているが、それを本稿の対象に適用して考察する際に必須となるのが、「企業社会」(企業中心社会、大企業体制)を見直すという視点だろう。例えば、次の引用はAさんが会社に過剰適応する生活を批判的に見て、それを見直すことを重視していることを示している。

*「もう『会社人間』・『サラリーマン』・『管理職』・『中産階級的生活』等々を〈死語〉にしたい。(中略)『会社人間』サラリーマンたちが、会社という鎧を脱いで、一人の人間として、自らの生き方、自らの人格のありようを考え始めた時、日本の会社も、行政も、全ての社会のありようも重大な変化を遂げるであろう。」(設楽、1999)

そこで、本稿では、「企業社会」を「企業が労働を媒介として従業員の全生活過程に影響を保持する社会」と定義したい。従来の「企業社会」論は大企業に対象を限定したものが多いが、ここではむしろ企業規模に関わらず、従業員の全生活過程の会社中心化を問い直す視点として用いる。なぜなら、本稿の対象である管理職は、「『企業社会』の日本的特徴の軸を構成すると思われる『内部昇進制』」(元島〔1991：8〕)の影響を強く受けていると考えられ、そのため、会社との関係がより大きな位置を占めることが予想されるからだ。[23]

したがって、労使関係・労働問題研究における「企業社会」論が数多くみられる中で、ここでは、「企業社会」を見直すという問題関心にたった上で、「『企業社会』から自立した主体像」を析出しようとする研究に焦点をあてる。しかし、その多くは、組織の理念や機能といったメゾレベルでの議論を主とし、また、そこにおける労働者像は、諸論者の想定の段階にとどまっていることが多い。だが、組合員の意識とその変容を解明するためには、実態調査により、当事者の論理に迫ることが必要となろう。

以上の方法を用いて、「企業社会」を見直す主体像をミクロレベルまで立ち入って明らかにした実証研究は、社会学の分野にいくつかみられる。そのうち主なものとして、「中心」領域に関心を寄せる元島(1982、1988)、野原(1988a、1988b)、「周辺」に着目した河西(1981)を挙げることができる。例えば元島(1982)は、「私生活型合理主義」を導きの糸とし、大企業体制からの「自立的主体」形成をめぐる可能性を、労働者のマイホーム主義に見いだそうとしている。同(1988)は、生活過程における仕事の意味づけの大小が、「企業社会」からの「自立」に向けての意識形成に影響を及ぼすと考え、大企業労働者を①中軸労働者、②成熟労働者、③周辺労働者の3つに分類し、それぞれの場からの自立のありようを明らかにしている。野原(1988a)は、大企業の生産労働者を対象として、「企業社会」の価値とは異なる価値・規範、行動様式の析出をもとに、入社前経験、職場体験、異質な価値との接触、職場活動の質、職場外生活の質という5つの領域を設定し、

「『企業社会』に批判的な労働者の形成」を分析している。同(1988b)においては、大企業の生産労働者を①ライン労働者、②準ライン労働者、③非ライン労働者に分類し、それぞれの実像を明らかにした上で、「企業社会」をこえていく論理や価値観をみている。

両者の研究は、「企業社会」を見直す意識の形成を実態調査の結果から明らかにしたという点で、大いに意義がある。しかし、その対象は運動としての色彩が薄いため、要求や欲求の充足が枠組みに組み込まれていない。それゆえ、本稿で意識変容とともに重視する不満解消の実際が捉えられない。その上、個人の立場や認識に応じて動的に展開される、現実の意識変容過程を捉えきれない。

一方、河西(1981)は、中国電力の少数派組合(電産)の存続条件を組合機能から解明したものであり、動機づけ機能の面から一般組合員の意識と行動を分析することにより、電産による組合員の統合条件を明らかにしている。[24]同書(ibid.: 172-73)は分析に先立ち、作田(1972)、見田(1966)を概念用具に援用し、人間の意識と行動を「欲求性向」と「価値志向」に分類している。「欲求性向」とは物質的利害を欲する欲求であり、「価値志向」とはより精神的な「望ましいもの」を求める要求である(価値志向は「原初的価値意識」と「原理的価値意識」の下位類型に分かれている)。このうちのいずれか一方あるいは両方が充足されている場合には組合に統合されていると見なされる。分析の結果、一般組合員の「欲求性向」は充足されてはいないが、「価値志向」の充足が一般組合員の統合条件、ひいては組合の存続条件となっていることが解明されている(ibid.: 278-306)。

同研究自体は個人の意識変容の動的な把握にこれらの概念用具を用いているわけではない。さらに前述のように、本稿の対象とする組織は、組合の存続以上に、組合における争議活動参加を通じた意識変容を重視している。しかし、この概念用具は、要求と欲求の充足までを分析の範囲に組み込んでいるため、不満解消と意識変容の両機能の把握が可能となる。そのため本稿では、この分析枠組みを応用する形で、争議や活動参加を通じた組合員の意識変容過程を論じたい。

さらに、本稿の対象は「駆け込み寺」的な特質を持ち労働相談を重視しているという特殊性から、特に加入から3ヶ月程度までは「初発の感情」ともいうべき、おびえ、動揺のような価値判断の範疇に含まれない意識があることが明らかになった。したがって本稿では組合員の意識と行動を「初発の感情」と「欲求性向」

表2 4つの意識と例

「初発の感情」		おびえ、動揺のような価値判断の範疇に含まれない意識
		リストラされたことによる心理的動揺、「どうしたらいいのかわからない」不安、喪失感など
「欲求性向」		物質的利害を欲する欲求
		物質的にあがなってもらいたい、金銭で補償してもらいたい、減給や降格を元に戻してもらいたいという意識など
「価値志向」	「原初の意識」	怒り、怨念、正義感、初発の倫理感など、労働者がしばしば「人間として許せるか」と表現する意識
		モラルのない経営方針の変化や理不尽なリストラに対する怒り、納得できない理由で一方的に辞めさせられることへの怨念、他の職場の人たちのために闘うという正義感、間違ったことをしている経営者側に謝罪してもらいたいという意識など
	「原理の意識」	内在化された道徳や原理によって一貫した体系をなしている意識
		個の確立意識(①自己決定責任意識、②対等性を重視する意識)の上に立つ支え合い意識(①仲間意識、②労働運動意識)

注1)各意識の上段は定義、下段は本研究における使用例。
注2)「欲求性向」、「原初的価値意識」、「原理的価値意識」については河西(1981:173)の定義を援用。

と「原初的価値意識」と「原理的価値意識」とに分類する。ただし、これら4つの概念用具はあくまで理念としての分析概念であり、実態がこの4概念に区分されるわけではないことに注意したい。なお、便宜上、「原初的価値意識」を「原初の意識」、「原理的価値意識」を「原理の意識」と呼称する。この4概念の定義及び、これらを本稿の対象者に適用した際の用法を示したのが**表2**である。なお、本稿では、組合員が意識を変容させ、「原理の意識」を生成させることを、「企業社会」を見直すことと捉える。

本稿の構成を示そう。非参与観察の結果、「原理の意識」生成のためには、(a)会社及び仕事の意味づけの大小と(b)他の組合員の争議への参加が大きな影響を及ぼしていることがわかった。それを具体的な形で明らかにするために、以下のような手順で分析を進める。まず、次節以降は、表2の概念用具を用いて、(a)と(b)が不満解消と意識変容に及ぼす影響に関する分析と、その意識変容が組合活動に及ぼす影響の分析をおこなう。そのため、組合加入時と解決後の脱退時期に着目し、まずは次項(4)でおのおのの類型と作業仮説を提示する。

(4) 類型と作業仮説

本稿では、合計すると51名への聴き取り資料が存在するが、このうち労働問題

を抱えてユニオンに加盟した47名について、分析を進めていく。

1）組合加入時の 4 類型と作業仮説

前述のように、聴き取り及び非参与観察の結果から、不満解消と意識変容には、個人が組合に加入する際に持っていた仕

```
                  会社の意味づけ大きい
                        │
        ④会社中心・      │    ①会社中心・
         共同業務型      │     個別業務型
  仕事の意味             │             仕事の意味
  づけ小さい ────────────┼──────────── づけ大きい
                        │
        ③会社距離・      │    ②会社距離・
         共同業務型      │     個別業務型
                        │
                  会社の意味づけ小さい
```

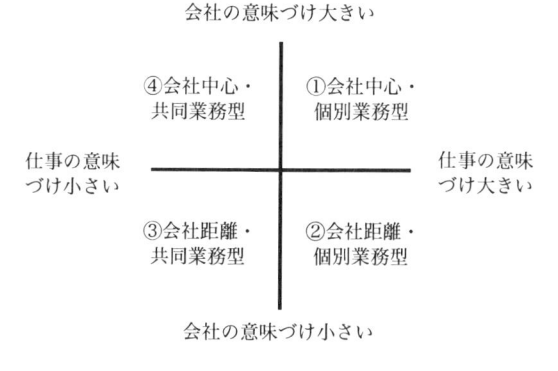

図 1　組合加入時の 4 類型

事及び会社の意味づけの大小が大きな影響を及ぼしているという感触を得た。そこで、図 1 のような類型を作成した。まず横軸は、仕事の意味づけの大小が個人に及ぼす影響を重視し、元島（1988）、野原（1988b）、熊沢（1995）を参考にしながら設定した。具体的には、管理職、専門職、営業職といった、個人で裁量度の高い業務に携わる者は仕事の意味づけが大きいと見なし、「個別業務」タイプとした。そして、事務職、サービス職など裁量度の低い業務に携わる者は仕事の意味づけが小さいと見なし、「共同業務」タイプと名付けた。ただし「総務課長」のような、共同業務に従事する管理職の場合は、裁量度の高い管理職という従業上の地位をまず重視して、「個別業務」タイプに分類した。

縦軸は、先述のように、ユニオンの組合員には管理職が多く会社との関係が深いと考えられるため、組合員自身が会社との関係を会社従属的で依存的だったと認識していたか、それとも会社とは比較的距離を保っていたかどうかで分ける。本来ならば「会社人間」と「仕事人間」の判別はしにくく、また「会社人間」ではなく「仕事人間」だと主張する者の生活もまた会社中心的であり、「企業社会」に包摂されているのが日本的特徴であろう。しかし本調査の対象では、自らの会社中心的価値志向を認識しているかどうかで意識変容に相違がみられる。そのためこの区分を使用する。

以上から組合員を①会社中心・個別業務型、②会社距離・個別業務型、③会社距離・共同業務型、④会社中心・共同業務型の 4 類型に分類した。その結果、①が男性 8 名、②が男性 21 名・女性 1 名、③が男性 9 名・女性 5 名、④が男性 1

名・女性2名であり、会社の意味づけが小さく、かつ仕事の意味づけが大きい②会社距離・個別業務型の組合員の数が最も多かった。なお、本調査対象には「ネットワークユニオン」の者が含まれている（4名）ため、実際のユニオン内における構成に比して、特にタイプ③や④の割合が増えていると思われる。その点に留意したい。

　以上の4類型と概念用具との相関を示した作業仮説を見ていこう。まず、会社や仕事の意味づけが大きいと、「リストラ」に遭うことが、アイデンティティの強い揺らぎをもたらすと考えられる。それゆえ、「初発の感情」や「原初の意識」が強くなるのではないか。「欲求性向」は、これらが弱い場合の加入の動機づけとして考えられる。さらに、「欲求性向」が強いだけではアイデンティティの再構築はなされないので、「原理の意識」は「初発の感情」と「原初の意識」が比較的強い者に生成しやすいと考えられる。したがって、①会社中心・個別業務型、②会社距離・個別業務型、④会社中心・共同業務型は、「初発の感情」と「原初の意識」が比較的強く、③会社距離・共同業務型は、「欲求性向」が比較的強いとの仮説をたてることができる。さらに、タイプ③よりもタイプ①・②・④の方が「原理の意識」は生成しやすいと考えられる。

2）　解決後脱退時期の4類型と作業仮説

　ユニオンには、すでに解決した組合員が、ある程度の期間在籍していることが多い。その事実と意識変容との間に関連はあるのだろうか。それを明らかにするために、組合員を解決後の脱退時期によって4段階に分類した。なお、ここでいう解決とは、解雇問題では決着時を指すが、退職勧奨や減給では、その後持続的な労使関係が続いていたとしても、いったんそれが収まった時点を指すこととする。

　まず、解決後即座にユニオンを辞める組合員を「即座型」、およそ3ヶ月後に辞める者を「3ヶ月型」、およそ1年後に辞める者を「1年型」、それ以上経過しても辞めない者を「辞めない型」とする。

　証言[25]によれば、ユニオン全体における4類型の割合は、まず「即座型」が争議解決者100名に当たり1～2名程度、「3ヶ月型」が金銭解決（＝会社都合退職）者の約2割、「1年型」は金銭解決者の約6～7割程度、「辞めない型」は雇用継続者のほとんど全員、金銭解決者の約1割である。しかし、追跡調査の結果、本調査

の対象者は「即座型」が2名、「3ヶ月型」は2名、「1年型」は6名、「辞めない型」が29名(雇用継続者13名、金銭解決者17名)と、「辞めない型」が多く、本来もう少し多いはずの「3ヶ月型」や「1年型」が少ないことがわかった。また、中途脱退者や未だ争議中の者も8名存在した。そのため、非参与観察の結果や組合役員の証言を参考にし、補足する。

仮説としては、「『原理の意識』を生成させている組合員ほど、解決後ユニオンに長く在籍する傾向にある」、「『欲求性向』が強い組合員ほど、解決後の在籍期間が短い傾向にある」の2つを設定できよう。

2. 組合員の不満解消と意識変容

以上の枠組みをもとに、本節では、組合員の意識を組合加入から脱退までの時系列的経過において分析する。分析に先立ち、交渉申し入れと争議初期(争議から3ヶ月程度)、解決時を区分点とし、「労働問題→加入→交渉申し入れ」、「申し入れ→争議初期」、「争議後期→解決」、「解決後」の4期に分けた。交渉申し入れは、自らがユニオンに加入していることを会社側に対し初めて示すという意味で、そして争議から3ヶ月後は、当初の心理的動揺(=「初発の感情」)が落ち着き、徐々に活動が日常化するという意味で意識変容にとって重要なためである。

類型ごとに、その属性と、意識の変容過程の詳細をおってみよう。各証言後のカッコ内の記号は「実習調査」報告書に対応しており[26]、アルファベットは筆者の聴き取り記録に対応している。また、カッコ内で特に断りのない限り、証言者は管理職である。

(1) ①会社中心・個別業務型

対象者の中では、男性8名がこの類型であった。世代は50代、特に後半が多い。勤続年数は2〜30年と長く、全員が管理職であり、特に課長・部長職が多い。既婚で子どもがおり、配偶者はほとんどが無職である。学歴はほとんどが大卒と高い。

「労働問題発生→加入→交渉申し入れ」の段階では、他のタイプと比較して「初発の感情」が特に強い。

＊「今まで本当に会社人間だった。会社一筋でがんばってきた。だが、その分降格され

たら目標がなくなってしまって考えがまとまらず、気持ちが空洞のようになってしまった。高いところに上ったのはいいが、梯子をはずされてしまったような感じがする(中略)糸の切れたタコのようだった。」(2-3／男性・59歳)

　この層の多く、特に50代後半の者は「リストラ」されたことを家族に言えず、できるだけそのことを隠す。彼らには、家計維持者という父親として、夫としての役割が内面化され、それを果たすことを愛情や責任だと見なす傾向がある。したがって、「リストラ」によって家族内での役割を満足に果たせなくなったとの認識が、そのことをすぐに家族に告げられないことにつながっている。

　＊「リストラされた(引用者注：営業所長から平社員と同じ扱いにまで降格された)ことはかなり長い間(引用者注：3ヶ月間)隠していた。いつも朝1番か2番に会社へ行っていたので、リストラされてからも同じように早くに家を出て喫茶店で時間を潰してから、朝の9時に会社に出る。夕方に仕事が終わってからは飲みに行ったり、映画を観たりして遅く帰るようにして、リストラをされたことがばれないよう、以前と同じようにしようとしていた。給与が下がったときも、適当に理由をつけてごまかしていた。(中略)リストラということになり、家族には忍耐を強いてしまってやるせないと思う。父親としての責任を果たしているのだろうかと疑問に思うこともある。」(2-3／男性・59歳)

「申し入れ→争議初期」では組合員との交流を経て「初発の感情」が徐々に収まる。

　＊「リストラされたときは精神的に辛かったです。管理職ユニオンでいろいろな人に話せたおかげで徐々に回復できて良かったです。一人ではなかなか立ち直りにくいと思います。」(2-7／男性・58歳)

争議が開始され、「原初の意識」が生じる。

　＊「15年勤めて退職金が250万だなんて、バカにしていますよ。社長父子をハダカにしてやりたい。そりゃあ生活はありますよ。でも……。確かに女房なんかはお金の方を取れていいますけど、それを取っちゃったらね。闘争心が支えになっています。」(4-3／男性・57歳)

「争議後期→解決」までの段階では、自らの争議を通じて会社との距離感を持つという形で、「原理の意識」が芽生える。これは、争議を経験した者全員が生成させている。

　＊「自分は今まで会社よりの人間だと思っていたけど、実は違っていて、自分も労働者なんだなあと思った。遅まきながら一人の労働者であることに目覚めた。」(7-3／男性・58歳)

　＊「今考えるとこれまで何のために働いていたのかと考えてしまう。(中略)あまり会社

に思い入れないことが重要である。会社にいくら思い入れても、今回のように、あっという間に裏切られてしまう。いつそのようなことが起こっても驚かないように準備しておくことが大切である。」(3-2／男性・45歳)

より進んで、仲間意識を感じ、人のために役立とうという「原理の意識」が生成する事例もある。

＊「ユニオンに入って良かったことは、自分と人とを比較できるので、自分自身の境遇について見なおせることですね。それから、仲間といることで言いたいことを相手に伝えられる、(中略)そして、今までになかった自分の面を知ることができました。人のために役立つこと、人のために尽くすことというボランティア精神です。」(2-9／男性・51歳)

家族との関係を見つめ直し、私的領域における対等性を意識する者もいる。「原理の意識」の1要素である対等性を重視する意識が、ユニオン内や公的領域にとどまらず、私的領域に波及していることが分かる。

＊「家事は、風呂掃除はほとんど毎日しますね。あとは冬場だったら灯油買いに行くとか、ゴミ出しを一週間に一回するくらいかな。(中略)(家族との関係は)やっぱり変わったと思います。会話する時間が増えたっていえばそれまでなんだけど、その内容が思いやりのあるものになったというか、今まではテレビを観ながら『学校でこういうことがあったよ』と(子供が)いうのを『そうかそうかよかったね』っていって聞き流していたんだけど、今だと『そうか、おまえどう思ったんだ』とかいってこっちから問いかけるようになったと思います。あるとき子供たちからも言われたんですよ、『お父さん聞き返すようになったね』って。家族を大事にしようという気持ちが生まれました。」(2-13／男性・51歳)

こうした仲間意識や私的領域における対等性の生成は、他者の争議活動への参加をともなう。ただし、この層は「初発の感情」がユニオンの他の組合員によって収まったことから、他者のための活動のありがたみを認識している。それだけに、活動をしないものは少ない。

「解決後」の脱退時期類型には「1年型」や「辞めない型」が多い。「1年型」が4名と多かったが、これは定年と関連があり、タイプ①には解決後1年後くらいにちょうど定年を迎え、それを期に退会する者が多いからである。また、非参与観察の結果、この層は会社との距離をとりつつあるとはいえ、やはり会社への執着が大きく、自分の争議をより広い社会の事象として捉えられない。そのため、あくまでも争議を非日常そのものとして認識し、争議が終わるとそれで活動を一段落させてしまう傾向も指摘できる。

(2) ②会社距離・個別業務型

　この類型には男性21名と女性1名が含まれる。世代は4-50代がほとんどである。転職回数が多く、タイプ①ほど勤続年数は長くない。従業上の地位は、管理職が17名、非管理職が5名である。管理職の内訳は課長が多いが、主任・係長などの管理職や、大企業の部長や常任顧問のような管理職もみられることが指摘できる。これら上級の管理職には、一企業を離れた発想がみてとれ、その点に会社との距離を読み取ることができる。家族形態は未婚者が6名、配偶者離死別者が2名、既婚者が14名であった。

　「労働問題発生→加入→交渉申し入れ」の段階では、「初発の感情」と「原初の意識」と「欲求性向」が強い。「初発の感情」はタイプ①より弱く、生活過程における仕事の意味づけが大きいため、自分は間違っていないのだという自尊心や会社の理不尽さへの怒り、すなわち「原初の意識」を強く感じている。

* 「2年以上会社にイジメられ、このままでは引き下がれないと思った。くやしかったし、仕事への自信もあった。だから管理職ユニオンを通じて団体交渉の申し立てをした。」(4-1／男性・40歳・非管理職)
* 「果たして会社に人の人生を左右するような権利があるのかと疑問に思った。そして、そうした理不尽なことをした首謀者や、自らの出世のために自分を売った同僚や部下に対する恨みもあった。しかし、そうした怒りや恨みから会社とたたかう気持ちの方が強く、また就業規則や、経営状態、会社への貢献度などから、勝つ見込みも充分あったため、それほど気落ちすることはなかった。」(3-1／男性・52歳)

　しかし仕事の意味づけが大きいだけに、自分の仕事にある程度の自信があって成果を上げていないと、争議申し入れをしにくいとも述べている。つまり、異議申し立てに際しても、能力主義・自助志向の浸透がみてとれる。

* 「うちの会社は残業を毎日9時くらいまでやっているんです。最初のうちは入社したてでそんなに文句なんか言えないからずっとやっていたんですけど、契約実績を作ったんです。だから何かいえるかなと思って言ってみようと思いました。(中略) もし実績をあげなかったら言いませんでした。仕事に自信はあったんだけど、自信どうこういうよりも金が入って会社に儲けさせた、だから対等だという意識になったから言えました。俺たちは製造業じゃないから、外から金を稼がない限りは会社に食わせてもらっているわけですよね、営業マンっていうのはみんなそうですから。」(7-5／男性・50歳)

　このタイプは家族に即座に相談する。家族は争議をおこなうことに対し肯定的

である。これはこのタイプがタイプ①ほどは会社に包摂されていないことを示している。

＊「普段は仕事のことはほとんど全くと言っていいほど家族に話さない。でも今回のトラブル(引用者注：公的な話は何もないまま、年収に換算して200万円の減給を受けた)に関しては即座に相談した。女房は『ここまでされるんだったら仕方ないし、食うには困らないのだから、あなたがやりたいだけやりなさい』と言われた。子供たちも『親父、頑張れ』と応援してくれた。」(2-10／男性・55歳)

「申し入れ→争議初期」ではユニオンの活動に参加し始め、組合員との交流により「初発の感情」が徐々に収まる。特に会社内での相談相手を持ちにくい管理職にはこうした傾向が強い。

＊「ユニオンに来て、良かったというか悪かったとは思わない。一人で考えていたら、滅入ってしまうと思う。ユニオンに来て同じような境遇の人と話してたから、ユニオンの存在は大きかったね。」(2-11／男性・53歳)

「争議後期から解決」までの段階では、会社とはそもそも距離が取れているので、まずは自分の争議行動を通じ労働法などの知識を得、会社との対等性を重視する「原理の意識」が生成する。

他の組合員の争議への参加などの組合活動経験を経た者は、肩書きのない対等な関係のおもしろさを知るといった形で「原理の意識」を生成させる。生活における仕事のウエイトが大きいだけに、それと直接関わる部分である組合意識も高まりやすい層だといえる。

＊「ユニオンの原則として、『年齢は関係ない、人間を個として尊重する』というのがあります。だから意見が正反対でも尊重されます。違う意見があっても許される労働組合なのです。このような考え方だから、なんでも自分の意見を言えます。新参者でも主張することができるのですよ。生活が変わったことで自分の意識も変化し、行動パターンも変わりました。」(2-5／男性・46歳)

タイプ①同様、私的領域における家族との対等感を重視し、家事労働をするようになる者もいる。

＊「自分自身も家で食器を洗うようになりましたし、子供も家のことは何でもするようになり子供の自立にも役立ちました。(中略)リストラは家族の絆を強めるためにいい刺激になりました。(中略)このリストラもいい勉強をさせてもらったとしてプラスに考えています。満たされた生活をしていては分からないものが今回の経験によって見えました。物事に対する価値が見えてきました。復職しても家事は続けるつもりです。またそれを後ろで子供がみているのがいいです。」(3-3／男性・47歳)

「原理の意識」がより生成し、個人主義だったのが支え合いを重視するように

なる事例もみられる。

> *「自分は変わった。以前は自分の生活が思ったように運べばそれでいいと思っていた。(中略)私は、個性の時代といわれた中で育った。その過程で『個』を主張することだけを学び、個性が社会の中で育てられるものだということをないがしろにしてきてしまった。しかし、やはりそれではいけないと思う。『個』が集団の中でどう位置付けられているのかを把握することも大切。そうしながらお互いの距離を知り、依存しないけど協力し合うという成熟した関係を作っていけたらと思う。」(4-1／男性・40歳・非管理職)

より広い層に向けて、(労働)運動をしていこうという意識が生成する事例もある。

> *「積極的にユニオンの活動に参加している。盗聴法への反対集会、団体交渉・会社への抗議など様々な活動をしている。自分がユニオンに助けてもらったことへの恩返しの要素もある。今後もユニオンでの活動を続けるつもりでいる。こういう組合を増やしていかなくてはいけないという目的意識もある。未組織労働者は多いし、既存の組織は働く人のためになっていないからだ。」(2-1／男性・47歳)

タイプ①同様、こうした意識は他者の争議活動への参加を通じて生成することに留意したい。

「解決後」の脱退時期は多岐にわたっているが、争議中3名、「即座型」2名、「3ヶ月型」1名、「1年型」2名、「辞めない型」が14名(申し入れせず在籍1名を含む)と多い。非参与観察によれば、在籍中にユニオンの最も中枢的な活動を担うのはこの層である。ただし、この層は仕事の意味づけが大きく、それは争議後もさほど変わらないため、再就職が決まるとユニオンにはあまり顔を出さなくなる傾向にある。

(3) ③会社距離・共同業務型

男性9名、女性5名がこの類型に含まれる。世代は2-30代が多い。勤続年数は最も長くて12年である。ほとんどが独身であり、既婚であっても親と同居していたり、子どもがいなかったり、配偶者が正規従業員だったりと金銭面での負担が小さい傾向にある。

「労働問題発生→加入→交渉申し入れ」の段階では、「初発の感情」が他のタイプより弱い傾向にあり、「欲求性向」と「原初の意識」が強い。

> *「整理解雇という名目で、20人位をめどにしてリストラをおこなうといわれましたが、やり方がおかしいので私は拒否しました。正当な理由がなくては解雇はできないので

抗議しました。あいまいな、納得のいかない形で辞めさせられるので、これは放っておけません。」(2-6／男性・51歳・非管理職)

家族にはタイプ②同様すぐ話す。
* 「管理職ユニオンに入ることは妻には言った。家庭では、お互い干渉しない事にしているので何ら変化はない。」(7-1／男性・43歳・非管理職)

団体交渉が開始されると、労働組合法を背景に会社側にもの申す場ができたことを、「欲求性向」を充足させる基盤ととらえ、安心する。
* 「組合に入って安心しました。最初の団体交渉に臨んで、現場の人間と上とが話をするときに、組合が入っていると向こうが全然違うなというのを感じました。最初から向こうは歩合の率(引用者註：会社側より、基本給部分を縮小し、通常業務とは異なる業務への貢献度による歩合給部分を拡大するとの通告があった)をがくっと下げてきましたから。多分私たちだけで話していたら、法律的なことは知らないし、押し切られたと思うんですよね。」(H／男性・38歳・分会・非管理職)

「争議後期→解決」の段階では、タイプ②同様すでに会社との距離は取れているため、会社との対等性を重視する「原理の意識」が生成する。しかし、このタイプはもともと会社や仕事に対する意味づけが小さく、仕事を手段ととらえ、趣味や余暇を重視する傾向にある。つまり、仕事以外の部分が生活に占める割合が大きく、私的領域のあり方が確立しているため、ユニオンの理念はタイプ①、②より浸透しにくく、「原理の意識」の生成が弱いことを指摘できる。
* 「在職中に亡くなった人がいますが、そういう生き方をしたくないです。働くだけが人生じゃないし、生活の手段として働いているだけで、人生にはもっと楽しいことがあります。」(2-6／男性・51歳・非管理職)
* 「自分は、会社は一番ではありません。一番は趣味とか遊び。遊びのために働いています。」(H／男性・38歳・分会・非管理職)

ただし、このタイプの多くは「ネットワークユニオン」の組合員であり、同ユニオンには女性や2-30代の者が多く、同世代の者とともに活動を続ける事例がみられる。その際も組合活動と趣味の双方を重視するのがこのタイプの特徴である。
* 「週に2回くらいユニオンの方に来ていて、他の人の手伝いなどをしています。その他の日は今まで仕事が忙しくてできなかった習い事や買い物、そしてイベントなどに行って生活を楽しんでいます。」(4-7／女性・36歳・非管理職)

「解決後」の脱退時期は、「即座型」3名、「辞めない型」12名で、最も「辞めない型」の割合が高かった。ただし、その中には他の組合員の争議活動への参加をし

ない「辞めない型」が含まれており、彼らの在籍の動機づけは「欲求性向」を充足させるためだと考えられる。非参与観察によれば、分会にはこのタイプが多く、分会長以外はなかなか活動に積極的に参加しない傾向を指摘できる。

このタイプは最も意識変容していないにもかかわらず、組合に在籍し続ける傾向にある。また、ユニオンには中高年男性が多いので行きづらい雰囲気があると証言した例もあり、組織文化と活動参加及び意識変容の関係を論じる必要があるが、それは今後の課題としたい。

(4) ④会社中心・共同業務型

男性1名、女性2名がこの類型に含まれる。世代は30代の男女1名ずつと50代の女性が1名。属性面での特徴として、勤務先の企業規模が他のタイプよりも比較的大きいことを指摘できる。勤続期間は世代の割に長く、転職経験はないか1回程度。家族関係にはバラツキがみられるが、自分が主たる家計維持者でなかったり、1人暮らしだったりと扶養責任が少ないことを指摘できる。

「労働問題発生→加入→交渉申し入れ」段階における「初発の感情」はタイプ③より強いが、①や②ほどは強くない。「原初の意識」は他のタイプに比べ強くも弱くもない。「欲求性向」は強い。

*「辞める決心はついていたが、辞めるなら辞めるで、退職金の上積みなどの条件について会社と相談したかったのだが、会社は全然言ってこなかったことで不安になり、労働組合に相談することにした。」(6-4／女性・30歳・非管理職)

「争議後期→解決」では、タイプ①同様、自分の働き方を問い直し、会社との距離感を持つという形で「原理の意識」が生成する。

*「私は、リストラを通告され、会社を辞めてはじめて、自分が会社人間になってしまっていたことに気づいた。会社に入って以来、役職にこそつかないものの、知らず知らずのうちに仕事と責任が増えてきて仕事中心の生活になってしまっていた自分に気づかず、プライベートの生活をおろそかにしてしまっていた。」(6-4／女性・30歳・非管理職)

*「何よりもこれ(引用者注:職場いじめに遭っている)を機に、会社への認識が変わりました。以前は会社にベッタリでしたが、今は一歩退いて会社を見れるようになりました。月一くらいで、大学時代の友達に会っているので、会社の人間とのつきあいがなくても大丈夫なのです。」(5-1／男性・36歳・非管理職)

「解決後」の脱退時期はそれぞれ「即座型」1名、「3ヶ月型」1名、「辞めない型」

1名とバラツキがあった。

(5) 小 括

前節までは、労働問題発生から脱退までの時系列的経過を「労働問題→加入→交渉申し入れ」、「申し入れ→争議初期」、「争議後期→解決」、「解決後」の4期に区分した。その上で、既に設定されていた概念用具と組合加入時・解決後脱退時期の4類型をもとに、意識とその変容に関する証言の記述と考察を行った。本節では以上の結果を両類型ごとにまとめてみよう。

1) 組合加入時の4類型と意識変容

表3に結果を簡潔に示す。仮説通り①会社中心・個別業務型と②会社距離・個別業務型は、「初発の感情」と「原初の意識」が比較的強く、③会社距離・共同業務型は、「欲求性向」が比較的強かった。しかし、仮説とは異なり、④会社中心・共同業務型は、「欲求性向」が比較的強かった。加えて、①会社中心・個別業務型は「初発の感情」が特に強く、②会社距離・個別業務型は「原初の意識」が特に強いことを明らかにした。

次に「原理の意識」であるが、たしかにタイプ①と④は会社との距離を取り、個を確立させているが、支え合い意識や運動意識など、より深い形でそれを生成させているのは②であった。③は会社との距離がとれており、かつ私的領域での

表3 組合加入時の労働者4類型と意識変容との関連

意識 類型	「初発の感情」 (初期。ユニオン内の交流で充足。)	「欲求性向」 (初〜後期。解決で充足。)	「原初の意識」 (初(中)〜後期。解決で充足。)	「原理の意識」 (中〜後期。個人によっては初期から。活動で生成。)
①会社中心・個別業務型	非常に強い	強い	強い	強い。主に自己決定を意識し、会社との距離感を持つという形で生成。
②会社距離・個別業務型	強い	強い	非常に強い	強い。会社との距離感はすでにあり、主に対等性を意識するという形で生成。
③会社距離・共同業務型	弱い	非常に強い	強い	弱い。会社との距離感はすでにあり、主に対等性を意識するという形で生成。
④会社中心・共同業務型	強くも弱くもない	非常に強い	強くも弱くもない	弱い。会社との距離感を持つという形で生成。

過ごし方を確立させていたので、「原理の意識」はあまり生成していなかったが、これはそもそもタイプ①・④よりも「企業社会」から自立していたからだと解釈できよう。

整理しよう。会社中心的な価値志向を持つ組合員は会社から距離をとり、個を確立する形で「企業社会」からの自立をはかろうとしている。さらに、それを持たない組合員は、会社との距離感がすでにあるため、周囲との対等な関係性を意識する形で「企業社会」からの距離をとろうとしている。また、会社と仕事の意味づけが小さい者も存在し、彼らは生活の中に仕事と趣味と組合活動を組み入れていることが明らかになった。以上から、組合員が全生活過程の中に会社中心的でない部分を生成していく過程がよみとれた。

2) 意識変容と解決後脱退時期の4類型

4類型の特徴は**表4**にまとめた。みてきたように、この類型を分かつにあたって大きいのは、在籍中に他の組合員の争議に参加するかどうかである。他者の争議活動に参加する者は「原理の意識」を生成させ、解決後の在籍期間が長い。加えて、期間の長短は紛争の質の違いによっても説明される。紛争の質の中でも、特に期間と困難さ（団体交渉のみか、東京都労働委員会や裁判所のような外部機関を使う必要が出てくるか）と解決状況（雇用継続か金銭解決か、金銭解決の場合どの程度の保障がなされたのか、等）が重視される。例えば、争議期間が長かった者には、解決後短期間で脱退する者がいない。争議期間が短いか、手段が団体交渉のみだった者の中には「1年型」や「辞めない型」も存在するが、争議が長い者や複雑化した者には「即座型」や「3ヶ月型」は存在しない。

「即座型」と「3ヶ月型」はユニオンを自らの紛争解決のための「道具」としてみており、主に「欲求性向」を充足させるため、ユニオンに在籍している。それゆ

表4 解決後脱退時期の4類型

	「即座型」	「3ヶ月型」	「1年型」	「辞めない型」
活動	参加しない	参加しない	参加する	参加する
争議期間	短い	やや短い	やや長い	長い
争議手段	団体交渉のみ	団交のみが多い	複雑化	複雑化
解決状況	金銭解決	金銭解決	金銭解決	金銭解決／雇用継続
組合理念	認識せず	認識	受容	受容
強い意識	「欲求性向」	「欲求性向」	「原理の意識」	「原理の意識」
「原理の意識」	生成せず	生成の萌芽	生成	生成
「原理の意識」の内実	生成せず	個の確立	対等性重視	運動意識

え、解決してから脱退までの期間が短いのだと考えられる。一方、「1年型」以降は明らかに「初発の感情」・「欲求性向」・「原初の意識」が充足されたことへの「お返し」を超えた活動参加がみられる。それを説明するのが、他者の争議活動参加とそれにともなう「原理の意識」の生成であろう。「1年型」と「辞めない型」は、活動を通じて意識を変容させ、解決後は主に「原理の意識」を生成するためにユニオンに在籍し、活動を支えていることがわかる。そのために解決後の在籍期間が長いのだと考えられる。

「3ヶ月型」と「1年型」の違いが最も大きく、「即座型」と「3ヶ月型」の違いは、ユニオンに「お世話になった」と感じてすぐに辞めるのは悪いと思うかどうかであり、「1年型」と「辞めない型」の違いは、居住地がユニオン事務所から離れているといった環境面の相違であることが多い。しかし、「辞めない型」の方が、より深く「原理の意識」を生成させているのは事実である。

作業仮説としては、「『原理の意識』を生成させている組合員ほど、解決後ユニオンに長く在籍する傾向にある」、「『欲求性向』が強い組合員ほど、解決後の在籍期間が短い傾向にある」の2つを設定していた。上述の議論からほぼ検証できたが、例外もある。解決状況をみると、特に分会や雇用継続者の中には、活動に参加せず「原理の意識」を生成させてはいないが、持続的に「欲求性向」が充足されているため、継続勤務をしている限り組合に加入している者が存在するからだ。ただし、活動に参加した経験を持つ雇用継続者は「欲求性向」と「原理の意識」双方の動機づけを持つ。

表5　(a)会社と仕事の意味づけの大小と(b)活動の有無が組合活動に及ぼす影響

(a) 会社と仕事の意味づけの大小	(b) 活動の有無	解決後脱退時期				
		「即座型」	「3ヶ月型」	「1年型」	「辞めない型」	その他
①会社中心・個別業務型	した			3	4	
	しなかった		1			
②会社距離・個別業務型	した			2	12	3（争議中）
	しなかった		1		1	3（中途脱退など）
③会社距離・共同業務型	した				5	
	しなかった	2			6	1（争議せず）
④会社中心・共同業務型	した				1	1（中途脱退）
	しなかった		1			

以上1)と2)の分析結果をまとめたのが、表5である。「原理の意識」が会社との距離をとるという形で生成するタイプ①や④よりも、対等な関係性を構築するといったより深い「原理の意識」を生成させるタイプ②や、意識変容はさほどなくとも本来個を確立させており、日常の生活過程に組合活動を組み込むタイプ③に、ユニオンに長く在籍する組合員が多いことが明らかになった。なお、量的な検証を今後の課題としたい。

4. 結論

本稿では、個人加盟労働組合「東京管理職ユニオン」組合員への聴き取りに基づき、組合員が「企業社会」から距離を置き、個人として自己を確立していく意識変容過程を描いた。上記を分析するにあたっては、組合の組合員に対する不満解消・意識変容機能に着目した。両機能に着眼する理由として、「駆け込み訴」という個人加盟労働組合への接近の方法が、社会状況の変化とともにその価値を変容させてきたことが挙げられる。

従来の個人加盟労働組合は、企業別組合と同様に労働条件規制機能を最も重視してきた。それゆえ、オルグを中心とし、職場活動を重視する活動を展開していた。そこでは、労働者個人が「組織対象」として位置づけられていたため、組織化の可能性の薄い「駆け込み訴」の価値は低かった。したがって、相談活動の門戸は狭かった。

一方ユニオンは、「リストラ」の増加という社会状況に際し、労働者のニーズに対応するという運動方針から、「駆け込み訴」を重視し、相談活動の門戸を拡げた。彼らは駆け込み相談を積極的に受けることにより、個別組合員に意識の変容が生じていることに気づき、それを「駆け込み訴」のプラス面として評価した。意識変容を促進するために、自己決定を重視し、組合役員が個別組合員を指導し依存される関係をなくすなどの方針・理念が確立され、ボランティアによる相互支援が実践された。それがユニオンの組織・活動面での特徴となっている。

筆者は上記の特徴が従来の労使関係・労働組合研究の枠組みの中では捉えきれないことに着目し、まず、社会運動論の知見——運動の組織成員に対する機能として不満解消・意識変容を挙げ、かつ意識変容の内実を生活スタイルの見直しに求める、を援用した。次に生活スタイルの見直しを、対象組合員の属性的特徴を

もとに、「企業社会」を見直すことと規定した。その上で、不満解消と意識変容の動的な把握を可能にするため、概念用具として「初発の感情」、「欲求性向」、「原初の意識」、「原理の意識」の4つを用いることとした。以上の分析枠組みをもとに、聴き取り調査の分析を行った。

その結果、個別組合員は、不満解消のプロセスを通じユニオンの理念の重要性を感じて他の組合員の争議に参加し、「企業社会」を見直す「原理の意識」を生成させていることを解明した。これはまた、組合員の多くが解決後も自主的に組合に加入し続けていることからも証明される。さらに、類型化によって、以上の結果には組合加入時の会社及び仕事の意味づけの大小に応じて差異があることも明らかにした。

個別的人事処遇の進行にともない、個人と「企業社会」との関わり方がいっそう重要性を増すと考えられる。特に、個人に「企業社会」を見直す視座が具わるかどうかは枢要のテーマとなりうるのではないか。その見地にたてば、組合の不満解消・意識変容機能に着目し、組合員の意識変容過程を分析することに一定の意義を見いだせるだろう。

ユニオンが今後も組合運動を継続していくことが可能かどうかは未知数である。しかし、その方針・理念は既存の労働組合運動を活性化するにあたっても示唆的だといえる。実際、連合（日本労働組合総連合会）に個人加盟労働組合を重視し、労働相談からの組織化を図ろうとする動きが出てきており、公的な個別紛争処理機関の新設も検討されつつある。より広い社会的文脈の中でユニオン運動の価値を見極めるためには、ユニオンがこうした動きに与えつつあるインパクトを精緻な形で解明することが必要であろう。

同時に、量的調査による検証や、他の個人加盟労働組合との比較検討を通じて分析結果のいっそうの一般化を進め、その結果を労使関係・労働組合研究の中に位置づけていくことが今後の課題である。

〔注〕
(1) 戦前期についていえば、第一次大戦後の労働運動の中核体であった日本労働総同盟が1912年に友愛会の名で発足した際、これは合同組合主義を組織方針としていた〔沼田編、1963：1-3〕。第二次大戦後は、産別会議の昭和23年第3回全国大会、昭和25年の総同盟分裂・総評結成の第1回大会などで、日本の産業構造に見合う組織形態とし

て、それぞれの組織方針の中にとり入れられた〔沼田編、1963：90-1〕。
(2) コミュニティ・ユニオンに関する文献としては、コミュニティ・ユニオン全国ネットワーク編〔1988〕、〔1993〕、高木〔2000〕などがある。
(3) 青木〔1988〕
(4) 小川〔2000〕
(5) 小谷〔1999a、1999b〕
(6) 「東京管理職ユニオンの活動の特徴は、端的にいって労働相談活動にあるといえる。そして、相談の内容は解雇事案が殆どである。かつその問題の本質は中高年ホワイトカラー問題である。」〔直井・成川、1998：135〕
(7) 神奈川県の「女のユニオン・かながわ」、北海道の「さっぽろウィメンズ・ユニオン」、新潟県の「女のユニオン・にいがた」がこれにあたる。
(8) 日本では、経済の「二重構造」を背景とし、ホワイトカラーとブルーカラーの格差よりも、大企業と中小企業の格差が大きく、それが問題点として取りあげられることが多かった。こうした歴史的経緯があるために、ホワイトカラーという概念が含意する内容があいまいにされてきたきらいがある。しかし、この概念に立ち入った検討を加え、分析枠組みに反映させることは今後の課題としたい。本稿ではさしあたり、国勢調査（総務庁統計局）の職業分類における「専門的・技術的職業従事者」「管理的職業従事者」「事務従事者」「販売従事者」「サービス職業従事者」を指すこととする。
(9) 例えば元島（1982：147-152）は、企業別組合の職場構造の次元における問題点として、「このルート（組合員とのしての苦情・要求の提起・解決のルート）は企業側が意図的にその空洞化をおし進めてきたのであるが、現在では労働組合自身がこの空洞化を追認している」としている。
(10) 全国の管理職ユニオンは、札幌、東京、名古屋、関西、福岡の５つである。そのうち、名古屋と関西は東京の名古屋支部、関西支部が独立したものである。札幌と福岡は連合系であり、組合設立にあたり東京を参考にしている。
(11) 組織や活動のより詳しい分析については小谷〔2001〕を参照されたい。
(12) 仮に管理職を従業上の地位によって①部長以上②次長・課長③係長・主任の３つに分けると、「従来の個人加盟労働組合には②、③の層は含まれることもありましたが、ユニオンには①の層が含まれているのが特徴です。①の意識面での特徴は、一企業を離れた発想をもっているということです。組織範囲については、こちらからは特に限定をしていません。」（組合役員Ｄさんからの聴き取り）
(13) 産業の機軸をなす労働者こそが労働者本体であり、それを組織化することが重要であって、それを握りしめているかいないかが労働組合運動の帰趨を決する、あるいは社会の帰趨を決するという考え方（組合役員Ａさんからの聴き取り）。
(14) 「社会的ニーズに応えることを重視して労働組合を作り、その姿勢を今もって貫いているのは、僕のキャラクターというかものの見方、考え方によるところが大きいです。それに組織が左右されているのがいいことなのか悪いことなのかは分からないし、

いろいろと問題点はあるんですけど。

　労働組合運動が社会的ニーズに応えられない、とりわけ労働者のニーズに応えられないということが前提としてあるわけですよね、事実として。そういう労働組合であれば、労働組合として存在していくこと自体が労働者に対する欺瞞性を持っていると思います。社会的に意義あるものとしての存在が確認できるような運動でなければならないし、そういう運動として労働組合が存在できなければ、その労働組合っていうのは組合ではない何か別のものなんだよね。それは限られた階層の、ある労働組合に所属している者たちの利己的な利害に基づいているものとしか思えないし、日本の労働組合の場合は、会社に雇用を保障された、恵まれた階層の組織になっていて、アマルガムみたいな堅いものに変質しちゃう。その変質過程はすでにずっと以前から始まっているんだけど、ますますはっきりしてきていますね。

　そこの転換点がアメリカのAFL-CIOだと10年くらい前から始まっていて、5年位前に大転換したようです。スウィニー路線がその現れだから日本もその道を辿っています。スウィニーのように社会的ニーズ、労働者のニーズに応えうる運動として日本も変化しないことには労働運動の社会的意義が消滅してしまうのではないか。そういう感じがとみにするわけです。

　ご存じの通り現在労働運動に組織されている階層っていうのは一番恵まれた階層で、最も労働組合が必要だと思われる層は労働組合に入っていない。このアンヴィバレンツな状況から見て、それ（労働者のニーズに応える運動への転換の必要性）ははっきり言えるんじゃないかな。」（組合役員Aさんからの聴き取り）

(15)「自分が人間に向き合うときのあり方として、こちらが高みに立って相手を選別するのは絶対いやだ。自分が南部支部の組合運動をやっていたときも、僕の先輩が『何でもかんでも（相談を）受けるんじゃないよ』と言っていましたし、『くだらないやつもたくさん来るんだから』という話もあったし、『一人で来るやつは他の所に行ってもどうにもならないからこんな所に来るんだよ』とか、いろいろ言っていました。

　日本の労働組合は、労働組合とは立派で、相談に来る労働者はだらしない、どうしようもないという高みから見ていたんです。つまり職場でちゃんと組織化ができない、仲間も作れない、それではじき飛ばされて流れてくるやつはひ弱でだめなやつだ、そんなやつばっかり集めたっていい労働組合にはならないと。駆け込み労働者蔑視論なんです。南部支部時代もそういうことはあったし、僕が役員をやっていた東京労組でもそうでしたし、今だって合同労組なんかみんなそう、ほとんどがそう。僕らが身近に知っている労働組合だってそう。

　それが左翼理論と結びつくと、組織化されるべき労働者が労働組合にいて、だめなやつが流れてきて、という発想です。だからいつまでたっても労働組合が労働者全体に開いていかない。僕の中にそれが日本の労働組合運動をだめにした一つの考え方なんじゃないかなというのはいつもある。」（組合役員Aさんからの聴き取り）

(16) 結成メンバーのうち2人は上部団体であった全労協全国一般東京労組に在籍してい

たが、同労組でも「団結権の拡大運動」と称し、労働相談からの組織化をめざしていた。その背景には、総評解散後に全国一般が連合・全労連・全労協に分かれたため、組合員数が減少し、組織の存亡がかかっていたことがある。

(17)「意図してやったと言うよりは、みんな来る人たちを拒まないでどうやってやっていこうかという実際上の工夫がそういう組織のあり方を作った。」(元組合役員Bさんからの聴き取り)

(18)「古い活動家というのは、金銭解決に後ろめたい気持ちがあるんです。現職復帰こそが原則だという考えが根深くあって、金銭解決した、あるいはするようなやつは一段低く見られていました。」(組合役員Fさんからの聴き取り)

(19) 第6回定期大会議案書p.5には、「組合員はボランティア体制で行っているが、ボランティア自身も争議を持っており、自身の争議が解決すると再就職あるいは自営の道を採らざるを得ない為、ボランティアが数ヶ月、長くても7～8ヶ月で入れ替わる。したがって相談員としての知識、技能が高まった頃に交替することになり、比較的キャリアの浅い相談員の知識技能の向上が急務である」と記されている。但しAさんは、流動性が高すぎるのは良くないと前置きしながらも、組合員が入れ替わることが組織の硬直化を防ぎ、活性化させる理由になっているとしている。

(20) 本稿は1999年度早稲田大学人間科学部産業社会学実習報告書『不況・「リストラ」・管理職ユニオン』(早稲田大学人間科学部産業社会学研究室、1999) 及び、その元となったインタビューテープから多くの知見を得ている。調査にご協力下さいました「東京管理職ユニオン」及び「ネットワークユニオン」組合員の皆様、聴き取りに尽力された22人の院生・学生インタビュアーの方々、そして報告書とインタビューテープの使用を快くご許可下さいました河西宏祐教授(早稲田大学)に心より御礼申し上げます。

(21) Bホテル分会は1998年2月の社長・支配人の交代による労働条件変更(①給与体系の改悪と②労働条件(環境)の改善)に対して結成された。その後銀行系のリース会社である親会社の倒産にともない、現在は自主運営を続けながら次のオーナーを探している。

(22) 青木[1988]、高木[2000]

(23) 加えて、元島[1991：3]は、「社会変革とその担い手としての階級・階層をめぐる問題の焦点が大きく変わった」ことを背景とし、多様な階層がそれぞれの労働と生活の場から「解放」に向けてどう動くかを問うべきだとしている。大企業労働者に焦点を合わせていた元島[1982]と比較すると、構造変動をふまえた上での変更がみられる。この認識を共有したいと思う。

(24) 河西[1981]は、日本の労働組合が「資本に対する抵抗力を保持しつつ、労働者の全生活過程に意味を持つ存在となるため」に、「労働組合の基盤、組織範囲、抵抗力のありうべき姿を提示することが、こんにちの労働組合研究にとってなによりも解明されるべき課題」であるととらえ、「労働組合の活性化をになう変革主体の萌芽を現実の中

に模索」し、それを実証的に解明することを研究課題とした(p.3)。次に研究対象として、まず企業別組合を「全員一括加入型」(第一篇で分析)と「複数組合併存型」(第二篇、第三篇で分析)の２つに分類し、その後者のうち、「多数派組合に対抗して存在する少数派組合の重要性に着目」し、それに「日本の労働者の変革主体としての可能性」を見いだし、「全員一括加入型」の労働組合との対比の上で浮き彫りにしようとした(pp.3-4)。ここでは本稿の問題関心との関わりから、第二篇(pp.167-322)に着目することとする。

また、同篇では分析領域を「対象組合の対外的機能(対経営関係と対第二組合関係)、対内的機能(対組合員関係)に分」け、「対外的機能領域における環境適応機能、目標達成機能、対内的機能領域における組合員統合機能、組合員動機づけ機能」の解明によって存続条件を説明している(pp.169-73)。ここでは本稿の問題関心との関わりから、動機づけ機能(pp.278-303)に着目することとする。

(25) 組合役員Ｄさんからの聴き取り。
(26) 各証言に付された番号は、1999年度早稲田大学人間科学部産業社会学実習報告書『不況・「リストラ」・管理職ユニオン』〔早稲田大学人間科学部産業社会学研究室、1999〕に対応している。なお、テープの聴き直しを行ったので報告書中には記載のない証言もあることをご了承いただきたい。

〔引用・参考文献〕
青木章之介、1988、「地域合同労組の新展開」東京都立大学大学院社会学研究会『社会学論考』第9号。
石川吉右衛門編、1963、『合同労組』日本労働協会。
井上雅雄、1994、『社会変容と労働』木鐸社。
江原又七郎、1960、『日本の合同労組』法政大学出版会。
小川浩一、2000、「日本における外国人労働者の組織化―神奈川シティユニオンのケーススタディを通して」『労働法律旬報』No.1481/3、2000年6月上旬号、7月上旬号。
片桐新自、1995、『社会運動の中範囲理論』東京大学出版会。
河西宏祐、1981、『企業別組合の実態』日本評論社。
河西宏祐、1990、『新版・少数派労働組合運動論』日本評論社。
木本喜美子、1995、『家族・ジェンダー・企業社会』ミネルヴァ書房。
熊沢誠、1995、『能力主義と企業社会』岩波新書。
栗田健、1994、『日本の労働社会』東京大学出版会。
小谷幸、1999a、「女性の"新しい"労働運動―『女性ユニオン東京』の事例研究―」日本労働社会学会『労働社会学研究』第1号。
小谷幸、1999b、「『女性ユニオン東京』にみる女性の働き方の変化」『労働の科学』1999年12月号。
小谷幸、2001、「『東京管理職ユニオン』の組織と活動」早稲田大学大学院人間科学研究科『ヒューマン・サイエンス・リサーチ』第10号。

投稿論文

コミュニティ・ユニオン研究会編、1988、『コミュニティ・ユニオン宣言』第一書林。
コミュニティ・ユニオン全国ネットワーク編、1993、『ユニオン・にんげん・ネットワーク コミュニティ・ユニオン宣言Ⅱ』第一書林。
作田啓一、1972、『価値の社会学』岩波書店。
設楽清嗣、1999、『会社ムラから生還せよ』毎日新聞社。
下山房雄、1997、『現代世界と労働運動』御茶の水書房。
高木郁朗、2000、「コミュニティ・ユニオンの組織と活動」『社会政策学会誌 第3号 社会政策における国家と地域』御茶の水書房。
高橋美保、1998、「『リストラ』失業が失業者とその家族に及ぼす心理的影響」慶應義塾大学大学院社会学研究科修士論文。
徳住堅治・井上幸夫・大塚達生、1994、『ザ・管理職組合』中央経済社。
直井春夫・成川美恵子、1998、『労委制度ノート―新しい紛争解決システムの模索―』総合労働研究所。
沼田稲次郎編、1963、『合同労組の研究』労働法学研究所。
野原光、1988a、「現代自動車産業における労働者像」野原光・藤田栄史編『自動車産業と労働者』法律文化社。
野原光、1988b、「現代大工業のにない手たち」佐々木一郎・野原光・元島邦夫『働きすぎ社会の人間学』労働旬報社。
林信雄、1962、『合同労組と労働法』(増補版)ミネルヴァ書房。
見田宗介、1966、『価値意識の理論』弘文堂。
元島邦夫、1982、『大企業労働者の主体形成』青木書店。
元島邦夫、1988、「『民活社会』の生活・労働フィロソフィー」佐々木一郎・野原光・元島邦夫『働きすぎ社会の人間学』労働旬報社。
元島邦夫、1991、「『企業社会』と『生活価値』」日本労働社会学会『日本労働社会学会年報』第2号。

⟨Abstract⟩

Union Member's Alterations of Consciousness in Tokyo Managers' Union

Sachi Kotani

(Student in Graduate School of Human Sciences, Waseda University)

Japanese society has been characterized as "company-orientated" society. But it begins to be reconsidered owing to confronting white-collar dismissals. As a result of the situation like this, Tokyo Managers' Union was established in 1993. The dismissed white-collar managers and workers join the union to solve their problems. This has a tendency to form the anti-company orientated character.

This paper, which reports the research consisting of the interview with fifty-one members of Tokyo Managers' Union, has two main purposes. One is to show Tokyo Managers' Union as a labor union and its activities. The other is to demonstrate the member's alteration of consciousness that affects the connection with "company-orientated" society. In the paper, "company-orientated" society means the society where companies have control over their employee's entire life.

First, this paper reveals that the philosophy and action policy of Tokyo Managers' Union are opposed to the system of "company-orientated" society to suppress labor union and workers. The leaders of Tokyo Managers' Union not only place emphasis on fulfilling the demands of workers throughout the consultations, but also try to profit from supporting individual initiatives of them through the mutual cooperation among the members; therefore the union has anti-bureaucratic tendencies and emphasizes the independence of union members.

Second, the paper also gives an account of the member's alteration of consciousness. Most of the people of Tokyo Managers' Union have had a sense of loss on labor problems, a need-disposition like financial compensation, and a sense of morality to set their company's unreasoning act right as initial motivation. They have cultivated the anti-company orientated consciousness, which set a higher value of the responsibility of self-determination and the equivalent relation, through the union's problem-solving activities. Some members leave the union after settling their problem. The others who have strongly the consciousness still stay and support the activities of the union for a prolonged period. This alteration of consciousness can be evaluated as the valuable attempts to redefine "company-orientated" society.

　　　Also, it is the future subject for me to determine the position of this survey in theoretical labor union researches.

外国人労働者と高卒就職者の雇用代替

―― 「間接雇用によるマス代替」のプロセスとインパクト ――

筒井　美紀
(日本学術振興会特別研究員)

1. 問題の所在と本稿の構成

　本稿の目的は、外国人労働者による高卒就職者の雇用代替のプロセスとインパクトについて分析し、企業と高校の接続関係の、変容の一側面を解明することである。

　近年、企業と高校の接続関係の機能低下・不全が指摘されている。その原因としては、一方で、景気低迷に加えて、技術革新や産業構造の変化による高卒労働市場の悪化、他方で、高卒就職者の勤労倫理の低さや学力低下が指摘されている。いずれにせよ、企業と高校の接続関係の改善は、社会的・教育的・政策的に緊要の課題である。

　さて、企業が外国人労働者を雇用するのはなぜか。それには2つの理由がある。第1は、人件費削減のための雇用代替である。不況を背景に人件費削減圧力はいっそう増し、企業は中高年女性パートタイマー等が提供する低賃金労働のさらに下を外国人労働者に求めている[cf. 三谷 1993、大竹・大日 1993]。第2の理由は労働力不足[下平 1999]、とりわけ若年者の3K忌避による労働力不足であり、この傾向は中小零細企業において著しい[蜂谷 2000]。

　これらの至極もっともな説明からは、次のような疑問が喚起される：若年者(≒新卒)の雇用代替は生じているのだろうか。生じているとすれば、如何なる企業で、如何なるプロセスとインパクトをともなって生じているのだろうか。こうした疑問の解明が重要であることは、外国人労働者の主たる職種が、高卒労働力の中核的受皿であり続けてきた技能工等(生産工程労働者)[1]であることを考えればわかる。高卒技能工に要求される技能・能力は、技術革新や産業構造の転換

などによって従来より低下し、実質的に単純労働に従事する者も少なくない。つまり、高卒就職者と外国人労働者は職務内容で競合するため、雇用代替の可能性は大きい。したがって、単純労働を非正規の周辺労働市場に限定したり(2)、雇用代替の現象を非正規雇用者に限定するべきではない(3)。

　高卒技能工就職者は2000年3月卒で約10万3千人、対する外国人の生産工程労働者は2000年12月現在、合法就労者だけで約22万人にも昇る(4)。雇用代替のマグニチュードも、決して小さくはないだろう。そのような変動は、如何にして可能となるのか。岩永［1988：150-151］によれば、高卒労働力需給は、「質の実績関係」「量の実績関係」の2類型に大別される。前者は、「一定程度以上の生産能力を保持していることへの期待から積極的に選抜される部分」で、技術職や事務職がこれにあたる。後者は「員数の確保のためにむしろ生産能力をある程度外視して割り当てられる部分」で、技能工等がこれにあたる。この類型化を踏まえれば、高卒技能工の代替プロセスにもまた、同様の量的原理＝「マス代替」が働いているのではないか、と推測される。つまり企業が、外国人労働者の員数を確保することによって、「量の実績関係」が縮小・消滅する、と考えられるのである。

　こうした雇用代替が生じているとすれば、高卒技能工にもたらされる変化は、求人数の減少だけではないだろう。岩永［1983：140］によれば、高卒技能工は、技能水準に関する要求の少なさ、安定的雇用、若干の内部昇進、などをその特徴とする。雇用代替は、こうした質的側面にもインパクトを与えるに違いない。企業と高校の接続関係は、量的側面のみならず質的側面において、外国人労働者の存在を無視して考えることはできないのである。

　以上の疑問を解明するため、本稿は次の4つの課題を設定する。第1、外国人労働者による高卒雇用代替が生じているのは、どのような企業においてか。第2、企業はどのような方法でもって外国人を採用・雇用しているのか。第3、代替される仕事の内容とレベルはどのようなものなのか。第4、そのような代替は、高卒技能工の職務に、さらには彼らの採用やキャリア形成に、如何なるインパクトを与えるのか。

　本稿の構成と方法論・データは、次のとおりである(5)。まず第2節で、先行研究が、本稿の課題に充分なメスを入れてこなかった理由を述べる。続く第3節は、官庁統計を活用し、栃木県を選定する手順と、栃木県の背景データを提示する：

外国人労働者と高卒就職者の推移を辿り、第1の課題に取り組む。第4節は、高卒雇用代替のプロセスとそのインパクトを解明する：企業のインタビュー・データを中心に、県の統計データを併用しつつ、第2・3・4の課題を解明する。第5節は本稿の知見を整理し、その理論的含意について述べる。

2. 先行研究の検討

「外国人労働者による高卒就職者の雇用代替」が、なぜブラインド・スポットであり続けてきたのか。その理由は、このテーマが、国際労働力移動研究と「企業と教育の接続関係」研究の狭間に位置してきたことにある。

国際労働力移動の先行研究のうち、雇用代替に焦点を当てたものについて、ここでは見てみよう。代表的な研究としては、三谷[前掲書]、大竹・大日[前掲書]、稲上[1992]が挙げられる。前二者は、マクロ・ミクロの統計データを用いた数量的研究、後者は雇用主へのインタビューによる質的研究である。三谷の場合は、製造業の中高年女子パートタイマーと外国人労働者の代替を扱っている。大竹・大日は、非正規雇用者との代替関係、正規雇用者との補完関係を検証している。稲上もまた、非正規雇用者との代替を中心に論じている。いずれの研究も、「高卒就職者」という属性には関心を払ってはいない。その理由は、岩内[1995]が指摘するように[6]、これまで日本の労働問題研究においては、学校教育からの労働力供給をめぐる問題への関心が弱かったことが一因である、と考えられよう。

しかし、代替される労働者の属性には、より注意を払うべきである。なぜなら、如何なる属性を持つ労働者が代替されるかに連なる問題群は、異なるからである。企業と教育の接続関係に対して、より直接的で大きなインパクトを与えるのは、高卒代替である。

では、その「企業と教育の接続関係」研究についてはどうだろうか。そこでは国際労働力移動研究の視角や知見が、ほぼ欠落してきたと言ってよい。なぜか。その理由は2点ある。第1に、外国人労働者が急増した80年代において「企業と教育の接続関係」研究は、接続関係形成の歴史的プロセス[乾1990]、「実績関係」を基盤とする学校内部の選抜・配分メカニズムに焦点を当ててきた[天野編1988、苅谷1991]。第2に、90年代に入ると、その中葉以降に「無業者問題」として現出した選抜・配分メカニズムの機能低下・不全が、「日本人」の技能・キャリア形成、

あるいは「日本人の間」の階層問題という観点から、大きな関心が寄せられている[日本労働研究機構 2000a、苅谷他 1996、耳塚他 2000]。

　第1点について補足すれば、外国人労働者の急増が、若年層の3K労働の忌避との関連で、ジャーナリスティックあるいはアカデミックに盛んに論じられていたことを鑑みれば、そうした言説が「企業と教育の接続関係」研究者の耳に届かなかったとは考えにくい。だとすれば、企業と教育とをつなぐ、学校の選抜・配分メカニズムの解明が、如何に重要な課題であったかが理解されよう。しかし、だからといって、「外国人労働者による高卒就職者の雇用代替」が、このまま解明されないままでよい、ということにはならない。

　第2点について補足すれば、苅谷他[前掲書]や耳塚他[前掲書]の研究は、企業と教育の接続関係という課題設定において階層問題を再燃させる試みである、と言える。ここで「再燃」とは、企業と教育の接続の順機能を含めた「日本的経営」、それが支える国民の相対的に豊かで平等な暮らし、といった楽観的日本像に対するアンチ・テーゼであることを意味する。しかし、だからといって、外国人労働者の存在を無視してよい、というわけではない。なぜなら、外国人労働者の圧倒的多数が低熟練労働に従事しているという事実は、エスニシティによる職務階層秩序の形成のみならず、社会階層の形成と固定化につながるからである。[7]秋元[1999]が強調するように、我々は、「日本(の労働者etc.)にとって」という視点ではなく、相手の国(とそこの労働者)という視点、を必要とする。以上のような理由から、「企業と教育の接続関係」と「国境／グローバリゼーション」という、労働社会学における重要課題が交錯する本稿の課題[8]の解明が、極めて重要となるのである。

3. 栃木県の背景データ：仮説生成的記述

(1) 対象府県の選定基準

　本稿は、その課題の解明にあたって、外国人労働者と高卒無業者がともに多い府県を選定し、その府県の企業を対象とする。外国人労働者は周知のとおり、その数と比率の府県差が大きい。これを無視して、例えば日本全体を対象にすると、府県差が平準化されてしまう。したがって、外国人労働者が多い府県を選定するべきである。他方、高卒無業者について言えば、彼らは潜在的失業者と見なせる

ので、いまひとつの選定基準となる。その理論的説明として、樋口［1988］を挙げておこう。樋口は、高齢者や女性パート、若年者などを、外国人労働者によって代替され、潜在的失業者と化す存在と見なす。外国人労働者の流入によって、賃金等の労働条件が悪化し、そのため条件の良い仕事を別に探しても、景気の低迷等で見つからず、就労意欲を失って労働市場から退出する可能性が考えられる。外国人労働者流入の部分は別問題として、高卒就職市場においても、同じようなことが生じている。90年代初頭から現在にかけて求人数は半減し、労働条件・職務内容が悪化しているのである［労働白書 平成12年度版］。高卒無業者の増加は、こうした就職市場の悪化を背景に、そこへの参入意欲を失った結果として生じている部分がある［耳塚他、前掲書］。

 以上、「外国人労働者と高卒無業者がともに多い府県」という基準にしたがって、本稿は栃木県を選び出す。選定手順の詳細については注を参照されたい。(9)

(2) 栃木県：90年代の推移

 それでは、栃木県における90年代の高卒無業者・就職者と、外国人労働者の変動とを見ていこう。この、数量的データの検討作業の後に本節は、「高卒労働力不足ゆえの外国人雇用は99人以下規模、雇用代替は100人以上規模で生じる可能性が高い」という仮説的結論に達する。すなわち、本節が行うのは仮説生成的記

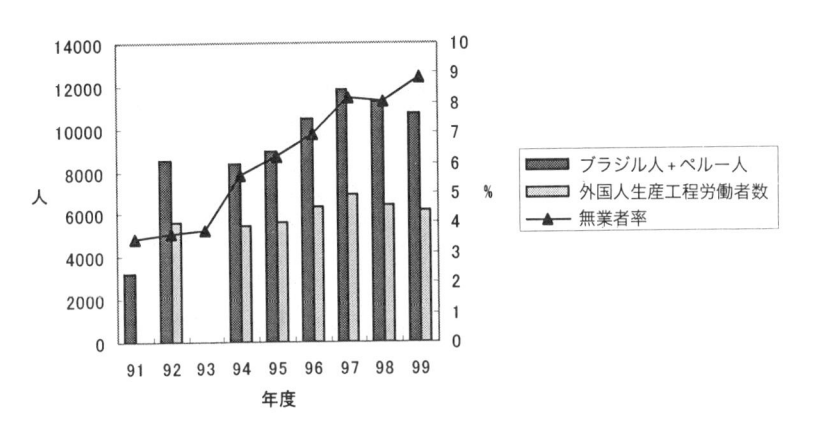

図1 高卒無業者率と外国人生産工程労働者数等の推移

出所) 法務省『在留外国人統計』、総務庁『国勢調査』、栃木県『学校基本調査』。

投稿論文

述であり、第4節における「マス代替」の質的分析に向けての準備作業である。

図1は、高卒無業者率と外国人労働者数の推移を示したものである。(10)このグラフから分かることは次の3点である。第1に、91年度から92年度にかけて、ブラジル人＋ペルー人の人口が急増している。91年度の3240人から、92年度の9506人へと2.6倍の増加である。この背景には周知の通り、90年の入国管理法改正によって、日系人2・3世の就労制限が撤廃されたことがある。これにより不熟練労働――金属加工や機器組立など――に従事する日系人が爆発的に増加したことは、想像に難くない。第2に、しかし、無業者率は93年度まで4％程度で横這いである。この理由は、92年度の新卒労働市場が、近年最も逼迫したことである。そして第3に、無業者率は94年度以降増加基調に転じている。無業者率は、93年度の3.71％から94年度の5.57％へと、2ポイント近く上昇し、これ以降、外国人労働者の増加と無業者率の増加は、随伴して推移していることが確認される。

耳塚他［前掲書］が指摘するように、無業者率の上昇は、高卒求人の激減＝雇用機会の悪化が重要な要因となっている。では、高卒求人はどの程度減少したの

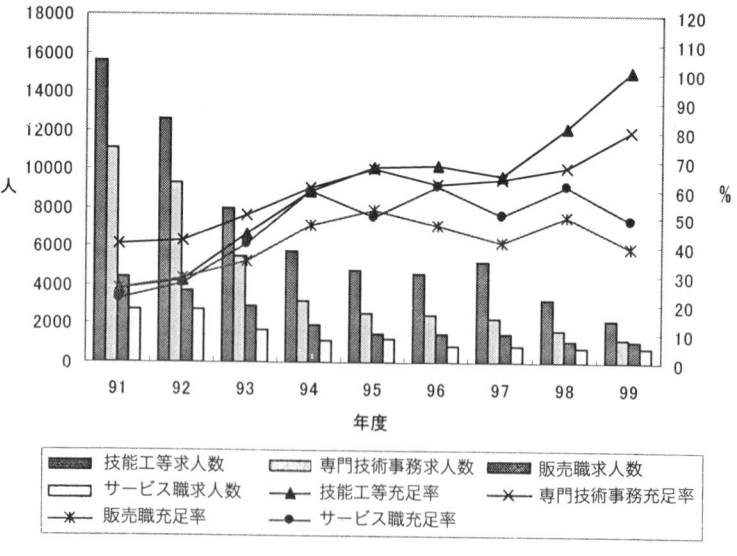

図2 高卒就職者の職業別・求人数と充足率の推移（栃木県）

出所）栃木県労働局『労働市場年報』。

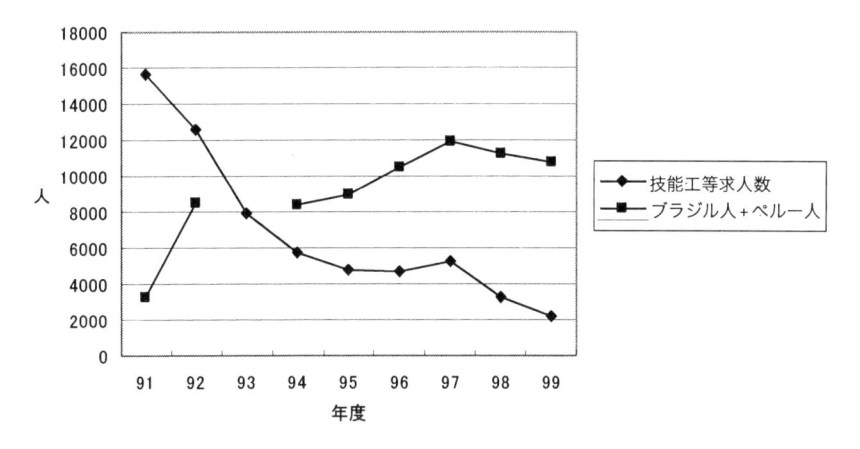

図3　高卒技能工求人数と在留外国人数の推移（栃木県）

出所）法務省『在留外国人統計』、総務庁『国勢調査』、栃木労働局『労働市場年報』。

であろうか。これを図2で確認してみよう。このグラフは、職業別の求人数と充足率の推移を表したものである。ここから確認される最も重要な点は、技能工の求人規模が、他職業と比べて、とりわけ販売職やサービス職と比べて圧倒的に大きいこと、ならびにその激減ぶりである。技能工の求人数は、91年度の1万6000人から93年度の8000人へと半減し、以降、緩やかながらも減少が続いている。こうした技能工の求人数の激減が、高卒就職に及ぼす影響の大きさは、販売職やサービス職のそれの比ではないことは、容易に想像されよう。

では、高卒技能工の求人数の激減と外国人労働者の増加は、どのように関係しているのだろうか。図3は、両者の関係の推移を表したグラフである。ここからは、97年度までは、外国人労働者の増加と技能工の求人数の減少が密接に関連していることが明らかである。

外国人労働者の増加の影響は、高卒就職者の賃金にも及んでいると考えられる。つまり、低賃金労働者の雇用によって、日本人労働者の賃金も低下する、と推測される。図4は、製造業ならびに卸売・小売業、飲食店の18-19歳男子正規労働者の所定内給与額と、外国人労働者の推移を表したものである。ここで高卒初任給ではなく、18-19歳労働者の所定内給与額を用いているのは、『賃金センサス』においては、高卒初任給は府県別データがないため、つまり次善の策として、で

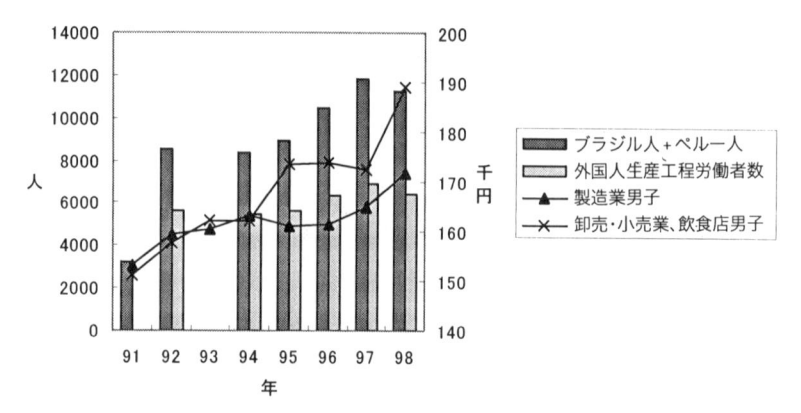

図4　業種別・18-19歳男子労働者・所定内給与額の推移（栃木県）

出所）法務省『在留外国人統計』、総務庁『国勢調査』『賃金センサス』。

ある。図4から読み取れることは、卸売・小売業、飲食店労働者に比べて、製造業労働者の賃金の伸びが低いことである。91年度から92年度にかけては、前述した労働市場の逼迫ゆえにかなりの賃金上昇が見られるけれども、92年度以降は横這いあるいは微増である。

　以上、高卒無業者率・求人数・充足率・賃金水準と外国人労働者数の関係の推移を見てきた。もちろん、高卒雇用の減少の全てが、外国人労働者の増加によるものではない。生産規模の縮小ゆえに、新規採用を手控えている企業も少なくなかろう。しかし、留意すべきなのは、図3において確認したように、高卒技能工求人の減少と外国人労働者の増加の随伴的推移である。しかもその増減は、数千人という幅を持つ。これが示唆するのは、外国人労働者による高卒雇用のマス代替である。それでは、実際はどうなのであろうか。それはどのような企業で生じているのであろうか。次項と次々項では、企業をケースとした栃木県の統計データを検討していく。

(3)　外国人労働者雇用企業の分布

　外国人を雇用している企業は、栃木県においてどのくらいあるのだろうか。ここで栃木労働局『平成12年度 外国人雇用状況報告』を見てみよう。2000年6月1日現在、外国人を雇用している事業所は310箇所、外国人労働者数は4286人であ

表1 規模別／外国人雇用事業所数・外国人労働者数

	事業所数	構成 %	外国人労働者数	構成 %
1～ 4人	2	0.6	2	0
5～ 29	41	13.2	195	3.4
30～ 49	38	12.3	194	4.5
50～ 99	82	26.5	792	18.5
100～299	102	32.9	1528	35.7
300～	45	14.5	1625	37.9
合 計	310	100.0	4286	100.0

出所）栃木労働局『平成12年度 外国人雇用状況報告』。

る。産業別では（表略）、製造業の割合が最も大きく、208事業所（67.1%）、3674人（64.9%）に至る。次がサービス業で、71事業所（22.9%）、516人（23.7%）である。製造業とサービス業を合わせて、事業所数、外国人労働者数ともに9割に達する。事業所規模別では（**表1**）、事業所数、外国人労働者数ともに100～299人規模の占める割合が最大であることが確認される。[12]

では、外国人を雇用している事業所は、全体のうち、各々の規模において、どれくらいの比率に達するのであろうか。**表2**は、『事業所・企業統計調査 平成8年度版 栃木県』[13]を加工したものである。まず確認されるのは、29人以下の事業所は、製造業にせよサービス業にせよ、全事業所の9割を占めていることである。表2は、「大企業＝1000人以上」というイメージの修正を鋭く迫るものと言える。

さて、注目すべきは表2の最右列である。これは事業所規模ごとに、外国人雇用事業所数を全体の事業所数で除したものである。[14]ここからは、100～299人規模の事業所の2割、300人以上規模の3割が、外国人労働者を雇用していることが

表2 規模別／事業所数・内訳

	製造業 (A)	構成%	サービス業 (B)	構成%	製造＋サービス業 (C)	構成%	外国人雇用事業所数 (D)	D÷C (%)
1～ 4人	7774	51.4	18432	65.2	26206	60.4	2	0.008
5～ 29	6951	40.0	8413	29.8	14464	33.3	41	0.3
30～ 49	625	4.1	695	2.5	1320	0.3	38	2.9
50～ 99	452	3.0	460	1.6	2232	5.1	82	3.7
100～299	307	2.0	225	0.8	532	1.2	102	19.2
300～	108	0.4	45	0.2	153	0.3	45	29.4
合 計	15137	100.0	28270	100.0	43407	100.0	310	7.1

出所）総務庁『事業所・企業統計調査 栃木県 平成8年度版』。

分かる。栃木県の高卒就職者は、年度によって多少の差があるけれども、その約半数が100人以上規模の「大企業」に就職している。したがって、100人以上規模の2～3割が、外国人労働者を雇用しているというこの事実は、高卒代替の可能性を否が応でも高めるものである、と言えよう。

(4) 高卒求人未充足企業の特徴

　企業規模が小さいほど、高卒求人の充足率は低くなる——これは常識的事実である。では、高卒就職者の中核的受皿である技能工が充足しない企業の規模はどれくらいなのか。その見極めは、代替が生じている企業の傾向と特徴の把握にとって重要である。

　ここで用いるデータは、栃木労働局『高校卒業生の就職ガイド』という、全求人票を掲載した一覧冊子である。2000年度については、4冊刊行された。[15]最後の1冊は、9月30日現在の未充足企業が掲載されている。したがってデータベースとしては、第1～3報の求人票を入力し、未充足求人か否かを特定しておけばよい。[16]

　表3は、企業規模別の充足企業を、求人職種によって統制したものである。これを見ると、求人職種によって、充足企業の規模に違いがあることが分かる。技術・事務では、29人以下の規模で充足率が低い。技能工は、99人以下である。販売・サービス・料理人等は、特徴がはっきりしない。看護婦・介護要員は、規模を問わず未充足が甚だしい。

　技能工の求人を出した事業所は、全事業所の46％である。この、高卒就職者の中核的受皿である技能工の未充足が著しい事業所の規模は、99人以下である。100人以上規模では、4件に3件以上が充足しているのに対し、99人以下では2件に1件しか充足していない。これを前項の結果と結びつければ、「高卒労働力不足ゆえの外国人雇用は99人以下規模、雇用代替は100人以上規模で生じる可能性が高い」という仮説的結論が導き出せる。

表3　規模別／求人職種別／高卒求人充足事業所の割合

％（実数）

	1～29人	30～99人	100～299人	300人以上	規模合計
技術・事務	55.6(10)	73.7(14)	94.1(16)	84.2(16)	76.7(56)
技能工等	39.5(15)	51.9(27)	77.8(21)	76.9(30)	59.6(93)
販売・サービス・料理人等	16.7(2)	70.0(14)	58.8(10)	82.1(23)	63.6(49)
看護婦・介護要員等	18.2(2)	0	0	0	6.1(2)

4. 雇用代替のプロセスとインパクト

(1) 外国人労働者の採用・雇用方法

　それでは、企業は如何なる方法でもって、外国人労働者を採用・雇用しているのだろうか。この点は、雇用代替の重要な一要素である。なぜなら、外国人労働者の採用がスムーズであればあるほど、高卒就職へのインパクトも大きくなると考えられるからである。そこで、まずこの点から考えていこう。

　岩永[1988]が指摘するように、技能工は、員数確保が必要とされる労働力である。企業はこの「マス採用」の相当部分を高校に委ね、採用コストを引き下げてきた。企業は同様の方法を、外国人労働者の採用においても活用するだろう。すなわち、外部組織に応募者の募集や選抜を委ねるのである。この機能を果たしているものとしては、外国人労働者の職業紹介・斡旋業者(ブローカー)がよく知られている。

　これに加えて、採用と雇用の双方を外部化するという方法が2つある。派遣と請負である。両者において労働者は、派遣元・請負元企業と雇用契約を結び、派遣先・請負先企業で働く。職業紹介・斡旋、派遣、請負の3つは、企業と労働者の間に中間業者が介在するのが共通点である。相違点は、雇用契約の当事者にある。派遣先・請負先企業からすれば、職業紹介・斡旋は直接雇用、派遣と請負は間接雇用である。

　間接雇用のメリットは、必要な労働者数が増えるにつれて大きくなる。一般に、労働者数は、企業規模が大きくなるにつれて増加する。そこで、次の2つの仮説が設定されよう。

　仮説1：企業規模が大きくなるにつれて、間接雇用を採る企業の割合が増加する。

　仮説2：企業規模が大きくなるにつれて、1社あたりの外国人労働者数が増加し、その人数は直接雇用より間接雇用の方が多い。

　仮説検証には、前出の栃木労働局『平成12年度 外国人雇用状況報告』を用いる。まず仮説1について、図5を見てみよう。これは、事業所規模別に、直接・間接雇用の企業の比率を示したグラフである。図5からは、事業所規模が大きくなるにつれて、間接雇用を採る企業の割合が増加していることが明らかである。より

投稿論文

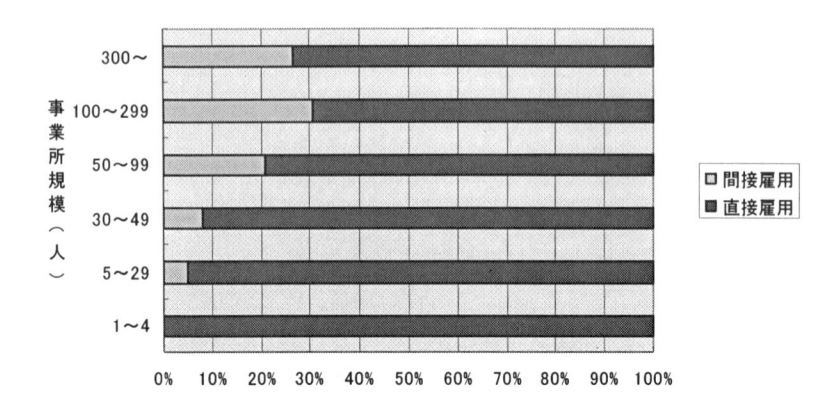

図5　事業所規模／直接・間接雇用の割合（栃木県、平成12年度）

出所）栃木労働局『平成12年度 外国人雇用状況報告』。

細かく見ると、直接・間接雇用の「段差」は、50人以上／未満と、100人以上／未満のところに現れている。100〜299人規模における間接雇用比率は30.4％と最大であり、これに300人以上規模の26.7％が続く。

次に仮説2について、図6に示した。これは、事業所規模別、直接・間接雇用

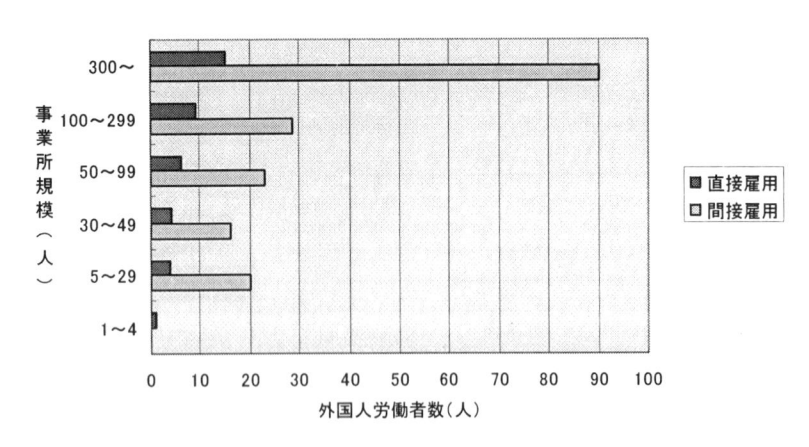

図6　事業所規模／直接・間接雇用別／1社あたり外国人労働者数

出所）栃木労働局『平成12年度 外国人雇用状況報告』。

別に、1社あたりの外国人労働者数を表したものである。ここからは3つのことが分かる。第1に、事業所規模が大きくなるにつれて、直接・間接雇用ともに、1社あたりの外国人労働者数が増加している。第2に、いずれの規模でも、外国人労働者数は直接雇用よりも間接雇用の方が多い。第3に、直接雇用の場合はいずれの規模でも、外国人労働者数が15人に満たないのに対し、間接雇用の場合はそれ以上の人数であり、300人以上規模で飛躍的に増加する。

以上の結果をまとめると、企業規模が大きくなるにつれて、「間接雇用によるマス代替」——誰を代替しているかはひとまずおいて——が生じている、ということが言える。このことは、高卒技能工という大口受皿を減少させている可能性を示唆する。実際、栃木県下のA高校のインタビューは、これが現実に生じていることを示している：「この近くにですね、R社という有名な、大手の、まあこれは自動車部品の会社なんですが、そちらの会社さんも例年採って頂いてたんですが、そちらももうほとんど派遣、あと、まあ、外国人労働者がずいぶん入っているような感じですね」。A高校の『進路の手引き』によれば、1997年度は3人採用された。ところがA高校の進路指導主事が述べるように、外国人労働者（と派遣労働者）の雇用によって、翌年度から採用が消滅したのである。

それでは、こうした高卒の雇用代替はどれくらいのマグニチュードで生じているのだろうか。これを解明するには、企業をケースとした量的アプローチが必要である。しかし、残念ながら、外国人労働者問題というテーマの政治性・社会性ゆえ、関係者の協力を幅広く得た、必要データ（個票）の収集は極めて困難である。[17] 量的アプローチが必要な、マグニチュードの解明は今後の課題として、ここでは「間接雇用によるマス代替」のプロセスとインパクトについて、質的アプローチによって掘り下げていく。以下で行うケース・スタディは、「間接雇用によるマス代替」が、技能工求人の減少といった量的変化のみならず、その人材ニーズやキャリア形成のあり方などの質的変化をもたらすことを解明する。

(4) 間接雇用によるマス代替：そのプロセスとインパクト

筆者がインタビューを行ったS社は、自動車精密部品の請負企業（賃加工）である。但し、自前の工場をもたず、常時70〜80人の現場労働者——そのほとんどが日系ブラジル人で、日本人は若干名である——を、請負先企業のラインで働か

せている。請負単位は工場のラインであり、現在は7社との請負契約(契約期間1年)を履行中である。1ラインあたりの配置人数は、製品の種類によるけれども、通常10人程度である。日系ブラジル人の男女比は7：3、いずれも期間1年以下の契約社員である。時給は男子で900円程度、主に製品検査を担う女子の時給は800円である。男女ともに、ほとんどが単純作業を行っている。

　1ラインあたり10人程度の人員配置から明らかなように、ラインの請負は、雇用代替の規模を大きくする。S社に対して、「高卒求人消滅リスト」を提示し、取引先の有無を尋ねたところ、「2社ありますね」との答えが返ってきた。この「消滅リスト」には、90年代中葉には高卒求人があったのに、90年代末には消滅した、Q職安管轄区の製造業25社が掲載されている。25社中10社が事業所規模100人以上である。S社の取引先2社は、100～299人と300人以上である。[18]この事実は、「間接雇用による高卒マス代替」を支持している。

　この2社は、90年代中葉には20人近くの高卒技能工の求人を出していた。しかし、その翌年度以降、S社との取引が開始され、高卒求人が消滅した。なぜ、高卒者から日系人への雇用代替を行ったかは、この2社に訊ねるまでもないだろう。S社の社長は言う、「コスト削減はね、当然ですよ。企業は上手くいっていて当たり前、なんです」「もう、1年先ですら闇、です。どんな企業も身軽にするしかないですから」。すなわち、経営合理性に従えば、企業は低賃金で雇い止めが容易な外国人労働者を、高卒者の替わりに雇用するのである。

　こうした外国人労働者の間接雇用は、単に高卒就職者のマス代替を生み出し、その減少・消滅をもたらすだけではない。請負という業務のプロセスにも注意を払えば、「エスニシティによる職務のハイアラーキカルな分業」「下級スーパーバイザー養成の少数精鋭化」の2点が浮かび上がってくる。

　前述したように、S社の日系ブラジル人はそのほとんどが単純作業に従事している。もちろん、全員がそうなのではない。熟練した者はより上位の職務を任される。「男性の場合、最高1200円もらう者も何人かいますよ」。しかし、そこで止まりである。

　S社「10人なら10人のラインには、責任者が1人要るんですよ」
　筆者「その人は日系人でも構わないのですか」
　S社「いや、それは駄目！責任者はみんなをまとめなくちゃいけないし、請負

先の担当者から指示を受けてそれを理解して、みんなに指示しなくちゃいけないから、やっぱり日本語できなきゃならないから、責任者は日本人です」

確かに、日系人でも、技能のみならず日本語にも熟練すれば、下級スーパーバイザーへの道も開けてはいよう。しかし、「生産ラインの稼動速度なみ」の、単なる日常会話ではない日本語の上達が可能だとは決して思えない。1年という請負契約期間において、要求水準を上回る製品を生産し続けない限り、次年度の契約はあり得ない。こうしたプレッシャーの中で、「お前、責任者やってみろ」と、日本語の熟練を"OJT"で行う余裕はまずないだろう。かくして、請負という間接雇用によるマス代替は、エスニシティによる職務のハイアラーキカルな分業をもたらしていく側面を持つのである。

S社の下級スーパーバイザーは全員が日本人である。近年の売上状況では、下級スーパーバイザーは7〜8人が適正人数である、という。

筆者「皆さん正社員ですか」

S社「うん、ほとんどはね……最初は仕事を覚えてもらわなくちゃいけないから、半年間は契約社員で見習い、ってことになるけどね。最初の2〜3ヶ月で、仕事覚えてもらって、みんなを指導するようにもなってもらう」

雇用契約期間が6ヶ月、「仕事を覚えてもらう」期間が2〜3ヶ月というこのズレは興味深い。なぜならこのズレは、単に作業の腕前が上がっただけでは、契約社員と比べれば相対的に安定し条件も良い正社員の地位を獲得できないことを示しているからである。下級スーパーバイザーとしての資質と意欲が、見習期間の後半で試されている、と言えよう。

こうした間接雇用のあり方は、高卒技能工の就職ならびに入社後のキャリア形成に対して大きなインパクトを持つ。従来、マス採用された高卒技能工は、技能の要求水準が低く賃金も相対的に低位に留まるものの、雇用自体は比較的安定していた。しかし、請負などの間接雇用のあり方は、第1に、入職口＝求人を減少させる。第2に、入職できたとしても技能と管理能力の両方の上昇なくしては、非正規雇用者による代替可能性が高まり、安定雇用が必ずも保障されなくなる。しかし、企業側としては、それで構わない。周知の通り、日本の企業は、技能と管理能力の両方を、相当の年月をかけて養成していくしくみを保持してきた。最

初は最下位の職務から入り、徐々に上位の職務へと上昇しながら、管理能力をも身につけさせていくのである。しかしながら、ここに挙げたような雇用代替は、こうしたしくみを縮小してしまう。なぜなら、このしくみの実質が外注されるからである。上述したように、請負業者が下級スーパーバイザーの「短期速習」を行っているのである。したがって、例えば前出のインタビューにあるように、「請負企業に指示を出せる者」は、ごく少数で足りる。技能工の新卒マス採用の後、有能な者を選抜していくのではなく、初めから少数精鋭で下級スーパーバイザーを養成していく方が合理的である。

その例としてT社を挙げよう。T社は、社長以下正規従業員20人の土木施工会社である。その内訳は、事務・営業4人、技能工15人となっている。技能工は作業員8人と、現場監督7人に分かれる。なお、92年から非正規作業員として中国人を2人、間接雇用している[19]。

作業員は、掘削、砂利の敷き詰め、重機の運転といった直接作業に従事し、さほどの熟練スキルは必要ではない。では、現場監督は如何なる能力が要求されるのか。

　T社「一般的に、まあ、専門的に、っていうのかな……現場を例えばうちで道路なら道路の工事請け負いますね、そんときその道路の工事を計画から、施工から、ま、いわゆる全部管理できる者ですね。まあ、図面なら図面見て、それをこう、形にできる、その、監督、いわゆる監督ですね」

T社は「現場監督」を、地元のB工業高校から、近年ではほぼ毎年1人採用している。

　T社「そうですね、大体のところうちで子飼いっていうか、あの、仕上げていくっていうか、育っていく連中です。っていうか、工業卒業で、B工あたり地元卒業で」

作業員の募集は一般求人でもよい。T社では、同じ技能工の中でも、こうした下位職務の従事者はほとんどが中途採用者、またあるいは外国人労働者である。しかし現場監督は「子飼い」でなければならない。なぜか。

　T社「技能的なものは（一般求人に）出したくないんですよ。技能っていうのは、ほら、新卒だったらB工の紹介……っていうのがあるからね。向こうでも気い遣ってくれるから。ある程度しっかりした者っていうか、推薦してく

る……」

　実績関係のある高校から採用した1人をじっくり仕込み、現場監督として育てていく。T社は、同じ技能工でも、下級スーパーバイザー候補とそうでない者の採用と訓練を峻別しているのである。

　以上、S社とT社の事例から、間接雇用によるマス代替のプロセス、その帰結としての「エスニシティによる職務のハイアラーキカルな分業」「下級スーパーバイザー養成の少数精鋭化」について解明した。次節では、本稿の知見を整理し、社会的影響と理論的含意について考察を行う。

6. 結論

　本稿で得た知見は3点に整理される。第1に、事業所規模が大きくなるにつれ、「間接雇用によるマス代替」の割合が大きくなっている。その分岐点は、事業所規模100人未満／以上の辺りにある。事業所規模100人未満では、高卒技能工の未充足の程度が著しい。また、100人以上規模では、その規模全体の2～3割もの事業所が、外国人労働者を雇用している。これは、高卒就職者の中核的受皿である技能工の求人に大きなインパクトを与えるものである。そのマグニチュードの解明は、今後の課題であるけれども、インタビューから、「間接雇用による高卒就職者のマス代替」が生じている事実が判明した。したがって、外国人労働者の派遣・請負業者の機能――募集・訓練・選抜・配分――が充実すれば、高卒代替のマグニチュードが拡大すると予想される。例えば、Q商工会議所が関係するU社は、外国人技能研修・実習生制度の運用に携わる営利組織である。ここでは、月に約100人の外国人研修生を受け入れている。研修費用は1人2万円、常時6～7人のトレーナーを配置している。こうした派遣業者は、高等学校にとって、対抗的存在である。

　知見の第2は、エスニシティによるハイアラーキカルな職務分業である。インタビューからは、外国人労働者にとって一定程度の技能形成のしくみが存在するにしても、下級スーパーバイザー以上に進むには厚い日本語の壁があることが分かる。政府や学校は、高卒就職の改善のために、相対的に高度な技能の習得に向けて訓練の実施、労働条件のより良い就職先の斡旋等に励もうとしている［日本労働研究機構 2000b］。外国人労働者の技能・キャリア形成が不充分なまま、こ

の試みが功奏すれば、エスニシティによる職務階層のみならず社会階層の形成とその固定化を許してしまうであろう。

　知見の第3は、下級スーパーバイザー養成の少数精鋭化である。派遣や請負といった雇用代替は、相当の年月をかけて技能と管理能力を身につけさせていくしくみの実質と必要性を大幅に低下させる。派遣や請負業者に指示を出せる少数の者がいればよい。しかし、高卒就職者がそうした養成に耐え得るか。耐え得る高卒就職者はどれくらいいるのか。高卒就職者の意欲や学力の低下が取り沙汰されている状況では、下級スーパーバイザーの「卵」ですら、高卒に求めなくなるかもしれない。実際、T社の社長は次のように言う。「まあ、ほんとの零細企業だし……給料みたいなとこが払えるかどうかってのもあるしね。やっぱり、できれば大卒あたりでちゃんとしたのを採って、少なくてもいいからそういうなのでこなしてもらった方がいっかな」。「給料が払えれば」と社長は言う、しかし、大卒就職市場の厳しさを鑑みれば、大卒による下級スーパーバイザーの代替もあり得る。P商工会議所の話によれば、現に「大卒技能工」が時折見かけられるそうである。

　さて、以上の知見は、「企業と高校の接続関係」研究に対して、如何なる理論的含意を持つのだろうか。それは、「量の実績関係」の「変容の説明」に関わるものであることを述べておく。「量の実績関係」とは、繰り返せば、「員数の確保のためにむしろ生産能力をある程度外視して割り当てられる部分」である。しかし、こうした実績関係は固定的なものではない。なぜなら、企業の雇用戦略は、技術革新や産業構造の変化を契機に変動し、新たな実績関係の形成、またそれまでの実績関係の解消があり得るからである [岩永 1988：151]。

　このように岩永は、実績関係の変容の契機を労働力の需要側に求める。しかし労働力の供給側もまた、実績関係の変容をもたらす重要な要因である。そうした要因の中で本稿は、外国人労働者という労働力の供給源が、「量の実績関係」に与えるインパクトについて解明した。したがって強調すべきは、実績関係の変化が、労働力の需要側のみならず供給側にも契機を含む点を見逃さぬようにしつつ、同時に一国主義的な枠組に陥ってはならない、ということである。なお、一国主義的枠組への陥落の回避は、実績関係の変容を説明する変数が欠けるという理由だけではなく、「エスニシティによる職務階層・社会階層の形成とその固定化」という社会的問題を、視野の外においてはならないがゆえ不可欠である。

本稿はさらに、「量の実績関係」が、「間接雇用によるマス代替」よって縮小・消滅することを解明した。「マス採用」の大幅減少を、より容易に引き起こすのは「マス代替」である。このことは、「労働力供給源の組織化機関」を、「学校の機能的等価物」という概念によって把握する必要性を示唆する。派遣業者や請負業者を、「学校の機能的等価物」として把握することによって、「企業と高校の接続関係」の変容過程は、よりよく説明される[20]。

　今後、「企業と高校の接続関係」はどのように変化していくのか。日本の第二次産業を底辺から支えている技能工——日本人だけではない——は、如何なる教育・労働移動を遂げていくのか。求められているのは、時空を広げ、質的・量的アプローチを併用した、実証研究の蓄積である。

〔注〕

(1) 『国勢調査』『在留外国人統計』など本稿が活用する官庁統計は、「技能工・生産工程従事者」というカテゴリーを用いている。本稿は、冗長さを避けるため「技能工（等）」と「生産工程従事者」と書き分けるけれども、両者は同義である。

(2) 下平［1999］は、単純労働力——不足が著しい——は非正規の周辺労働市場において取引される、という二重労働市場論の枠組を持つ。この枠組は、本稿の課題に関しては、それを充分に解明できない。

(3) 外国人雇用企業のインタビュー調査を行った稲上［1992］は、非正規雇用者との代替を中心に論じつつも、正規雇用者との代替という視点の必要性を指摘している。

(4) それぞれ『学校基本調査』、『在留外国人統計』参照。

(5) ここに、官庁統計以外の主要活用データを整理しておく。
　①「企業等インタビュー」：栃木県の2つの工業都市にて2001年2〜3月に実施。5社、2商工会議所。②「高校進路指導担当教員インタビュー」：栃木県にて2001年3月に実施。進路多様校を対象に、11校で実施した。この高校調査は、平成12年度日本学術振興会の助成を受け（「高校から職業へのトランジションの変容過程に関する研究」）、苅谷剛彦（代表）・千葉勝吾・濱中義隆・堀健志・筒井美紀・大島真夫・林未央・新谷周平・卯月由佳のメンバーで行った共同研究である。

(6) 日本労働社会学会 第7回大会（専修大学）シンポジウムの第1報告。

(7) 「企業と教育の接続関係」研究が、外国人労働者の存在に全く気づかなかったわけではなく、乾［前掲書：245］が次のように指摘している：「……70年代後半以降の経済の後退的局面を通して形成されてきた「外部労働市場」……には外国人労働者の大量流入等、「外部労働市場」の矛盾をいっそう拡大させるような新たな要因が生じている……」。必要なのは、この指摘を一歩進めた実証的研究である。

(8) それぞれ『日本労働社会学年報』第7号、第10号を参照。
(9) まず、外国人労働者については、(生産工程の外国人労働者数)÷(技能工・生産工程従事者数)、という算出式を用いる。データは、若干古いけれども、97年の『就業構造基本調査』および『在留外国人統計』を活用する。分母の値は『就業構造基本調査』から、分子は『在留外国人統計』からである。次に、高卒無業者比率については『学校基本調査』を用いて、(無業者数)÷(卒業者数)で算出する。年度については、外国人労働者とそろえて98年3月卒とする。これら2変数に、階層クラスター分析をかけると、府県は大きく3つに分かれる(紙幅の都合上、図表は省略させて頂く)。Aグループは、東京都・神奈川県の2府県で、無業率が極めて高く、外国人労働者比率は相対的に低い。Bグループは、無業者率が相対的に高く、外国人労働者比率の高低で二分される(B1/B2)。Cグループは、無業者率が相対的に低く、外国人労働者比率の高低で二分される(C1/C2)。

本稿の目的からすれば、注目すべきはB1、すなわち外国人労働者比率と高卒無業者比率がともに高いグループ、となる。ここに属する府県は、茨城県、栃木県、滋賀県の3県である。これら3県は、外国人労働者比率は茨城県1.66%、栃木県1.77%、滋賀県2.87%と差があるのに対し、無業者率は7～8%とほぼ同水準である。これは、茨城県・栃木県では高卒者の就職先・外国人の就業先の「競合→代替」が生じているのに対し、滋賀県では両者の「分断＝棲み分け」が生じているためである、と考えられる。本稿は前者に注目し、栃木県を選定する。なお、雇用代替の2パターン「競合」と「分断」については、筒井[2001]参照。
(10) 外国人に関して、国籍別登録者数──ブラジル人＋ペルー人の合計──と、生産工程の労働者数の両方を提示する理由は、データの出所である『在留外国人統計』が、95年まで隔年刊行のため、90年代の推移を辿ろうとすると91年度と93年度が欠け、高卒無業者率との関係が上手く見えない部分が生じるためである。国籍別登録者数も同統計が出所であるけれども、90年は国勢調査が実施されたので、これによって国籍別登録者数を補えば、グラフの情報量が改善される(『国勢調査』の外国人特別集計は、府県別データは職種別が無く、国籍別と世帯類型別のみである)。なお、「ブラジル人＋ペルー人の合計」とする理由は、製造業で就労する外国人労働者の8割が、この2国の出身者によって占められているからである[栃木県労働局2000]。
(11) もちろん、18-19歳労働者には、中卒者も含まれている。しかし、高卒就職者に対する中卒就職者の割合は、ごく僅かな値であり、無視できる水準といってよい。
(12) 50人未満の事業所は、報告書提出が任意である。この点に留意してデータを読まねばならない。しかし、仮説1と2は規模を統制するので、大きな問題は生じない。
(13) 『事業所・企業統計調査』の平成11年度版は、本稿執筆現在、速報結果のみの刊行。
(14) 分子の外国人雇用事業所の10%は卸売・小売業・飲食店、建設業、その他であるから、製造業＋サービス業で除すのは厳密ではないけれども、栃木県『外国人雇用状況報告』は、規模と業種のクロスがないので、これ以上の精緻化はできない。しかし、

分子は製造業＋サービス業で90％を占めるので、算出された値の過大評価はなきものと考えられる。

(15) この4冊は、職安への求人申し込みの時期別に刊行されている：第1報は6月30日まで、第2報は7月1日〜7月21日、第3報は7月24日〜8月18日である。最後の未充足一覧は、第3報までの未充足企業と、8月19日以降申し込みがあった企業が掲載されている。しかし、申し込みがあってかつ9月30日までに充足した企業は、初めから掲載されていない。それゆえ、充足／未充足企業の分析を、第3報までに限定する。

(16) 求人票の入力は、外国人労働者数の多いP職安とQ職安の管轄区に特定した。なお、インタビューを行った企業ならびに商工会議所も、両職安の管轄区にある。

(17) 最良のデータは、労働省『外国人雇用状況報告』の個票である。この中で高卒求人消滅企業を特定すれば、代替のマグニチュードの分析が可能になる。しかしながら周知の通り、こうした個票は現状では、開示されていない。その利用に向けて、骨を折って下さった栃木労働局の方々に、ここに記して謝意を表したい。なお、企業インタビューもまた、その実施は困難であった。筆者は、栃木県下の工業都市の商工会議所2箇所に、「高卒求人消滅リスト」を渡し、その中の外国人雇用企業の紹介を依頼した。担当者によれば、外国人労働者による高卒代替が生じている企業は、ネガティブな反応を示すところが非常に多かったという。「大手はね、なんか感触悪いんですよ」（P会議所）、「やはり、『なぜ日本の若者を雇わないのか』って、いろんなところから言われていて、やましい気持ちになってしまうようですね」（Q会議所）。商工会議所の方々にも、心からお礼を申し上げたい。

(18) 年度や事業所規模を明示していないのは、匿名性を保持するためである。高卒求人消滅企業はS社の取引先であり、匿名性の保持は当然の倫理的要請である。

(19) T社は、外国人が間接雇用されているけれども、「マス代替」の事例としては、あまり適切ではないかもしれない。しかし、正規従業員20人という規模の企業にとっては、正規作業員8人に対して外国人作業員2人というこの比は、決して小さくはないだろう。

(20) 請負業者による外国人労働力の組織化については梶田ほか[1999]に詳しい。ただし梶田ほかは、「学校の機能的等価物」という観点は有していない。

〔参照文献〕

秋元樹、1999、「推測されるねらい『日本』を離れる」『日本労働社会学年報』第10号、3-9頁。

天野郁夫編、1988、『高等学校の進路機能分化に関する研究』トヨタ財団助成研究報告書。

蜂谷隆、2000、「不況下でも増え続ける外国人労働者―なぜか」『賃金と社会保障』no.1264、4-14頁。

樋口美雄、1988、「外国人労働者問題の経済的側面 国内雇用への影響」『日本労働協会雑誌』no.348。

法務省入国管理局『在留外国人統計』。
稲上毅、1992、「経営戦略・外国人労働市場・雇用管理―事例から見たスペクトラム構造―」稲上毅・桑原靖夫・国民金融公庫総合研究所編『外国人労働者を戦力化する中小企業』中小企業リサーチセンター、113-181頁。
乾彰夫、1990、『日本の教育と企業社会』大月書店。
岩永雅也、1983、「若年労働市場の組織化と学校」『教育社会学研究』第38集、134-145頁。
岩永雅也、1988、「求人段階における企業と学校の対応関係」天野郁夫編『高等学校の進路機能分化に関する研究』140-151頁。
梶田孝道・丹野清人・樋口直人・高橋幸恵、1999、『トランスナショナルな環境下での新たな移住プロセス―デカセギ10年を経た日系人の社会学的調査報告』文部省科学研究費報告書。
苅谷剛彦、1991、『学校・職業・選抜の社会学』東京大学出版会。
苅谷剛彦・粒来香・長須正明・稲田雅也、1996、「進路未決定の構造」『東京大学大学院教育学研究科紀要』第37巻、45-76頁。
耳塚寛明・粒来香・堀有喜衣、2000、「高卒無業者の教育社会学的研究(2)」日本教育社会学会第52回大会発表資料。
三谷直紀、1993、「外国人労働者と女子パートタイム労働者」『国際協力論集』第1号、101-127頁。
文部省『学校基本調査』各年度版。
日本労働研究機構、2000a、『進路決定をめぐる高校生の意識と行動』。
日本労働研究機構、2000b、『フリーターの意識と実態 97人へのヒアリング結果より』。
大竹文雄・大日康史、1993「外国人労働者と日本人労働者との代替・補完関係」『日本労働研究雑誌』no.407、2-9頁。
労働省『労働白書』平成12年度版。
下平好博、1999、「外国人労働者」稲上毅・川喜多喬編『講座 社会学6 労働』233-271頁。
総務庁『賃金センサス』各年度版。
総務庁『国勢調査』平成2年度版。
総務庁『事業所・企業統計調査』平成8年度版。
総務庁『就業構造基本調査』平成9年度版。
筒井美紀、2001、「生産工程の外国人女性と高卒女子無業者―ジェンダー・エスニシティによる職務階層秩序形成の可能性―」『国立女性教育会館研究紀要』第5号。
栃木県『学校基本調査』各年度版。
栃木労働局『労働市場年報』各年度版。
栃木労働局、2000、『平成12年度 外国人雇用状況報告結果』。
栃木労働局、2000、『高校卒業生の就職ガイド』。

⟨Abstract⟩

The Replacement of High School Graduate Job Finders by Foreign Workers —— The Process and Impact of Mass Replacement through Indirect Employment ——

Miki Tsutsui

(Student of Graduate School of Education, University of Tokyo)

The purpose of this paper is to examine the process and impact of the mass replacement of high school graduate job finders by foreign workers.

To date, little attention has been paid to this subject. One reason is that the main concern of labor researchers has been the replacement of irregular employees, who are usually middle-aged married women. Another is that researchers on the transition from high school to work have mainly focused on the linkage between employers and high schools and the mechanism of the selection and allocation of students.

However, high school graduate job finders and foreign workers compete with each other in terms of jobs (especially manual labor in the manufacturing sector) so much that they have effects on each other in many respects. Therefore, the two groups should not be analyzed separately.

Employing both quantitative and qualitative methods and using Tochigi prefecture, where the numbers of both foreign workers and jobless high school graduates (*mugyo-sha*) have been increasing, this paper clarifies the following four points:

(1) The recruitment needs of high school level skilled workers are not met in the manufacturing companies with under 100 employees. (2) 20 to 30 percent of manufacturing companies with over 100 employees employ foreign workers. (3) The larger the employee-size is, the larger is the number of manufacturing companies adopting foreign workers through indirect employment and the larger is the number of them per company. (4) While the magnitude of the mass replacement described above

needs to be further analyzed, it is no doubt an acute occurrence. This paper demonstrates that such replacement brings about the job hierarchy formed by ethnicity and the intensive selection of a smaller number of candidates for training to be junior supervisors. It is thus necessary that such impact to be closely investigated.

研究ノート

日系人労働者における労働市場の構造　　　大久保　武

日系人労働者における労働市場の構造

大久保　武
(東京農業大学)

1. はじめに

　本研究の目的は、1つに景気変動によって外国人労働者、とりわけ日系人労働者が国内の労働市場にいかなる影響を与えるのかを理論的に検討すること、そして日系人労働者は労働市場においてどのような階層的位置を占めるのかを構造的に把握すること[1]、この2つである。はじめに、日系人労働者に関する労働市場分析を取りあげる意味と筆者の問題意識を述べておきたい。

　バブル崩壊後、長引く日本経済の景気低迷により各企業の合理化・リストラが進み、労働市場では雇用者の人員整理や雇用調整が断行されてきたことは、多く人の知るところである。この間、国内で就労する外国人労働者は微増傾向を続け、最新の推計では永住権を有する外国人を除き、1999年にはすでに67万人までに達し、雇用者数のほぼ1.3％に相当する(井口，2001：52-54)。そのなかで、最大多数を占める「不法残留者」の総数は、安定化と滞在の長期化が進み、摘発件数もやや頭打ちであるのに対して、日系人による雇用者数は、不況が長期化しているのにもかかわらず、1994年以降着実に増加しており、1997年には過去最高の23万人強となっている(井口，1999：85-100)。

　日系人の場合、その圧倒的多数が自動車関連の輸送用機械器具や電気機器器具等を製造する特定業種で働いていることもきわめて特異である。雇用形態は、請負や構内下請・人材派遣といった、いわゆる「間接雇用」される労働者が、近年中小企業ばかりでなく大企業においても増加している(労働省，2000：1-26)。しかも、筆者が調査した知見に限られてはいるが、不安定な雇用や就労状態が進展している事例もみられる(大久保，2001：221-228)。

研究ノート

　ところで、これまでの通説に従えば、外国人労働者は景気変動に対する緩衝装置として利用され、不況期には景気の調節弁となって本国人労働者よりも真っ先に雇用調整の"尖兵"としての役割を果たすものと捉えられてきた (森田, 1994：349)。しかしながら、こうした通説を所与の前提とすると、近年の日本経済の失速のもと、現実には次のような矛盾や疑問が生ずる。すなわち、(1)長期不況のさなか外国人労働者、わけても日系人労働者が一層増加傾向を示しているのはなぜか。さらに、(2)失業者や解雇者を出しているのは当の日系人労働者ではなく、基幹労働力たる日本人正規従業員や本工労働者、あるいは日本人臨時工や期間工などの非正規雇用者に現れているのもどうしてか。しかも、(3)日本人労働者の常用雇用にとって替わって、日系人労働者による間接採用が増加しているのはいかなる要因が作用しているのか、ということである。

　結論を先取りしていえば、きわめて逆説的なことに、1990年代末の日本経済の不況の長期化と深刻化そのものが最大の原因であるといわなければならない。つまり、近年の日系人労働者の増加傾向は、この不況期に企業間の受注量がきわめて不安定でありかつ変動が激しいことに遠因を求めることができる。製造業種にとってロスとコストを限りなく削減し、受注変動に機敏に対応するためには生産調整と雇用調整を短期間のうちに、いかに素早く即応させられるか否かが企業経営に決定的な影響を及ぼす。そのため、こうした業種のなかには、固定費のかかる正規従業員の常用雇用を手控え、「斡旋業者(ブローカー)」(2)を通じて"合法的に雇える"日系人労働者の短期間採用に切り替えていったケースも少なくない(3)。しかも、期間を限定して採用と停止を頻繁に繰り返す日系人労働者の「間接雇用」に依存する需給システムを取り入れている製造業種も現れている (大久保, 2000：75-89)。

　さて、日系人労働者は外国人労働者のカテゴリーのなかで、唯一、国内の労働市場で「単純労働」に就労することが法的に認められている存在である。しかしながら、彼(女)らに与えられている法的地位とは別の次元で、日系人労働者の浮動的で不安定な派遣労働を増加させている要因の基底には、日本人とは異質なエスニシティを担っていることが問題として伏在していると筆者は捉えている(4)。つまり、彼(女)らは"ニッケイジン"というエスニシティを背負っていることから、労働市場の内部では中核的な日本人労働力とは「分断化」されると同時に、他方では「構造化」される階層的位置におかれていると、筆者は認識する。

"ニッケイジン"というエスニシティに結びついた日系人労働力のありようを、労働市場分析によって究明すること、これが本研究の目的である。

2. 日系人労働者の労働市場分析

本節は、日系人労働者を含む外国人労働者における労働市場分析として、とくに「景気変動による外国人労働者雇用の国内労働者への影響」に焦点を絞って、主要な先行研究を取りあげ検証したい。

論点は、景気変動が外国人労働力の需給関係にどのような影響を与えるのか、また、外国人労働者が働く職域と国内の労働者が働く職域との関係、つまり雇用機会をめぐる競合関係は相互にどのように作用するのか、ということである。

この2つの議論は、視点を換えれば、外国人労働者と国内労働者との「代替／補完」関係、あるいは外国人労働者の労働市場における「構造化／分断化」説をいかに考えるかということになるが、外国人労働者の労働市場への参入あるいは流入が、国内の労働者と雇用機会をめぐって競合関係になるか否かについては、次に論究するように理論的にも実証的にも一概に断定することは難しい。また、景気変動が及ぼす外国人労働者の労働力需要に対する評価も、いかなる分析の視点に立って論ずるかによって、どれが妥当するかは見方や意見の分かれるところである。

ただし、ここで取り上げている日系人労働者に関する労働市場分析について言及するならば、筆者の主張はきわめて単純明快である。すなわち、すでに述べたように"ニッケイジン"というエスニシティ差別に結びついた日系人労働力のもつ特異性から、日本人労働者、とくに不安定雇用層ならびに不安定就労層との「代替／補完」関係、また彼（女）ら日系人労働者を地域の労働市場において捕捉する場合、「構造化／分断化」説をもって把握することの妥当性を支持しているのが筆者の基本的スタンスである。以下、先行研究を検討していこう。

(1) 外国人労働者と日本人労働者間の「代替／補完」関係

はじめに紹介するのは、外国人労働者の雇用は、日本人の臨時工や期間工、パートタイム労働者などの非正規雇用労働者（いわゆる「不安定就労層」）とは代替関係、そして正規労働者とは補完関係にあるとする捉え方である。

研究ノート

　大竹文雄と大日康史は、「外国人労働者の流入が、正規労働者、非正規労働者の賃金水準や労働需要にどのような影響を与えるかを実証的にあきらかにする」(大竹・大日，1993：2) として、自動車・電気関係の下請中小企業において外国人労働者が果たす役割に関して、企業別の個票データ (雇用形態別の賃金のミクロデータ) を用い、生産関数 (労働需要関数) を分析して「代替／補完」関係の弾力性を計測している。

　結果、外国人労働者と正規労働者とは補完的だが、非正規労働者との間に統計的に有意な代替関係が推定されたとしている。そして、「外国人労働者が10％増加すると非正規労働者の賃金を約3～5％低下させることになる。この外国人労働者が国内非正規労働者に与える影響は、アメリカにおける地域別データを用いた研究に比べて大きい」と述べている (大竹・大日，1993：8)。

　この推定を根拠に、非正規雇用に関しては、外国人労働者と国内労働者とは「競合関係」に立ちやすいと安易に解釈する論者もいるが(井口，1999：93)、広く一般化するためには、分析内容をより精緻化しなければならないことはいうまでもない。

　すなわち、ここで用いられた分析データは、外国人労働者を雇用している中小の製造業126社のうちの109サンプルを推計しているに過ぎず、しかも、このなかにいかなる外国人労働者が雇用されているのかは必ずしも明らかではなく、その属性についても言及がないからである (すなわち、論文のなかでサンプルとして取り上げられている非正規労働者、正規労働者双方の基本的な諸属性についての詳細は不明である)。大竹・大日ら自身も指摘しているように、推定の信頼性やデータの一般性に検討の余地があり、解釈には十分留意が必要である。

　なお、労働市場に関する計量分析については、賃金所得の推計、とくに賃金格差 (労働報酬) をめぐる統計処理に関して、競争的な労働市場を前提として議論を展開する標準的理論に対する現実的妥当性について、疑問なしとはいえないことも付言しておきたい (式部，1994：185)。

(2)　外国人労働者の流入・参入による労働市場の「分断化／構造化」説

　外国人労働者が流入あるいは参入した労働市場では、本国の労働者が就きたがらない仕事が支配的となり、そこには外国人労働者が主として就労する一定の職

域が形成されるとした。こうした職域は景気変動に左右されることなく、外国人労働者による労働市場は「構造化」されると捉えられる。そして、外国人労働者と本国人労働者の間には、労働市場の「分断化」が発生するとした。これは「分断された労働市場」あるいは「労働市場のsegmentation」という見解を支持する立場からだされた議論である(式部,1994：176；桑原編,2001：36-37)。

この捉え方は、DoeringerとPioreによって提起された分断的労働市場論(segmented labor market)あるいは二重構造論(dual labor market)として知られる。すなわち、労働市場は、正規に雇用された基幹労働力(primary workers)からなる第1次労働市場と非正規に雇用された周辺的・縁辺的な労働力(secondary workers)からなる第2次労働市場とに分断される(segmented)と主張するのが、この「二重構造論」の見解である(Doeringer, P. and Piore, M., 1971: Chap.8；下平,1999：237)。

この主張によれば、外国人労働者は、本国人労働者とは異なる職域に就労する傾向があるため、当該職域への外国人労働者の就労増加が、ただちに本国人労働者の雇用に影響や作用を及ぼすことにはならないとした。

ただし、管見では、この議論は性や人種などを含めエスニシティに関わる差別的な就労忌避や労働慣行の存在と深く連鎖していることを等閑視してはならず、職業としての差別や排除の論理・構造が生まれるかどうかも検討すべき重要な問題を孕んでいる。

したがって、日系人労働者をめぐる労働市場の分析には、こうしたエスニシティの視点を導入し、考察を豊富化することが必要であり、その立場から「労働市場のsegmentation」という見解・主張を積極的に支持したいというのが筆者の意見である(大久保,1999b：21)。

ところで、外国人労働者の流入・参入による労働市場の「構造化／分断化」説に関する実証研究については、桑原靖夫らが近年実施した日米共同調査が議論の参考となる。

この調査研究は「景気循環が外国人労働者に対する労働需要にいかなる影響を与えるのか」(桑原編,2001：35)という問題意識のもと、静岡県浜松市とカルフォルニア州サンディエゴの2地域が選定され比較分析されている。彼らは外国人労働者の「構造化／分断化」説についての知見を、以下のようにまとめている。

すなわち、桑原は、サンディエゴの場合は労働市場の「分断化」が顕著に進行

研究ノート

していると判断できるが、浜松地域ではサンディエゴと比較すれば、労働市場の「構造化」の程度は明らかに低いと指摘する(同編：60, 64)。その根拠は、サンディエゴの高位依存型企業(労働者に占める外国人の比率が平均より高い企業—引用者：補注)では、アメリカ生まれの労働者と外国生まれの労働者の間に、仕事の割振りで低位依存型企業の場合よりはっきりした差がみられる。これらの企業ではアメリカ生まれの労働者は外国人労働者が担当しているような仕事にはほとんど就いていないが、浜松地域の場合は、一部の外国人労働者への依存度がきわめて高い企業を別にすれば、企業にとってもかなり幅広い選択の余地があり、流動性が多分に残されている、とみているからである(同編：57, 60)。

さらに、桑原は「企業レベルで外国人労働者への需要はどの程度まで景気循環から独立なのだろうか」(同編：63)と問題提起しているが、浜松においては、日本経済の不況がかなり厳しく、長期に継続したにもかかわらず、外国人労働者への需要は安定しているとした。そのうえで、「景気循環は外国人労働者の需要にあまり影響(とりわけマイナスの効果)を及ぼさなかったといえる。……少なくとも、外国人労働者が景気循環の調節弁的労働力となっているとはいいきれない。……これらの地域の経営者は外国人労働者を、景気循環に対応して簡単に調節可能な労働力とは考えていないようだ」と結んでいる(同編：64, 傍点引用者)。

一方、この桑原らの共同調査に参加した山越徳は、同書のなかで「バブル経済崩壊後、各企業での雇用への対応が厳しくなったり、経済や業界の動向への、より感応的な雇用調整を行える方向に進んできていることが外国人労働力をして、よりいっそうその調整対象の労働力の一部として位置づけられると同時に、不足する労働力の貴重な労働力にもなってきているのである」(同編：187, 傍点引用者)と述べている。

ここにみるように、「景気変動が外国人労働者の労働力需要にいかなる影響を及ぼすのか」について、両者の間で評価が二分されており、桑原らの共同調査は、提起された論証課題が十分相互に検討されないまま宿題を残すかたちとなっている。すなわち、浜松地域の労働市場に就労する外国人労働者(大半は日系ブラジル人労働者である)の場合、景気循環から一定程度独立して「構造化」している存在と考えられるのか、それとも、従来からの捉え方のように景気低迷の深化とともに外国人労働力は一層調整可能な労働力として考えるべきなのか、というこ

とである。

　しかし、山越も指摘するように、外国人労働力が、「不足する労働力の貴重な労働力にもなってきている」との見方は、景気変動にもかかわらず、日系ブラジル人労働者は、地域の労働市場において不可欠な必要労働力(いわゆる「構造化」されている)として組み込まれていることを例示するものだろう。

3. 重層的下請構造に包摂・構造化される日系人労働者と不安定就労層の存在

　今日まで、さまざまな観点から実証分析を念頭においた外国人労働者に関する調査研究が実施され、この問題を扱った内外の著書、論文、報告書等あまた公にされてきた。しかし、筆者の知りうる限りではあるが、国内で就労する外国人労働者の態様が当該地域の労働市場や産業構造との関連で分析され彫琢された先行研究は、必ずしも多いとはいえない。せいぜい、「日本の労働市場における外国人労働者の位置づけを確定するには、まだ実証的材料が十分でないように思われる」(森田，1994：349)、あるいは「外国人労働者の労働市場内部の階層性の問題が残されている」(戸塚，1994：130)と論じられてはいるものの、地域のレベルまでおりて検証作業が試みられているわけではない。

　すなわち、筆者の問題関心に引きつけて実証分析の方向性を提示するならば、地域の労働市場に新たに参入・流入した日系人労働者と、すでに存在する日本人労働者との間の構造的な関係、つまり、これまでの産業構造や職務構造、雇用関係のなかで一体どのような階層関係を結ぶのか、といった問題設定に関する現状分析はほとんど手つかずのままであったといってよいだろう。敷衍すれば、日系人労働者と日本人労働者(とりわけ不安定就労層、不安定雇用層)との「代替／補完」関係と日系人労働者の「構造化／分断化」説を把握する際の焦点のおき方の問題である。

　そこで、本研究では論点の1つとして、日本の企業体制としての重層的下請構造とこの下請構造のもとに包摂・構造化される日系人労働者と日本人の不安定就労層、不安定雇用層との間の相互の関係について指摘しておきたい。

　日本の企業体制は重層的かつ広範な下請システム、いわゆる「重層的下請構造」を発達させてきたことは、周知のことであろう。大企業が中小企業を、そして中小企業が零細企業を下請企業として傘下におく下請制度である。上位企業が

研究ノート

発注企業として部品製造や生産工程、現場作業を下請企業におろし、資本投下や固定費・人件費を抑制・圧縮して景気動向に機敏に対応するための下請構造を重層的に編成し序列化させてきた。

　一方、個々の企業や工場では正規に雇用された恒常的労働力たる本工労働者による生産・製造とは別に、景気変動や季節的変動による追加的な需要を賄うための臨時工や期間工(従来、その多くは農村部からの出稼ぎ労働者としての季節工であった)、あるいはパート労働者や社外工が雇われ、また下請企業に外注化する方法がとられてきた。

　こうした臨時工や期間工としての出稼ぎ労働者、社外工、パート・日雇い労働者などの、一般に「不安定雇用層」あるいは「不安定就労層」と呼ばれる労働者は、企業にとっては非正規に雇用した周辺的・縁辺的な労働力(secondary workers)として、賃金は低く抑えられ昇進・昇格の必要もなく、「雇用調整の容易な労働力(フレキシブルな緩衝要員)」としての役割を求められてきたところにその存在意義があったといってよいだろう。これが、「労働市場の二重構造」の基層を構成するものであり、恒常的な基幹労働力からなる第1セクターと非正規に雇用された周辺的な労働力からなる第2セクターとして、労働市場が分断される(segmented)状態を示すことは、すでに述べたとおりである。

　日本経済の好況期にあった1990年当時、製造業を中心とした産業界では、中小企業や零細規模工場において労働力の枯渇、とりわけ単純労働力の慢性的な不足が深刻化した。とくに、自動車関連産業(部品製造や金属加工・プレス・溶接・塗装等)の生産工程や加工部門、あるいは電気製品や電機部品組立の技能工など、俗に「3K」職種と呼ばれる底辺・不熟練労働分野では「労働力の空洞化」が叫ばれ、こうした工場や事業所が集積する愛知・静岡・群馬・長野・神奈川各県の工業都市の地域労働市場では、今後予想される熾烈な企業競争や国際競争に勝ち残っていくために、多くの企業が"合法的に雇える"ブラジルやペルーなどの日系人労働者の導入に踏み切っていった。この時期以降、これらの工業都市には中南米出身の日系人労働者が大量に流入してくることになる(大久保, 1999b：12-24)。

　ここで重要なことは、多くの日系人労働者が組み込まれ、包摂・構造化されることになる不熟練労働や「3K」職種の地域労働市場というのは、かつて臨時工や期間工として雇われた出稼ぎ労働者や、社外工、パート・日雇い労働者などの非

正規に雇用された周辺的・縁辺的な労働力としての日本人労働者によって担われていた不安定就労分野であったということである。このことを念頭におく必要があるだろう。

森田桐郎が述べるように「いわゆる3K職種を本国人労働者が忌避し、その空白を外国人労働者あるいは少数民族（ethnic minority）の労働者が埋めるという傾向は、高度資本主義諸国で一般的に見られる現象であるように思われる。日本でも、景気循環による雇用変動とは無関係に、そうした業種および職種において恒常的に労働力不足が生じていることは、ほぼ確信できる。……元来、3Kといわれているような仕事は、昔から存在したのであり、しかも、かつて本国人（日本人）労働者がそれらの仕事をすべてやっていたのである」（森田，1994：345-346）。

したがって、新たに労働市場に編入された日系人労働者に求められた階層的位置というのは、既存の重層的下請構造の再生産を担うことであり、これまで不安定就労層や不安定雇用層が担ってきた役割を代替／補完することにこそ、彼（女）らの存在価値があるといえるだろう。言い換えれば、日系人労働者は、トップからボトムに至る日本企業の重層的下請構造の底辺部分に、追加労働力として常に補填されることで形成されてきた不安定就労層や不安定雇用層の階層化と序列化の構造がそのまま踏襲・適用され、こうした階層と通底する労働条件のもとにおかれていると認識するのが妥当ではないかということである。こうした分析視角は、筆者が実施したいくつかの地域調査から得られた経験知である（大久保，1999a：1999b：2000：2001）。

西澤晃彦が指摘するように「それはいわゆる『単純労働力』の内実であり、日系人カテゴリーに結び付けられた役割である。そこでの日系人への役割期待は、不安定就労層の地位を出ない緩衝装置であり、社会的には排除されながらも『合法的』な労働力」（西澤，1995：21）といわれる所以であろう。[5]

4. おわりに

S・サッセン（Saskia Sassen）は「労働市場のcasualization」という概念提起をしたが、彼女は「浮動的で不安定な就労形態の増大」は、労働市場への移民労働者の流入を容易にする重要な過程であると位置づけた。[6] 近年における日系人労働者の増加傾向をサッセンの指摘になぞらえても間違いではないだろう。なぜなら、

研究ノート

1990年代後半以降、日本経済の失速と失業率上昇のなかで、厳しい労働市場の情勢のもと「浮動的で不安定な就労形態の増大」は、一層進展の度合を深めていると捉えられるからである。

　1997年の労働力調査によると、国内の臨時・季節労働者は660万人で、これに派遣労働者やパートタイム労働者を加えればその規模はさらに大きくなるといわれる（井口，1999：85）。先にみたように、日本国内で働いている外国人労働者は約67万人と推計されている。このうち、50万人以上は単純・不熟練労働分野で就労し、そのなかで合法化されている日系人が22〜23万人。それ以外は資格外活動をしている「不法就労者」（不法残留者）と呼ばれる人たちである。ただし、「不法就労」する外国人労働者の実態については、性格上厳密な統計数値は把握しえないが、この不況下、水面下で働く「資格外就労」外国人はかなりの数にのぼるとみられる。それゆえ、国内の単純・不熟練労働分野では、合法・非合法を問わず、相当数の外国人労働者によって不安定就労が担われていると想定することができる。

　日本経済の長期低迷と国際競争の激化のなかで、徹底した低コストでの生産体制と固定費や人件費の究極的削減と圧縮が求められる製造業部門の、大企業をはじめ中小・零細下請企業にとって、派遣労働力としての日系人労働者の存在は、彼（女）らをして、「雇用調整の容易な労働力」にとどめおくのではなく、現実問題として必要不可欠な労働力として労働市場に包摂せざるを得なくなっている。その意味で、これからも"合法的に雇える"「外部労働力」としての日系人労働者の労働市場への「構造化」は一層深まっていくことだろう。そしてまた、企業の経営層にとって「雇用調整の容易な労働力」としての日系人労働者の存在は、非正規雇用の不安定就労層や不安定雇用層との「代替／補完」機能をさらに強化させる一方で、正規雇用の日本人労働者との間には、労働市場の「分断化」を進めていくことが考えられる。

　いずれにせよ、「日系人労働者における労働市場の構造」分析は、地域の場面でのインテンシブな実態調査によって、現実的かつ具体的な実証研究がなされなければ、その内実を解明しえないことはいうまでもない。

〔注〕
(1) 外国人労働者の地域労働市場への流入と定着化にともない、従来国内労働者のみで比較的単純であった労働市場が多層化し、階層構造が生まれつつあることを図式化して示したものに稲上毅・桑原靖夫らの「外国人労働市場のモデル」（稲上・桑原ほか，1993：124-127）がある。さらに、この稲上・桑原のモデルを援用し精緻化したものに下平好博の「階層化する外国人労働者の単純労働市場モデル」（下平，1999：244）をみることができる。

　ただし、外国人労働者の国籍別の階層化の試みのなかで、常に階層の最上位に位置づけられているのは日系人労働者であることは稲上・桑原、下平両者の分析に共通しているが、筆者の問題関心からいえば、新規に国内の労働市場に参入した日系人労働者とすでに存在している国内の日本人労働者、とくに地域の労働市場で競合関係に立つと想定される不安定就労層や不安定雇用層との間にどのような構造的な階層関係を結ぶのか、については残念ながらどちらも論究がない。

(2) 日系人労働者の雇用と就労に深く関与する「斡旋業者（ブローカー）」の機能と態様については、ここでは議論する余裕をもたない。別の機会に譲るが、さしあたり最近の研究では、丹野清人がおこなった参与観察による調査研究が有益である（丹野，2000：18-36；1999：21-24）。

(3) 長野県下諏訪地方では「外国人登録者／不況で急増？」という記事の新聞報道がなされ、製造業が集積する地域性から、不況で不安定な受注に直面した企業が固定費を圧縮するため、正社員の常用雇用を手控え、業務請負業者を通じて外国人労働者の短期間の間接雇用を進めていることが報じられている（『信濃毎日』1999年6月16日付）。

(4) 日系人労働者問題を扱ったルポルタージュは必ずしも少ないわけではないが、スペイン国営通信社東京支局の記者モンセ・ワトキンスが取材した『ひかげの日系人―ガイジン記者が見た南米の出稼ぎ労働者―』（彩流社，1994年）は、そのなかでも好著であろう。ワトキンスは「彼らは1990年代の『非人』であり、日本社会の『隠れた顔』である。隠れた顔は、多くの日本人にとって『知られざる顔』であり、日本経済の繁栄に貢献しているにもかかわらず、これらの労働力の雇い主たちが知ろうともしない側面なのだ。『ユニホーム社会』といわれる日本社会が潜在的に持っている『よそ者に対する不審と不安』が、彼らとの労働契約に反映されている」（同：180-181）とみる。

(5) 西澤（1995：18）は、「あっせん業者を通じて紹介される仕事はあくまで臨時工・社外工に限られ、その地位から脱け（ママ）出す途につながることはない。結果、日系人は、一定の階層に留まり続けながら移動を繰り返すことになる」と指摘している。同様に、日系人労働者を「不安定雇用層」あるいは「不安定就労層」の関連で捉える分析視角については、大久保（1999b：13）を参照されたい。

(6) 森田桐郎はサッセンの指摘する"casualization"という用語は、casual labor から想起されるように、臨時雇用、派遣労働、アルバイト・パート労働など、固定的でない雇用形態に基づく労働が増大する現象を指していると、サッセンの言説を補足する（森

田ほか訳，1992：5-20)。なお、森田はこの概念提起を受け、最近の外国人労働者の労働形態・雇用形態の変化を示すのにきわめて適切であると評している。

〔引用文献〕

井口泰(2001)、『外国人労働者新時代』ちくま新書288、筑摩書房。

井口泰(1999)、「外国人労働者の流入と我が国の不安定雇用層」『日雇労働者・ホームレスと現代日本』社会政策学会編・社会政策学会誌第1号、御茶の水書房。

稲上毅・桑原靖夫・国民金融公庫総合研究所(1992)、『外国人労働者を戦力化する中小企業』中小企業リサーチセンター。

大久保武(2001)、「地方都市における日系外国人の労働と生活の不安定―長野県上田市・小県地方に集住する日系ブラジル人の雇用形態―」『日本都市学会年報』日本都市学会、Vol.34。

大久保武(2000)、「近年における日系人労働者の不安定雇用の増加と特質」『農村研究』東京農業大学農業経済学会、第91号。

大久保武(1999a)、「不況下における地域労働市場の構造変化と外国人労働者」『日本都市学会年報』日本都市学会、Vol.33。

大久保武(1999b)、「外国人労働者の就業構造と分断的労働市場」『農村研究』東京農業大学農業経済学会、第88号。

大竹文雄・大日康史(1993)、「外国人労働者と日本人労働者の代替・補完関係」『日本労働研究雑誌』Vol.35, No.407, December。

桑原靖夫(2001)、「展望：どこから来てどこへ」同編『グローバル時代の外国人労働者』東洋経済新報社。

Saskia, Sassen (1988), *The Mobility of Labor and Capital*, Cambridge University Press, Cambridge〔サスキア・サッセン(1992)『労働と資本の国際移動』森田桐郎ほか訳、岩波書店〕.

式部信(1994)、「労働市場とジョブ構造―移民労働者位置づけのための基礎理論―」森田桐郎編『国際労働移動と外国人労働者』同文舘。

下平好博(1999)、「外国人労働者―労働市場モデルと定着化―」稲上毅・川喜多喬編『講座社会学6 労働』東京大学出版会。

丹野清人(2000)、「日系人労働市場のミクロ分析」『大原社会問題研究所雑誌』法政大学大原社会問題研究所、499号。

丹野清人(1999)、「在日ブラジル人の労働市場」『大原社会問題研究所雑誌』法政大学大原社会問題研究所、487号。

戸塚秀夫(1994)、「共通論題の報告・討論を聴いて」『日本における外国人労働者問題』(社会政策学会年報第38集)、御茶の水書房。

Doeringer, Peter B. and Michael J. Piore, *Internal Labor Markets and Manpower Analysis*, M.E.Sharpe, Armonk, London, 1985(初版1971), Chap.8.

西澤晃彦(1995)、「日系ブラジル・ペルー人の労働と生活」『寄せ場』日本寄せ場学会、NO.8。

森田桐郎(1994)、「日本における外国人労働者」同編『国際労働移動と外国人労働者』同文

舘。
モンセ・ワトキンス、(1994)『ひかげの日系人―ガイジン記者が見た南米の出稼ぎ労働者―』彩流社。
労働省職業安定局外国人雇用対策課(2000)、「外国人雇用状況報告(平成12年6月1日現在)の結果について」(労働省発表平成12年12月4日)。

書　評

1　リリ川村著
　　『日本社会とブラジル人移民
　　　——新しい文化の創造をめざして——』　　　　　浅野　慎一

2　小野塚知二著
　　『クラフト的規制の起源
　　　——19世紀イギリス機械産業——』　　　　　　大重光太郎

3　河西宏祐著
　　『日本の労働社会学』　　　　　　　　　　　　　松島　静雄

4　伊賀光屋著
　　『産地の社会学』　　　　　　　　　　　　　　　樋口　博美

5　金野美奈子著
　　『OLの創造
　　　——意味世界としてのジェンダー——』　　　　合場　敬子

リリ川村著
『日本社会とブラジル人移民
——新しい文化の創造をめざして——』
(明石書店、2000年、208頁、定価2,200円＋税)

浅野　慎一
(神戸大学)

1. 本書の概要

　本書の主題は、ブラジル人労働者が、日本への出稼ぎを通して、いかなる生活戦略と文化様式を創出しているかを明らかにし、その社会的意義を考察することにある。

　まず、「序章　移住労働者の断片」では、ブラジル人労働者の基本的特徴が描き出される。ブラジル人労働者は日本では主に不熟練労働者だが、来日前は多くが大卒・中間階級・専門職だ。彼らは、日本の入管法に基づき、日系人の血統によって選択されたが、しかし実際にはブラジル的文化をもち、来日後は「日本化」の圧力の下、二つの文化をミックスすることで自らの生活を実現している。

　以下、「第1章　グローバリゼーションと労働者の国際移住」では、ブラジル人労働者の日本移住の経済的・社会的背景、「第2章　日本におけるブラジル人移民の文化継承」では、主にブラジルでの日系人の生活・アイデンティティの歴史的・世代的変遷、そして「第3章　旅行はNO、仕事はYES！」では、日本社会におけるブラジル人労働者の概況が、それぞれ明らかにされる。

　それらをふまえ、「第4章　日本の労働市場でのサバイバル」では、労働を通した文化変容が解明される。

　まず、ブラジル人労働者は、日本の職場で様々な文化的葛藤・衝突を経験する。日本人労働者は抑制的・婉曲・集団主義的・計画的だが、ブラジル人は感情的・率直・個人主義的で自律的・即興的に「どうにかする」文化をもつ。日本人の文化は儒教的思想や伝統的稲作儀式に根ざすが、ブラジル人の文化は西洋的だ。

　また日本の労働組織は、労働者に抽象的推察力・創造力等の知的・情緒的能力

を要求する。さらに「師匠―弟子、侍―家来の関係」にも似たOJTにより、日本的労働組織に適合的な技能・資質が伝達される。日本人労働者は、学校での品行教育等により、それによく適応している。ブラジル人労働者も、そうした能力を一定は発展させる。しかし、ブラジル人には多くの場合、新技術・専門的知識へのアクセスは制限されている。

ブラジル人労働者の権利を守る活動は存在するが、ブラジル人の個人主義等がその発展を妨げている。ブラジル人は、日本語や日本の価値観を習得することで、単純肉体労働からの脱出を図っている。

さて、「第5章　日常生活における戦略」では、多様な生活場面での文化葛藤・文化変容が考察される。

まず、日本人の家族観は東洋の伝統的モラルに基づくが、ブラジル人のそれは西洋キリスト教的だ。近隣でも、日本人からみると、ブラジル人は無秩序なエゴイストに映る。ブラジル人からみると、日本人は冷たく、他者に無関心だ。ただし、二つの文化の混合により、新たな文化様式が双方に形成され、特に両国を往復するブラジル人には、社会文化的な柔軟性が獲得される。

ブラジル人の日本での共同・連帯は、一時的・逸話的である場合が多い。ただし、子供の教育問題への対応等を通して、ブラジル人の中にも集団的・組織的な活動が生まれつつある。

「第6章　移民子弟の教育」では、学校教育を契機とした文化変容が考察される。

日本の学校では、家族・企業・天皇への愛を基礎とした国への愛が教育され、集団主義・責任感・計画性等の文化をもった日本国民が育成される。また日本人の母親は、クラス全体の評価がよいものとなるよう、外国人生徒の親ともよい関係を保とうとする。これに対し、ブラジル人は、様々な文化的摩擦・不適応に直面する。高学年になると、日本語の困難も大きい。ブラジル人の子供が多い学校では、問題解決に向けて様々な対策が講じられているが、組織的対処はまだ不十分だ。ただ、それにもかかわらず、異文化接触は、ブラジル人生徒に新たな文化規範を獲得させ、自分の価値観や習慣を見直させるなど有意義な面もある。また、日本の国際化に伴い、国家主義的イデオロギーに根ざした学校教育が疑問視され、異文化に対する寛容性も高まりつつある。

最後に「第7章　祖国を持たない労働者—世界市民」では、ブラジル人労働者の文化変容の意義が総括される。

ブラジル人労働者の多くは日本では不熟練労働者だが、専門職も徐々に増加しつつある。また、日本の労働規範・倫理を内化し、日本での生活を通して多様な付加価値を身につけることで、ブラジルでの新たな職業的成功も可能になる。そして、トータルな労働—生活過程における多文化的・民主的な成長が、柔軟な文化的視座という世界市民の条件の獲得の可能性を開く。ブラジル人移民は、日本での異文化体験を通して、日本文化とブラジル文化、伝統文化と近代文化の二分状態の危機に対する解決策を創出する。またそれを通して、従来の国家主義的な日本文化に割れ目を作り、日本社会のグローバル化に貢献する可能性も有している。

2.　「国民的」で「国際的」な視点と方法

さて、以上の概括でも示したように、本書は、ブラジル人労働者——そしてブラジル人である著者——から見た、ブラジル人と日本人の文化的差異・葛藤を浮き彫りにし、その上で「文化的混血」の実態と意義を考察している。そこには、国際比較—交流の観点、及び、個性的な国民文化の存在が前提されている。

その意味でまず第一に、本書の知見は、ネイションの重さを改めて物語る。グローバリゼーションに伴い、国境を超えて移動する移民労働者は、制度的にも文化的にもネイションの枠組に大きく規定された主体である。

第二に、こうした国民的視点は、従来研究が陥りがちだった、課題の細分化・視野の限定を打ち破る。本書は、職場・家族・近隣・地域・学校・レジャー・文化活動等、労働者のトータルな労働—生活過程を射程に収め、「移住労働者の形成が労働市場のみに依存しているというその『限界性』に対して疑問」(178頁)を投げかける。また本書は、労働者の客観的状態のみならず、主観的・主体的状態を生き生きと提示する。

そして第三に、本書は、日本の読者の暗黙の国民的認知枠をも問い直す。それは、日系人を日本人と同一視する、ありがちな認知枠への疑義にとどまらない。むしろ多くの日本人は、日本で働く外国人労働者を、差別され、人権を抑圧される「最底辺」の労働者で、救済すべき客体・「弱者」と捉えがちだ。しかし本書に

登場するブラジル人労働者は、母国の経済危機から個人主義的に脱出を目指す高学歴・専門職の人々だ。実はブラジル人に限らず、移民労働者の多くは、母国の「最底辺」ではない。また、極めて能動的な主体だ。彼らを「最底辺」の客体と捉えること自体、日本人の国民的認知枠にほかならない。本書は、グローバリゼーションの渦中で流出を余儀なくされ、同時に利益と自己実現を追求する両義的主体としての移民労働者の姿を、リアルに描き出す。彼らは、「軽蔑的な意味である『出稼ぎ』という言葉によってひとくくりにされているが、その内実は夢、悲しみ、成功や困難というように多彩なもの」(16頁)である。

3. 人間・労働者としての共通性／ナショナルな類型化

しかしその反面、本書の視点は、やや類型的な文化本質主義に傾斜しているようにも思われる。本書の第3章以前には、文化比較にとどまらないグローバルな社会構造変動論の射程が看取される。しかしそれは、とりわけ第4章以下の具体的な文化変容の分析・記述には十全に貫かれていないように思われる。

即ち本書では、ブラジル人と日本人の文化的差異が強調され、人間・労働者としての共通性の把握は相対的に希薄である。諸個人は、固有の国民文化の担い手である以前に、まず生きた人間・労働者であり、「生命―生活(life)」の発展的再生産の戦略として一定の文化を身につけ、だからこそ主体的な文化変容も可能となる。一見、正反対にみえるブラジル人の個人主義と日本人の集団主義は、いずれも一定の階級的文脈の中での生活戦略としての文化様式という一点で通底している。ブラジル人が、子供の教育問題に向き合うことを通して、個人主義文化にとどまらず、共同を模索するのも、その現れだろう。

ナショナルな類型化は、文化変容論のレベルでも、様々な制約を刻印しているように思われる。

まず第一は、国民内部の多様性・葛藤の把握の不十分さだ。「歴史的に社会での調和と単一性を指向する制度的、社会的、教育的なプレッシャーが与えられていることから、そのほぼ全員が日本に強くつながった文化的形成をしている」(180頁)ようにみえる日本人の中にも、多様性や葛藤はあると思われる。本書は、日本人の母親が学校で「外国人生徒の親ともよい関係を保とうとする」(154頁)のは、「数名の生徒の失敗が全体の評価を落とす」(148頁)という文化の中で、クラ

ス全体の評価をよくするためと理解する。こうした一面があることは否定しないが、やはり類型的な日本文化観が"プロクルステスのベッド"と化している感は否めない。

　第二は、エスニシティとネイションの関係だ。「第2章　日本におけるブラジル人移民の文化継承」は、日系人の文化・アイデンティティの特質を詳述し、日系人が来日前から「混血性に満ちた文化的形成」(68頁)を遂げていると指摘する。しかしそれにもかかわらず、来日後の日本人との関係では、日系人としてよりむしろ、ブラジル人として「日本人との間に『存在する』差異の意識が開花」(183頁)する。この指摘は、それ自体、興味深い。しかし、帰国後も射程に入れた日系人の独自の文化的葛藤・文化変容の特徴、及び、来日前と来日後の二つの「混血的文化」がいかなる関係にあるかは、本書からは読み取りにくい。

　第三に、本書で描写される「ブラジル人の文化」が、いかなる意味で「ブラジル的」なのか、わかりづらい。本書によれば、ブラジル人からみた日本人は抑制的で冷たく、計画的で融通がきかず、集団主義的で職場や規則に過剰に従属する。一方、ブラジル人は、感情的で率直、個人主義的で自分で「どうにかする」文化をもつ。しかし実は、このような認識やそれに基づく葛藤・対立は、ブラジル人だけでなく、中国人・ベトナム人をはじめ、多様な新来住の外国人に(後述する一定の階級的文脈において)共通してみられる。大声の会話等を契機とした日本人との衝突も、決してブラジル人に固有の文化的摩擦ではない。

　そこで第四に、両文化を特徴づける「近代と伝統」、「西洋と東洋」等の基準もよくわからない。本書は、ブラジル文化を「西洋的」、「独自の文化的近代性」(102頁)、「西洋のキリスト教的」(125頁)等と特徴づける。これに対し、日本人の文化は、「伝統的先入観」(125頁)、「東洋の伝統的モラル」(129頁)、「儒教・仏教哲学」(149頁)、「侍システムから受け継いだ伝統的価値」(149頁)、「伝統的稲作様式から生まれたもの」(108頁)等、雑多なオリエンタリズム的要素でエキゾティックに定義される。しかしその一方で本書は、現代日本の社会関係の基礎は「合理性」だが、ブラジルは「依然として近代的合理性が……社会関係の中に広まっていない」(186頁)とも述べる。さらに本書は、来日前の日系人が現代日本のそれとは異なる明治時代の伝統的日本文化を継承していると述べるが、しかし来日後の記述をみる限り、伝統的日本文化を強く維持しているのは現代日本人のようだ。

4. 階級・階層的視点／多文化主義と社会変動論

　さて、以上のような文化本質主義は、階級・階層的視点の希薄さと表裏一体であろう。

　本書が、「西洋的文化」ないし「ブラジルの文化」として描き出す個人主義・競争的態度は、ブラジル人移民労働者に高学歴・中間階級・専門職が多いことと無関係ではあるまい。

　日本人についても、「国民の大部分は中産階級」(130頁)と捉えるのは、やはり無理がある。本書で重視される日本人の集団主義は、大企業・中堅企業の常雇労働者に典型的にみられる文化であり、他の諸階級には当然、別の「日本文化」がある。評者の調査でも、日本の大企業・中堅企業で働く外国人は、確かに日本人労働者に集団主義や職場への忠誠心を見いだしていた。しかし、零細企業・パチンコ店等で働く外国人労働者は、日本人労働者のことを「個人主義的で職場への忠誠心など皆無」とみなしていた。農家で働く外国人労働者は、全く異なる労働観・家族観を日本農民に見いだしていた。そして三者はいずれも、それらを階級・階層的特徴というより、「日本人」の特徴とみなしていた。移民労働者は、国家間移動とともに階級間移動を遂げ、移住先で出会う特定階級・階層の文化、及び、自らの階級・階層文化を、双方の国民文化の差異に埋め込んで認知しがちだ。本書で描かれる日系ブラジル人——そして著者自身——の眼差しも、同様の陥穽に陥っていないだろうか。

　また、本書が重視するブラジル人の主要な文化変容も、「多文化の共同生活を加速化させるグローバルな視点に適した文化のアレンジ」(39頁)、「多文化・多民族の生活に対応した新しい文化様式の形成」(18頁)、「柔軟な文化的視座という世界市民の条件の獲得」(178頁)等、多文化主義的なそれである場合が多い。労働者としての成長・前進の内実も、専門的知識の習得、異文化受容・コミュニケーション能力の向上等を通した労働市場でのサバイバル・地位向上にとどまりがちだ。そこには、グローバリゼーション(及び、その構成要素としての日本・ブラジル双方の資本)に対する、「祖国をもたない労働者」(第7章タイトル)の国際主義 ("inter-nationalism"ではなく、"international-ism")としての批判的な文化変容を捉えようとする認知枠は読み取りにくい。

現代日本社会の変化に関する本書の認識も、多文化主義の域を出ない場合が多い。グローバリゼーションに伴い、日本社会の「国家主義的な姿勢は……そぐわないものとなりつつ」(174頁)あり、「異文化に対する寛容性を高めるようになってきた」(167頁)。また移民労働者は、「日本文化に割れ目を作り、日本のグローバル化に貢献する可能性」(174頁)をもつとされる。しかし、グローバリゼーション・多民族化は、階級格差や人種・民族差別を何ら解消しない。むしろ、貧富の差の一層の拡大や、階級・階層差を人種・民族差に埋め込む「異質性に基づく差別化」の進展と表裏一体だ。真に「労働者権利や社会的権利上の差別をなくす」(188頁)には、多文化共生の立場から"単一民族神話"を批判してこと足れりとするのでなく、異質性に基づく差別・序列化を拡大再生産する多民族社会・グローバルな資本主義に対する批判と対抗戦略の模索が必要だろう。

　このことは、本書が重視する日本人・日本文化の主要な特質が、依然として戦後高度経済成長期に典型的な特質(「集団主義」等)であることとも関連している。本書もしばしば言及するが、そうした特質は、若年層を中心に急速に崩壊しつつある。日本人の「単一起源説」(156頁)も、主に戦後高度経済成長期に確立・定着した「神話」だ。1980年代以降の新来住の外国人に対する差別・排除は、「依然として伝統的な価値観……が残っている証拠」(17頁)、「単一民族のイデオロギーの保持」(74頁)のせいばかりでなく、むしろ「異質性を承認し、異質性に基づいて差別化する」多民族社会への移行の文脈で把握すべきだろう。何よりブラジル人を含む外国人労働者の受け入れそのものが、そうした日本社会のグローバルな再編の一環であり、新自由主義的な労働・教育再編と表裏一体だ。現代日本の労働者にとって最も本質的な矛盾と変化は、ブラジル人労働者のそれと同様、グローバリゼーションとそれに基づく新自由主義的な再編だろう。だからこそ多文化主義を超え、差異を創出する基盤を批判・克服する視点が不可欠になる。もとより、グローバリゼーションによる南北格差の拡大に伴い、ブラジルと日本の労働者間の利害対立の拡大を重視する認知枠もありうる。しかしその場合もまた、単なる多文化主義ではない、新たな文化変容の道筋が模索されるべきだろう。

5. 言語の壁／「日本語の多様化」?

　最後に、日本語の問題である。率直に言って、本書は評者には読みづらかった。

この書評で述べた批判の多くも、場合によっては、評者が微妙なニュアンス・強調点・構文を正確に読み取れていないことに基づくかもしれず、評者は現在もそうした不安を払拭しきれていない。

　もとより、「大学での教授や学生とのコミュニケーション、日本人とのインタビューを行うために……会話講座で私が日本語を『訓練』する時間も必要だった」(28頁)と語る著者が、日本でこれだけの実態調査を実施し、日本語で著作にまとめあげたことは、まさに敬服に値する。また、より重要な留意点として、本書の日本語は、もしかするとポルトガル語を母語とする人々には読みやすい「日本語の多様化」かも知れず(評者にはその点は判断できない)、一概に「正しくない日本語」と決めつけてよいものかどうか、判断に迷う。

　しかし本書は、日本の出版社から、主に日本語を母語とする読者向けに出版された著作だ。そうである以上、日本の出版関係者・研究者等による専門的なネイティヴ・チェックがさらに徹底されていれば、と惜しまれる。「非承認労働者」等の直訳的用語も多く、「急激な人口増加は、人口集中と減速する領土拡張という矛盾した状況を生み出した」(63頁)等々、理解しづらい構文・文章も少なくなかった。

6.　まとめにかえて

　以上、かなり批判的な書評となってしまった。ただしこうした批判は、評者の「日本人」としての認知枠や日本語観の「押し付け」である可能性は否定しえない。

　従来、日本の社会学研究には、主に欧米との対比で安易に「日本型」(企業社会・福祉社会・家族・学校教育等)と称する特質を類型的に浮き彫りにしてこと足れりとする傾向が皆無ではなかった。しかし、こうした研究成果が国際的に受容され、それを前提として国際的研究が積み重ねられ、さらにその国際的研究をめぐって議論を進めると、その過程で双方の国内的な暗黙知が共有されず、結果として類型的批判だけが相乗的に加速されがちになる。この書評もまた、そうした悪循環を促進しているかも知れない。日本社会を捉える視点や方法、さらにその叙述方法を根底的に問い直さなければならないのは、おそらく評者を含む日本人研究者の側だろう。

　いずれにせよ重要なことは、外国人研究者と日本の研究者・出版関係者の率直

な相互批判とそれをふまえた協働のさらなる発展だろう。その意味で本書は、「ニューカマー」の外国人研究者による日本語での貴重な研究成果であり、日本の社会学の国際化に向けた新たな「オデッセイ」(15頁)の始まりの一つと言えよう。

小野塚知二著
『クラフト的規制の起源——19世紀イギリス機械産業——』
(有斐閣、2001年、429頁、定価6,200円＋税)

大重光太郎
(獨協大学)

1. 本書の内容

　本書は、イギリスにおけるクラフト的規制の起源とその労使関係上の意義を明らかにする労作である。序章、第Ⅰ部（4章構成）、第Ⅱ部（3章構成）、終章の四つの部分より構成されている本書は、本文384頁、文献リストや索引まで含めると429頁に及ぶ大著である。まず本書の構成に従って、内容を紹介しておきたい。

　本書の目的と課題は序章で明確にされる。本書の目的は、「イギリス機械産業において『クラフト的規制』がいかに形成され、それがいかなる条件のもとで維持されてきたかを明らかにすること」（1頁）である。著者は、従来の研究の問題点として、①クラフト的規制の機能や実態には関心が払われたが、その起源とその条件については明らかにされなかったこと、②今日にいたるまで、クラフト的規制を専ら労働組合による一方的規制としてとらえる見方が支配的であったこと、そのため、従来のクラフト的規制の発生に関しては労働組合史と等値する見方が強かったことが指摘される。とりわけ②に関して著者は、一方的規制説では、クラフト的規制をめぐる度重なる争議で使用者側が勝利してきたにもかかわらず、この規制が消滅せず再生産されてきたのかを説明することができないと批判する。本書で一貫して追究されるのは、クラフト的規制は労使の相互関与によって成立し、再生産されたという命題である。

　こうして、クラフト的規制を発生させた条件をイギリス機械産業史において再構成することが本書の課題となる。これは二部構成で考察される。まず第Ⅰ部で、クラフト的規制において入職規制が根幹的位置を占めることに注目して、入職規制の形成過程が取り扱われ、新たな徒弟制度が形成され定着する条件が示される。

第Ⅱ部で、入職規制が機能するようになった状況における労使関係のあり方、すなわち使用者・労働者双方の行動様式、双方の団体の機能や構造が明らかにされる。これはクラフト的規制が労使関係に埋め込まれていく過程である。

第Ⅰ部の第1章では、機械産業初期の組合文書(主として組合規約)を用いて、初期組合への入職＝加入資格が検討される。具体的には、18世紀末から19世紀半ばにかけての18組合が取り上げられる。初期組合は、発展段階と性格に応じて、①「産業福祉型組合」(相互扶助・共済を主目的とする、労使共同の組織)、②「旧職種型組合」、③「新職種型組合」、④「新旧合同組合」の四つに分けられ、それぞれの組合規約が年代順に検討される。この時期は、古典的な7年年季が崩れ事実上5年年季へ移行していったこと、さらに新職種においては徒弟制度が未確立であったことなどを反映して、組合規約には過渡期の対応のために苦慮した跡が見られる。規約の検討を踏まえ、1820年代までに徒弟制度が新たに形成され、1830年代〜40年代に入職過程の制度として定着したことが確認される。

組合文書の分析から導かれた以上の見解を補強・補完するのが、続く三つの章である。第2章では、熟練労働者の資格要件が徒弟修業にあると一般的に考えられていながら、従来、その実態が明らかにされてこなかったことを踏まえ、膨大な伝記データをもとに、熟練労働者の徒弟修業の実態が解明される。その結果、1820年代から30年代にかけて、急速に徒弟制度が整備され、これに基づく入職過程の制度化が進展したことが明らかにされる。

第3章では、使用者側が組合による規制をどのように捉えていたかが検討される。ここではまず、使用者たちが「クラフト的規制」によって不自由を感じていることが確認される。他方で、こうした不自由を託ちながらも、使用者たちが徒弟制度に依存した行動と言説を示していたという事実、それによる使用者たちの両義的な態度が確認される。この両義性の分析にあたって、徒弟制度に関して二つの性格が区別される。一つは、能力養成システムとしての性格である。そこで養成される能力は、連続的に分布する可変的な量と見なされる。これは使用者たちが潜在的に選好したものである。もう一つは、入職資格付与システムとしての性格である。そこでは熟練は階梯状に連続するものではなく、資格の有無によって明確に分離されていると見なされる。これは、熟練工がクラフト的規制において依拠したものであり、使用者たちに不自由感を与えたものであった。しかしこ

うした二つの性格は使用者たちによって自覚的に表現されることはなく、後者を峻拒して前者に純化させようという概念整理は行われなかった。

第4章では、「能力」「能力養成」に関する使用者の認識が、二人の機械産業経営者を素材として立ち入って検討される。その結果、使用者たちは能力についてもその養成方法についても、具体的には何も明確にせず無限定なままに放置していたことが明らかとなる。熟練工たちが、徒弟制度の資格付与システムとしての性格を強調することによって自らの利益を擁護しようとしたのに対し、使用者たちは積極的な能力観・能力養成方法を対置しえず、資格付与システムとしての徒弟制度に依拠するしかなかった。こうして使用者の両義的態度の背後にあるものが、実は、能力と能力養成方法に関する彼らの不明確性にあったことが抉り出され、徒弟制度が能力養成システムと資格付与システムの両方の意味で定着した論理構造が明らかにされる。以上を通じて、クラフト的規制が労働者側の一方的主張によって生み出されたものではなく、労使共有の慣行を基盤にして発生したことが示される。

第Ⅱ部では、まず第5章において、1830年〜40年代の労使関係において、クラフト的規制がどのような現象として見られたかが描写される。第一に、入職制度の形成とともに地域間・職種間の格差が問題となることから、組合が地域・職種を越えて中央集権化する過程が明らかにされる（ここでUnionという言葉が、本来、地域ごとの組合の「連合」という意味であったことが具体的に示されるが、労働組合の集権化が政治的要因ではなく、労働市場的要因によることが見られるのは大変興味深い）。第二に、入職規制下の使用者側が様々な方策を編み出し、これに対抗して労働者側の規制対象も入職過程から、労働時間、賃金システム、企業内秩序、作業方法などの企業内領域へと拡大していき、クラフト的規制に特有な労使の行動様式と労使関係戦術が形成される様子が跡づけられる。

第6章は、労働者側の「職業保護政策」と使用者側の「経営権」とが全国規模で初めて正面衝突し、使用者側の全面的ロックアウトによって労働組合側の完敗に終わる1851-52年争議が検討される。従来、この争議は典型的なクラフト的現象と考えられてきており、一方的規制説に有利に解釈されてきた。これに対し本章では、①1840年代まで労使間では暗黙の「慣行」が存在していたこと、②1851年合同機械工組合（ASE）結成時に「職業保護」闘争至上主義が解放され、機械的で

厳格な「職業保護」政策が追及されたこと、③こうした政策は、従来の労使間の暗黙の「慣行」を否定するものであり、組合の中にも批判や慎重意見が見られたこと、④その結果、使用者側の強固な団結が生まれ、組合の「職業保護」と使用者側の「経営権」の真っ向からの妥協なき対立へと至ったことが論じられる。こうしてこの争議は、典型的なクラフト的現象ではなく、むしろASE結成時の特異な性格による、そこからの逸脱＝異常事態であったと捉え返される。そしてこの争議によって、不自由の元凶としての労働組合というその後のイメージが作り出されることが論じられる。

第7章では、大争議後、19世紀後半の労使関係において、職業保護と経営権が純粋な形では実現せず、相互に制約し合ったまま共存している状況が明らかにされる。すなわち、大争議ののち、労働組合側は厳格な職業保護条項を規約から削除し、使用者側では使用者団体が事実上消滅した。また使用者団体においては、制約された労働力調達という条件下、使用者間の労働力争奪戦を回避するルールが作られるようになり、使用者たち自身が、組合の規制に対抗するために自ら新たな規制に加担し、「自由な労働」を侵害することとなったのである。

終章では、一方的規制説に対置される本書の主張、すなわち、①入職規制は労使双方の合作であったこと、②労使双方のルールが相互に制約された共存状態にあったこと、が確認される。

2. 本書全体の特徴

一般に外国研究は、言語的・物理的・文化的要因などによる多くの困難を伴う。それが歴史研究である場合には、なおさらである。このため外国研究は、往々にして当該の国における研究成果の寄木細工になってしまう可能性が高い。こういった制約にもかかわらず、外国研究における独創性というものが可能であることを十二分に証明しているのが本書である。これを可能にしているのは、著者の史実および研究史に関する該博な知識を別とすれば、二つの面での著者の傑出した力能である。一つは明瞭な論理的思考力・分析力である。これによって従来の研究史が丹念に検討され、その問題点が浮き彫りにされて、問題の焦点が鋭く提起されている。しかし論理的思考の必然によって一定の課題を導き出すことと、それを実際に果たすこととは別である。資・史料上の制約の多い外国研究、とり

わけ歴史研究においては、これはとりわけ困難となろう。本書においても著者がこうした制約と格闘した跡が随所に見て取れるが、著者はこれらの制約をきわめてユニークな、しかし学問的には全く正当な方法で突破していく。そこには、多様な史料を駆使し、分析し、解釈するという著者のもう一つの力能が遺憾なく発揮されている。外国の歴史研究という分野で、全体を一貫したテーマに基づき、かつ独創性を持たせて、これだけの大部の著作として纏め上げている著者の力量には感嘆する他ない。外国研究に従事する者に、本書は極めて多くの刺激と方法的教示を与えてくれる書である。

次に本書全体を貫く著者の独特の分析視角について触れておきたい。それは、イギリス労使関係を、その本質的要素(＝クラフト的規制)に降り立ち、これを論理的出発点として全体を再構成することによって、労使関係を概念的に把握しようという視角である。このため本書では、一方で歴史的な叙述が行われながら、同時に、最も基本的な要素から全体像を再構成するという体系的叙述が行われている。こうして所与の19世紀イギリス労使関係が、論理的連関において把握し直され、概念的に把握されている。ところで、事物の本質はその発生時において最も純粋な形で現象すると考えるとすれば——「あとがき」から著者もこうした前提から出発していることと察せられるが——、本書で提示されるのはイギリス労使関係の本質的なものであり、これは現代のイギリス労使関係を理解する上でも極めて多くの示唆を与えるものであろう。著者が、現代のイギリス労使関係に向けて今後さらに分析を進められることを期待するのは評者だけではなかろう。

3. 内容に関する所見

評者は現代のドイツ労使関係を主要な研究対象としており、19世紀イギリスの労使関係については門外漢であることをまずお断りしておかなければならない。それゆえここでは、本書の提示している労使関係の分析視角を中心に所見を述べ、書評の責を果たすこととしたい。

一つ目は、職業上の「能力」についてである。本書では、まず、入職規制が労使双方に受け入れられた論理を明らかにする過程で、徒弟制度がもつ能力養成と資格付与の二側面が区別され、労働者側が資格付与としての側面を、使用者側が能力養成としての側面を重視し、双方の思惑によって入職制度が成立したことが

示されている。資格＝能力という等値に無反省に依拠してきた評者にとって、徒弟制度における二つの性格の区別、労使それぞれにとっての異なる意味合い、それにもかかわらず共存しあうという論理、という諸点には大いに啓発された。第二に、それ以上に刺激的であったのは、こうした同床異夢が成立する基礎にある、労使に見られた能力およびその養成方法についての理解であった。著者は、労使ともに能力およびその養成方法について無限定的で神秘的な理解をもっていたと指摘している。ところで本書では、19世紀後半のクラフト的規制が存続したのは、組合が規制したからでなく（組合は大争議後、組織力を弱めた）、クラフト的規制それ自体に労使双方が関与し構造化していたためであると論じられるが、能力を先のように理解すれば、この制度全体が無限定で曖昧模糊としたものの上に生い立っていることとなろう。こうして、そもそも熟練能力の実態とは何なのかが問われてくることになろう。こうした点は、著者によって十分認識され、また今後の課題として挙げられている。

　これに関連して、評者がきわめて興味深く読んだのは、機械が導入された時点では配置を拒否した熟練工が、その機械が普及した時点で無資格者の排除と自分達の再配置を要求するようになった事例である (271–279頁)。熟練の内容は時代とともに変遷していかざるをえないが、ここでは熟練工が自らの資格を自覚的に定義し直す様子が示されている。熟練労働者の解体が言われながら、熟練労働者が時代を超えて存在するのはなぜか、その概念が時代を超えて用いられるのは何によるのか。これも熟練能力とは何かという問いに収斂されよう。熟練という概念を安易に用いている大方の現状を考慮すれば、この問題の解明はきわめて大きな意義があろうと思われる。

　二つ目は、一方的規制説に対して説得力のある対案が提示されているかどうかである。一方的規制説は、著者もいうように、「社会科学的にはあまり常識的ではない」見解であり、「社会科学的に常識的」であるのは使用者側関与説であろう。著者は、一方的規制説の方法的弱点をつき、また史料的制約のなかで実証的にもこれへの批判に成功している。それでも評者には隔靴掻痒の感をぬぐえない。これはおそらく次の理由によるものと思われる。本書では、労使それぞれの本来の主張（労働者の「職業保護」と使用者の「経営権」）は本来相容れないが、労使双方がクラフト的規制への関与を共有していることから、双方とも暗黙の慣行を受

け入れ、相互に制約しあった共存関係にあるとされるが、その際、「暗黙」性の中身が明らかにされないためであろうと思われる。著者を引用すると、「明瞭に合意された構造ではなく、暗黙の馴合いで成り立つ構造であるがゆえに、どちらか一方が暗黙に合意された矩を超えれば……他方は憤慨するであろう」(380-381頁)という場合のメカニズムが明らかにならないのである。一般に対立とは同一性に基づく差異関係であり、対立しあうものは共通の基盤をもっている。それゆえ、共有するものを指摘するだけでは、調和と反発、相互前提性と敵対性の論理を明らかにしえない。問題は「暗黙に合意された矩」という均衡点が、いかなる条件で破られるかであろう。この点で、1851-52年争議で組合側が「職場保護」闘争至上主義に傾き、矩を超えてしまった過程が注目される。これについて著者は自ら問題提起を行っているが(264頁)、その回答は与えられていないように思われる。「暗黙」性が不明確であれば、最後の最後で、(一方的規制説に親和的である)力関係による説明に道を譲らざるをえなくなるであろう。「暗黙」性の論理を明確にすることによって、初めてイギリスの労使関係の制度化されない制度のメカニズムが明らかになるのではなかろうか。

　最後に、特にドイツを念頭におきながら、評者が気付いたことことを二点触れておきたい。一つは、徒弟制度に関する法律が1814年に廃止後、国家が一切出てこないことである。これはドイツの徒弟制度＝入職制度が、初期の段階から公認の規制なしには考えられなかったことと対照的であり、きわめて興味深い。もう一つは、労使関係分析の方法に関わる。本書ではイギリス労使関係の本質をなすものをクラフト的規制、そのなかでも入職規制と捉え、これを出発点としてイギリス労使関係の体系的叙述が試みられている。では労使関係の概念的把握において入職規制を出発点におくことは、労使関係分析においても普遍的に適用しうる方法であるのか、それともイギリス労使関係という対象の特殊性によって規定されているものなのか。一般に労働組合の機能を、(外部)労働市場における労働力商品の売買条件を独占的に取り決めるカルテル機能においてとらえるとすれば、入職規制が労働組合の規制機能の中心となるし、これを論理的出発点において労使関係を展開できるであろう。しかし、組合の草創期から入職規制が行われており、その入職規制をテコとして、労働市場の論理にのって全国組織化が進められたイギリスと、組合が政党によって全国組織として作られ、企業内への浸透は遅

れ、また入職規制においても国家の役割が大きかったドイツとでは、労使関係の本質的契機は異なってくるし、体系的叙述における出発点も異ならざるを得ないと思われる。こうして、鋭く問われるのは他国研究に従事する読者となる。

　本書は、イギリス労使関係の研究史における画期的著作となることは間違いなかろう。専門領域の研究者による書評も書かれると思われるので、本稿では、門外漢ゆえの無邪気さで自由に述べさせていただいた。本稿では、的外れな議論があろうかと大いに危惧しているが、ご海容を乞う次第である。しかし本書は、評者のような門外漢にとっても様々な点できわめて大きな刺激を与えてくれるものであった。本書が幅広い読者を得られることを期待して稿を閉じたい。

河西宏祐著
『日本の労働社会学』
(早稲田大学出版部、2001年、331頁、定価3,800円＋税)

松島　静雄
(東京大学名誉教授)

1. はじめに

　著者は今まで持てる時間のほとんどを、労働に関する調査研究に費してき、概論風の著作は全くといってよいほどものにしてこなかった。しかし私と同様年をとってきた著者は、学生等に読ませるテキスト風の著作が何か必要になったようである。それは時代が複雑となり、研究業績が多方面化すると、若い研究者には研究の全体的状態の把握が難しく、何らかの助言が必要だと思えたのであろう。

　もっとも本書は著者が時々関心に応じて書きためた論文を、概論書風に配列したもので、記述内にはダブリの存在も気になるが、必要と思われる所には補筆もしてあり、比較的分りやすいのが何よりの書物が出来上っている。それ故入門書としても結構役立つし、専門家にとっても便利な著作だといえる。ここでは内容をやや詳細に紹介した後に、最後にお願いを一つだけしておきたい。

　労働社会学の基本的性格　まず労働社会学の基本的性格であるが、著者は社会学は研究対象による限定をしないところに特色があり、研究対象を選ばず、労働現象を取扱う限り総てのものが研究対象となりうるという。ただ同じ労働現象を取扱う場合にも、他の諸科学とは分析視角が異なるのであり、社会学は人間を直接対象として取扱い、人間の行動や意識を把握し、それ等の構成する社会集団の構造や社会関係、社会組織や変化等を研究するところに特色がある。勿論労働社会学も経験科学であるから、客観性、実証性を重視するのは当然で、法則性を尊重することもまた大切だという。

　しかしこのように規定しても厄介なのは、労働社会学の発足当時、日本の社会学界では産業社会学の最盛期にあたり、産業社会学との関係を考えておくことが

欠きえない。この点当時産業社会学のリーダーであった尾高邦雄(『産業における人間関係の科学』57年)は、日本の学界でしか見られぬ特異な現象は、企業や職場集団の研究に視点を置く第1の領域(産業社会学、人によっては経営社会学という)と、労働組合や労働者意識に主眼を置く第2の領域(労働社会学)とが、しばしば同一科学の2領域というより、別の方法、別の立場、別のイデオロギー的な背景を持った二科学であるかのように、考えられていたことであるという。この見解に大体同調する間宏(『日本労務管理史研究』65年)は、二つの領域を認めた上で、第一と第二の領域相互の関係を研究する学問として、労使関係論を提起するが、河西が賛同するのは大体この間宏の見解だといえる。

だがこうした著者の労働社会学観は、いささか公式的な他所行きの側面があり、著者が今まで現実に研究対象として選んできたのは、もっぱら労働者や労働組合、あるいはその運動形態で、それ等を問題とすれば当然階級関係の矛盾が浮上するはずで、それを直視する問題意識を持つべきことを強調し、それ以外に対してはげしい言葉を用いて批判を続けてきた。またその調査方法も、人間の奥深い心の動きをつかみ切るには、アンケート調査等は不適当だとして不信感を持ち、もっぱら事例調査重視の必要を主張して譲らず、そうした主張は本書の随所に見出すことが出来るはずで、それを読むたびに如何にも著者らしいと親しみの感情を覚えるのは、私だけではないであろう。

2. 離陸(1940–70年)

生活共同体　日本で労働社会学の業績が姿を表わすのは、第二次大戦後のことで、それ以前は若年研究者の多くが軍務に動員されるか、より若い青少年たちさえほとんどが軍需工場で働かされていた。当時まず目にしえたのは職業社会学に取組んでいた、尾高邦雄の出雲地方のタタラ吹きの和鋼製造職集団の調査であった(『職業と近代社会』48年)。そこでは①親方と職人が全人格的結合の関係を結び、親方は職人の家族を含めて生活保障を行っていたこと、②職人の内部には技能序列にもとづく厳しい身分関係があったこと、③職業の守護神に対する信仰が職人のエートスを生み出していたこと、④その信仰を基礎に掟を定めて自治活動を行っていたこと等が述べられている。またこれより少し遅れると松島の友子(トモコ)調査(『労働社会学序説』51年)も版行される。友子は徳川中期に発生し、明治時代

に最盛期を迎えた、坑夫の金属鉱山を中心とした自助的救済集団である。即ち当時坑夫は「よろけ」(珪肺病)という職業病以外にも労働災害が多く、生活不安から何らかの救済組織を強く望んでいた。そのため熟練鉱夫と親分子分の杯の遣り取りを行い、子分は親分から技能の伝授を受けるとともに、親分の死後その墓石を建てることが義務化され、かかる親分子分集団が多数生れていた。またこうした友子内には元老、大当番、箱元、当番頭等の役職が生れ、一鉱山を単位として困窮者の救済、災害時の救出等の自治活動が行われ、全国各鉱山にこうした自治組織が生れれば、それらの連携で坑夫の移動に一宿一飯を給して便宜をはかったり、職業斡旋を行う仕組も出来上っていた。

労働意識調査 こうした調査は日本の労働社会学のその後の発展の端緒となった点では大きかったかも知れぬが、現実にその後に起ったのは労働者意識調査の大流行であった。その中心となったのは東大社会学研究室の(尾高編『労働社会学』52年)松島、中野卓等のグループであるが、終戦と同時に日本では労働組合の組織化が急発展し、日本の全土がストとデモの大波に洗われる状況であった。しかし外国と異り長い苦難の運動過程を通して勝ち取られたものでないだけに、「一体労働者は何を考えているのか。本当の近代的労働者となったといえるであろうか」等を、知ろうとして行われたのがこの調査なのである。また同じ頃東大では尾高を主宰者として(『鋳物の町──産業社会学的研究──』56年)の調査も行われていた。それは川口市内にある全鋳物工場を対象に、内にはインテンシブな調査も含まれていたが、主力をなすのはアンケートを用いた労働者の意識調査であり、それに米産業社会学の勤労意欲(モラール)研究がつけ加わっていた。その後これは尾高『企業意識と組合意識──働くものの二つの役割』(65年)として発展し、労働者は労働組合に対して忠誠感を抱くと同時に、企業に対しても忠誠感を持っているとして、52年から10年間延べ11回、2万人の従業員を対象にする二重忠誠調査に発展した。そしてかかる流れは社会的成層分析─SSM調査(Social Stratification and Social Mobility)となって、後に富永健一編(『日本の階層構造』79年)として発表せられている。しかしかかる意識調査は、著者から調査業種の選択について何ら説明がなく、不適切な質問も多くて、質問項目自体も結論を導き出しうるほどの深みはないし、調査者の恣意的な仮説と結論といった欠陥が直ちに明かになると、手厳しい批判を受ける。

日本的労務管理　さらにこの頃から日本的労務管理に関する調査も始まった。私はかねがね産業社会学では、日本の労働現象が理解出来ないことが余りにも多いことが不満であったが、その口火を切ったのが日立鉱山調査（『日本的労務管理の特質と変遷』55年、62年）である。この鉱山では戦後も友子の取立（新入式）が行われて居り、かねがね半永久的な鉄筋の社宅が整備され、大型スーパーなみの物品供給所、1銭（1円で百回券）の浴場、ただの電車、安い理髪所、娯楽体育施設等からはては焼場に至るまで、広く企業の手で整えられ、徹底した生活保障政策がとられていた。つまりこれは東北単作地帯の農家の二、三男を中心に採用した労働者に対し、企業が技能教育を施こし、年功賃金で勤続を勧奨されたもの達に、失った故郷の代りに鉱山を第二の故郷化せしめようとするのであるが、われわれは最初それを鉱山業の業種的特色であると考えていたが、次第に日本の労務管理一般に見られる特質ではないかと思いはじめた。かくして縁故採用、入社教育、年功賃金、厚生福利の整備、額の多い退職金、終身雇用、企業別組合等の構図が出来上り、それにつれて日本の労使関係の特質も浮び上る。

しかしそれ等は封建遺制とでもいわれるべきもので、いずれは変るはずのものだと考え、その変化を促進する要因として労働組合運動の進展と技術革新を取上げ、すぐその調査の準備にかかった。現実には松島と間がまず労働組合に対象を移し、当時最も活発な活動をしていた炭労を対象に、「F鉱山Y炭鉱」調査（57年）を実施した。その結果は日本の労働組合は大部分が企業別組合で、それが労働運動を停滞させる最大の弱点だという意見があったが、重要なのは組織の如何ではなく、具体的な活動内容こそが問題ではないのか。もしも、ある行為が組合員の希望にかない、活動の仕方が人々の欲求に合い、しかも効果をあげているなら、労働運動が停滞するはずはないのではないか。特にここでは職場活動ばかりか、地域活動も活発で、組合員の家族も信頼をよせてきたのであり、そうした昂揚をもとに組合は企業の労務管理に対して強い交渉力を保持してきたのである。ところが組合が活性化すればするほど、労務の具体的な形態は日本的特色といわれるものへと近似化するというのが実情で、これを一体どう評価すればよいのか。

だがこの時期さらに重要なのは、間宏が『日本労務管理史研究』（65年）を刊行し、日本的労務管理の形成を歴史的に解明してくれたことであった。間は松島と異り、労働者を生活保障を求める受身の存在としてのみでなく、労働の主体とし

てエートスを持った存在であると主張し、主体的エートスが経営者の経営イデオロギーと共鳴する時、労働者のモラールも発生するのであり、労務管理はその実現を目指す管理技術で、この経営イデオロギーが戦前では経営家族主義であったというのである。

技術革新　また労務管理に今一つ変化を強いるのは技術革新である。これについては松島、北川隆吉、間（『近代技術の導入と労働組織』58年）、松島、間（『オートメーションと労務管理』59年）等が発表されている。今まで技術革新が進めば年功序列をはじめ、日本的労務管理は崩壊するといわれてきたが、たしかに採用者の高学歴化や若年化の進行、技術教育の高度化と期間の長期化等は見られるが、余り大きな影響を受けない部分も少なくなく、むしろ目立つのは労使関係の変化だといえる。即ち石油化学工場等では、革新のための借入金が膨大になり、調査工場でも当時の規模は今日の十分の一以下であったが、それでも支払利息は一日当り500万に達し、しかも元金は新技術が競争力のある内に返済しなければならず、ストによる企業の痛手が如何に大きいかが理解されよう。またプロセス・オートメーション等では、あらゆる工程が連結され、一部の部分ストは全体ストと同様の効果を持つから、労働協約の内容等も組合にとって極めて酷な条件となり、組合にはとても飲めたものではなくなる。それ故この時期よく行われたのが平和条項の挿入で、そもそも膨大な設備投資等は、労使関係の安定した企業でない限り、とても出来たものではないのである。こうして技術革新に先立って、先制攻撃をかけて組合たたきを行う企業が出てきたり、従来の労使慣行の全くない別企業をつくって、関連企業から人を集めたりする形が一般化するのである。このように技術革新の影響は少くないが、賃金や厚生福利にはほとんど手をつけない企業も多く、終身雇用の慣行等は技能者保持の必要から、かえって強化された側面すらあるといえる。かかる労使関係のダイナミズムの内で、技術革新を問題にしたのは北川隆吉（『富士フィルム労働組合員の意識と実態』62年）で、彼は社会学で労働組合研究の道を切り開いた先駆者ともいえ、その視点には何よりの新鮮さが感じられた。

3.　発展（1980年代）

二つの地域調査　1980年代になると研究業績はさらに増加し、一つの調査の規

模も大きくなる。まず注目されるのが北大教育学部グループであり、産炭地夕張を調査した布施鉄治編著(『地域産業構造と階級、階層』82年)である。これは15人の研究者が9年をかけて実施したもので、地域の中心企業である北炭H鉱、三菱M鉱の労働者各層、誘致企業労働者、失対労働者、生活保護層、都市自営業、市役所職員、炭鉱離職者に階層分けし、各家族の生活、子弟教育、地域権力の権造との関連等を653人、509世帯から聞き取り調査をし、合せて1,249人のアンケート調査を併用している。その分析の基本となるのは石炭産業の衰退で、労働者をただそれから影響を蒙る受け身の存在としてではなく、それに対応して自分の生活を創造するポジティブな存在として把握しようとする。特に優れているのは北炭H鉱や三菱M鉱の調査で、労働者を直轄鉱員、職員、下請組夫の三階層に分け、それぞれについて作業、出自、職歴、移動、労働条件、組合への態度や将来への意識等を聞取り、過酷な生活の内で懸命に生きる労働者の生きざまを記述している。

　それに比肩されるのが鎌田とし子、同哲宏(『社会諸階層と現代家族』83年)である。これは工業都市室蘭で、約20年をかけて社会構造の変動過程を追ったモノグラフで、労働者を独占企業労働者、下請企業労働者、臨時日傭労働者、失業者・生活保護受給者に分け、労働者家族の世帯規模が全国平均及び諸外国より多く、これが低賃金にもかかわらず労働力の再生産を可能ならしめるとともに、解雇、降職、出向等個々人に起る予期せぬ変化を受止め可能なものとし、資本側にも低金労働力を調達可能ならしめてきた要件だという。

　トヨダ調査　今まで自動車産業については、なかなか企業内の労働過程に踏込んだ調査は出来なかった。これに関して調査結果を報告したのは職業・生活研究会(『自動車工場労働者の労働と生活』81年)や、後にその内の小山陽一編(『巨大企業体制と労働者』85年)で、それ等は21名の共同研究であり、大企業労働者の社会的性格の把握を心がけていた。最初は定年退職者、関連企業や下請企業等の労働者からサンプルを収集するに止っていたが、後に仕事をライン、同支援、ライン外の各部門に分けて、部門ごとに労働、熟練、能力の特徴を分けて、それぞれについて多忙さ、単調感、仕事のやりがい等を比較している。それによると過酷な労働密度の下でも、仕事に張り合いを感ずるものが73.7％に達し、これはわれわれには想像も出来ない数字であった。一体その理由は何であるのか。同グ

ループで労働疎外分析を担当した岩崎信彦(『自動車産業労働者における労働生活と疎外』84年)は、仕事の張り合い等が組長、班長、準指導職、一般従業員と地位が上昇するにつれて増大していることに注目し、ライン部門では作業自体は非熟練でも、ⓐ上昇するにつれて部下の配置や目標の設定、達成度さらには部下の教育等に、異質の能力が付加的に要求されること、ⓑまた部下のQC活動、提案制度、社内団体への積極的参加の誘導、ⓒ職制から独立した職場外の自主的人間関係への指導等がつけ加わり、これ等の能力保持に対応して、職制上の地位の上昇がはかられており、それが労働者の上昇欲求に結びつくからだと、労働運動とは対立するメカニズムを指摘する。この点に関し辻勝次(『自動車工場における集団的熟練の機能形態とその形成機構』89年)も、ライン労働が単純労働であるというのが通説であったが、それに反して新しい集団熟練が形成されつつあり、それを形成する機構として提案制度を重視する興味深い指摘であり、論旨そのものは先記岩崎とさして違いはない。

筑豊炭鉱調査 また間宏以来労務管理史でも、久しぶりに田中直樹『近代炭鉱労働史研究』(84年)が刊行された。これは田中が資料自体としても価値を持つ第1次資料を発掘し、20年にわたる蓄積をもとに筑豊炭鉱における労務管理史と、労働者の状態を重厚に描いた内容で、500頁を超す大作である。その共同研究グループは九州炭鉱業史を発掘、収集し、10集に及ぶ『九州石炭鉱業資料目録』を刊行しているが、田中もその1人として地道な作業に努力を傾けてきたのであり、その土台の上に成立したのが本書で、水準の高い研究書となっている。田中の作業は日本的労務管理による労働者の包摂過程と、それに対する労働者の対応を解明することで、戦前期の労務管理を段階区分し、国家政策や経済状況といった外的変化で、労務管理がどのように変り、それに対する労働者の対応と、如何なる結果が現出したかを解明しようとする。特に間接雇用から直接雇用に推移する内で、納屋制度がどう変質したか、またその間の労働者の類型や編成、労働条件の変質等の分析は説得的であり、田中は各鉱山ごとの差異がいちぢるしく、性急な一般化が危険であるのを知りすぎるだけに、慎重にモノグラフの積重ねを望んでいる。

日本的管理の変容・維持 その後労働社会学の中心テーマとなったのは、やはり労使関係であることに変りはなく、日本の労働者が日本的労務管理による支配

を、どう受容したかという問題であった。これに対して変容、維持論をとったのが柴田弘捷(「デュアル・イノベーション下の労務管理の変容」88年)である。最近では多様な労働形態が出現して、正規、臨時以外に再雇用、派遣労働、出稼ぎ、パート、アルバイト等新な労働者が生れ、合理化が進むにつれてその数が増えて、異質者の並存的雇用が広く見られるようになった。そうした未熟練者の賃金は年功処遇とは関係なく、比較的簡単に企業外への放出も行われて、その意味では日本的労務管理は崩壊に向いはじめたともいえる。しかし好景気に支えられて、新規学卒者の採用も増加したのであり、高学歴者ほど勤続年が長くて賃金も高く、最近では製造業大卒45歳以上の者では、標準労働者が60％を占めるに至ったという。つまり非基幹労働力は本人の意志にかかわらず、企業外へ放出が行われる一方で、基幹労働力では日本的雇用形態の維持強化が働いていたというのである。

また元島邦夫(「重化学工業集積、集中の労働編成と労働者状態」87年)、(『大企業労働者分析の「革新」』90年)も川崎の電機産業の調査を行い、同様のことを主張しており、労働者の多重構造論を展開した。即ち労働者をⓐ正規中核(内部労働市場)、ⓑ正規非中核(中間労働市場)、ⓒ周辺(外部労働市場)の三労働に分割し、その内ⓐの正規中核労働者はいわば企業の精鋭部隊で、それがフル稼働することによって、企業が活性化するから雇用は保証されるが、同時に能力競争にもさらされ、企業内教育の主要な対象者となるのも彼等である。反対にⓒの周辺労働者は完全な外部労働力で、雇用を保障されることはないが、ⓑの正規非中核労働者はⓐとⓒの中間で、解雇されることは特になく、関連系列企業を創設して、それ等に分散して雇用を確保しようとし、一企業の枠を超えて企業群の働きを広げようとする傾向がある。この元島がもっぱら分析の対象とするのがⓐであるのは当然で、その能力主義的管理を受容する理由としてあげるのは、①受入れによって賃金が上る、②能力主義によって淘汰されずに残ったという満足感、③企業業績が上り、自分たちの成果が上ったという達成感、④企業の活性化で企業共同体の共同志向が実感されるからである等が主張される。

4. 現在(1990年以後)

参与観察記録 この時期となると目立つのは、自分も工場の生産ラインで臨時工として働きつつ、実情を体験する参与観察や、個人の生活史風のまとめ方をす

る参与観察記録も生れて、業績はかなり賑かとなる。まず目にとまるのは熊沢誠(『新編：日本の労働者像』93年)で、意識調査などを用いず、直接サラリーマンの内面に立ち入って把握しようとする。ある大銀行の真面目な大卒貸付係の男子行員が、他方では組合の活動家として若々しく精神を高揚させた。彼は締めつけの強まる職場の内で、エリート候補生と組合活動家としての矛盾に苦悩しつつも、粘り強く闘いやがては孤立させられ、心身ともに疲れ果ててゆく。そして毎日深夜に及ぶ残業で、あれほど真面目に考え悩んだ彼が、日記に「疲れた、ナンセンス」と書くだけの毎日になってしまい、最後は交通事故死するまでの20年間を、誠実に描き切ろうとする。つまり矛盾する要素のいずれもとるにたらぬものとして切り捨てない、無名な人の経済成長期の一断面を切り取ろうとしたのである。

また銀行マンについては榎本環(「銀行労働の記録(2)——参与観察法調査・ホワイトカラーの職業意識と個人——」2000年)があるが、組織運営と自然発生的な人間関係の絡み合いのなかで、新人銀行員が組織に組込まれていく過程を生活史風に描いている。

労働過程論争 また1970年代と80年代は、最高の好景気をつづける稀な時期で、日本的労務管理あるいは日本の労使関係は、諸外国から高い評価を受けた。ところが90年代に入ると、日本経済はバブルの後遺症をかかえ、グローバル化から発する国際競争の激化で、倒産、解雇の続発、史上最悪の失業率等深刻な事態に立至る。つまり197、80年代に大流行した日本的労使関係賛美論など、妥当する状況はどこを探しても見当らないのであるが、この時代起ったのは再び労働過程論争であった。即ち日本の国際競争力が先進資本主義国を圧倒しているのは、JIT、QCサークル、改善提案制等による生産過程のフレキシビリティによるのではないかという主張が、研究者からまた起ったのである。そして日本の自動車産業のシステムが、ティラー主義を越えたもの(ポスト・フォーティズム)であるか否かが、論争の対象となるのである。この論争をポスト・フォーティズム論争といい、河西はそれを労働過程論争といっている。

これについては小山陽一、野原光、藤田栄史、辻勝次、野村正実等が調査しているが、先にトヨタ調査でふれたことが再び問題化し、特に最近では吉田誠(「Ａ社特装車組立工程の職場の相貌」93年)、大野威(「Ａ自動車の労働過程」98年)等の参与観察的研究が新に提出されている。前者は研究者が約1ケ月臨時工

として多種類少量生産の職場で働き、トヨタ方式とはやや差があるものの、そこでは全般に高い勤労意欲は存在しなかったという。ただ①だらだら作業をすると、時間の流れが遅く感じられるので、意識的に目標を立てゲーム感覚で仕事をするようにしている。②検査工に不良を指摘されると、ばつの悪さを感じて避けたいと思う。③仕事が遅れて班長に応援されると、煽られて監視されている気がするので、一定のペースを保とうとする等、何事もなくその日その日を過そうとするのが職場の知恵となっているが、勤労意欲の強いのはやはり役付層だという。また大野も同様にトヨタ方式の職場で約1ケ月の期間工をやり、そうした内でも仕事のユトリを生み出すべくさまざまな「自律性」を発揮しているが、生産変動や異常事態に対応すべく、ある程度の自律性は与えているものの、それでも根深い不満が存在し、暗黙の職場規制が不満のガス抜きの役割を果しているという。このようにこれ等の調査は、労働者がいかにして職場生活への順応を可能にしているかに関し、ある程度の解明に成功を果しているといえる。

労使協議制　こうした日本的労務管理の下では、労使協議制あるいは経営参加がよく行われているといわれる。今まで日本の基幹産業の大企業では、労使協議制がほぼ定着し、経営上の重要事項や労働条件もよく取扱われてきた。その理由であるが、この点リーディングな発言を行ってきたのは労働経済学者の小池和男(『職場の労働組合と参加』77年)、(『労働者の経営参加』78年)で、日本では社内移動で易しい仕事から難しい仕事に変るのが普通で、新しい技能についてもよくOJTが行われて、長く勤めることが企業と個人の双方にとってプラスになることが多かった。そのため内部労働市場が発達している限り、企業の盛衰は労働者の生活の隆衰にも大きく影響し、労働者は企業業績に深い関心をいだきやすかったという。

また同じ経済学の仁田道夫(『日本の労働者参加』88年)は、鉄鋼大手組合の協議制と小集団活動について調査を行い、事例に即してさまざまなレベルで紛争予防に貢献し、協議も実質的に共同決定的な運用がなされて、慣行を尊重する相互信頼に裏打ちされてきたという。ただこれについては同じ鉄鋼大手につき、やはり労働経済学者の松崎茂(『日本鉄鋼産業分析』82年)は、かつて三直三交代制を四組四交替制に変更した際、組合は年間15日の休日増が得られたと交渉力を誇示したが、経営側は週1時間4分短縮されただけだったといっているし、松崎は要

員削減で労働密度はかえって強化されていると実証している。これについて河西は単に協議制の制度の検討ばかりでなく、①実態の検討、②発言内容の分析まで行うことが必要だと主張している。

　だが協議制について今一つ考えなければならないのは、職場が自律的な職場集団になっているか否かである。河西の電機産業H社調査（『企業別組合の実態――全員一括型と小数派型の相克』81年）では、現場監督者が双方の挟間にあって、両者にそれぞれ規制力と交渉力を発揮しており、一方のみの利害を優先させているわけではないという。この点上井喜彦（『労働組合の職場規制――日本自動車産業の事例研究』94年）は、自動車労組を丹念に調査し、生産計画から日々の調整まで、生産のすべての問題に組合が関与することを原則とし、企業がこれを認める限りで協力する態度をとり、協調的労使関係の内では最先端を行く事例だといえる。しかしこの場合も職場規制の最終的主体者となるのは係長である。勿論現場監督者も課長に昇進出来るのはいうまでもないが、昇進地位は部下なしの部付課長止りで、職場の人々は昇進せずに、現実に労働者に統制力を振える係長として現場に残ることを望むのであり、この方が企業にとっては組合からの情報が利用出来るし、組合にとっても組合員でありながら、万年職場長として権限を振える利点があるからである。このように同一人物が二つの交叉するリーダーシップを使い分け、協議会の運用は行われて行くのである。ただ問題は90年以降のごとく企業危機が深刻化すれば、企業の論理と組合の論理はたがいに否定し合う事態も起るわけで、これを自律的職場とよぶべきかどうかは厄介な問題となってくるといえよう。

　労働組合　元来日本では、労働組合自体のケース・スタディは多いものではなかったが、1990年以降研究はやっと進展の気配が見られるようになった。たとえば稲上毅（『成熟社会のなかの企業別組合』95年）、稲上、川喜多喬（『ユニオン・アイデンティティ』88年）等は、労働組合の交渉力低下の内での組合機能を問題にし、(1)組合員の組合運営に対する不満は強く、直接民主制を求めていること、(2)職場レベルの活動は活発とはいい難く、苦情処理は組合に頼ることが少なく、フォアマンが職場内の処理機能を代替していること、(3)労働者が経営参加より企業共同体の発展をより強く目指していること等を指摘している。また中村圭介、佐藤博樹、神谷拓平（『労働組合は本当に役に立っているのか』88年）は、質問紙

法で経営参加の効果を数量的に検討し、組合が存在する所の方がやはり企業の労働条件は向上しており、労務管理の整備や労使のコミュニケーションも改善し、従業員の満足度は高いと結論している。

これに関連して官公労についても、稲上毅(『労使関係の社会学』81年)は国鉄内の動力車労組の調査で、その強さの基盤を「庫」とよばれる作業単位の人間関係と相互扶助に求めているが、坂幸夫(「労働組合と職場労使関係の変容——転換期における郵政職場労使関係をめぐって」89年)は、分割、民営化の潮流のなかで、企業内労働移動、職歴形成の推進、勤続に対応した年功的職務給から、職歴形成に対応した職能的賃金体系への転換という全逓の新方針が、下手をするとこれまでの職場秩序の崩壊を意味するし、困難な転換点となりかねないと、組合運動に密着した姿勢で分析している。また鎌田とし子(『日鋼室蘭争議30年後の証言』93年)は、争議中職場や社宅共同体等の集団性が、労働者の連帯を如何に支えたか、そして敗北後も市民運動等に、維持されていることを確認している。

さらに中村真人(「電気機械部品工場における労働組合の生成と発展」90年)、(「ある電機機械部品工場の労使紛争」91年)は、日本では組合は大部分企業別に出来ているが、数は少いが地域組織も存在するとして、総評全国金属のA地方本部を事例に、発生した争議に対し本部をあげて組織ぐるみの支援活動を行い、組合を活性化させている事例を調査し、日本の現実で企業の枠を超えた運動の可能性をさぐろうとする。

このような労働組合の活動に対して、著者は一体如何なる感慨を持っているのであろうか。日本の労働者が日本的労務管理という支配を受容して、優れた労働条件でもないのに高いモラールを維持していることなど、あるいは外部者にはなかなか理解出来ないことであったかも知れない。労働者はそうした支配から脱出する可能性を持っているなら、なぜ脱出して自主的に労働者として生活を確立しようとしないのか。日本の現実ではそうした可能性は、小さいといわれるかも知れないが、そうした可能性があるなら、労働者と同じ目線に立ってその可能性を検討するのが、研究者に与えられた課題なのではないのか。今まで述べられた研究結果から、そうした支配の性格や受容の理由については、それなりに多くの研究がなされてきたといえるが、変革という新たな歩みについては、全くといってよいほど見るべきものを見ることが出来ない。著者によると、労働組合は、労働

者による自主的な主体的組織であるというのが、労働組合結成のあるべき原点であり、もし置かれた状況が余りにも不利で、目ざす労働条件向上の達成度が低かったとしても、一般組合員の主体的参加が行われて、かつ努力した結果であるとしたなら、それはそれでやはり肯定的に評価してもよいのではないか。

　現在難しい経済状況下で、組合員がそうした意欲を持ち、活性的な行動を行っている組合となると、まず思い浮ぶのは企業内に複数組合が併存し、その内で企業並びに多数派組合と対立し、それ等にインパクトを与えつづけている少数派組合を思い浮べるし、女性、パート、臨時工組合等、従来組織化から取残された人々の、新な組織化を目指している地域合同労組の多くも、それに近い性格を持つといえるかも知れない。これに関して青木章之介（「地域合同労組の新展開——Ｓユニオンのパート組織化の事例研究」88年）の取上げたＳユニオンが、財政的不安、組合員の定着の悪さ等の弱点をかかえながら、37名の構成員を3年後に310名に増加させた場合も立派だし、小谷幸（「女性の新しい労働組合」99年）の困難な交渉を争議、団交を交えて解決した事例も立派だといえる。しかし組合員が主体的意欲を持って闘っていることの多いのは、やはり少数派組合の場合であろうが、これについて長らく調査に従事して来たのは河西（『企業別組合の実態——全員一括型と少数派組合の相克』81年）、（『新版小数派組合の運動論』92年）自身であるが、かかる少数派組合の実態については、著者は遠慮してかほとんど述べてはいない。

　最後に一つお願いしたいことがある。

　それは労働経済学に対する問題で、経済学者の数は多くても、労働を専攻する研究者となると、その数は決して多くはない。特に調査に従事している研究者となると、その数はさらに少なくなり、行った調査自体も今日ではむしろ社会学の方が多いくらいである。労働社会学が自己の性格を明確にすることは、初期にはたしかに必要なことで、その差異や自己の利点等主張すべきは主張すべきであったと思う。しかし労働経済学は同じ労働現象を研究する、いわば近くの隣人といえ、たとえ研究方法は違え、同じ労働現象を学ぶものとして、それから学ぶべき点は多いはずで、賃金一つをとってみても、収入はあらゆる人間にとって生活の基盤で、労働者の生活はそれによって成立ち、最大の関心事であるはずである。賃金

形態なども最近では複雑になり、よく労使の大きな対決事項になったりするが、それを正確に学び取ることは実に大切だと思う。また労務管理等でも、それを収奪の方法だといって捨てさることは簡単だが、それを理念通りに実施している企業等はほとんどなく、その置かれた状況からさまざまな妥協が行われ、変形している場合が多いのが現実である。それ故その実態を実態として把握し、その意図や効果を分析し、労使それぞれの態度を決定することが必要で、何事も謙虚に自分をより大きく豊かにすることに、もっと力をつくすべきだと思う。

伊賀光屋著
『産地の社会学』
(多賀出版、2000年、621頁、定価9,500円＋税)

樋口　博美
(金沢大学)

　本書は、著者伊賀光屋氏が、新潟県燕市の金属製品産地を対象として行った20年にわたる事例調査研究を中心に据えた三部立て十二章構成、620頁に及ぶ大著である。第一部では、産地の調査・研究に関する理論的・方法論的検討と基礎づけがなされ、第二部では燕産地において150人あまりを対象とした事例調査研究の記述が展開され、第三部では事例をふまえ、他産地との比較を行いながらさらには国際的論議のなかでの位置づけを提示し、産地研究の理論化へ進むという展開になっている。まさに方法・調査・理論が三位一体となった大著なのである。
　以下に全体の章別構成を示しておく。

第 一 部　産地研究の方法論
　第 一 章　産地研究の今日的意義
　第 二 章　産地研究の方法
第 二 部　産地の社会誌
　第 三 章　職人から工員へ：鎚起銅器製造業従事者の歴史的変遷
　第 四 章　職人家をめぐる家連合：玉川家の葬礼とその変容
　第 五 章　職人と製造家：鑢製造業従事者の社会的世界
　第 六 章　元請けと下請け：洋食器業者の社会的世界
　第 七 章　工場の物語：燕物産における企業型労働者の形成
第 三 部　産地の比較社会学
　第 八 章　産地とその類型
　第 九 章　産地におけるフレキシビリティとインフォーマリティ
　第 十 章　産地におけるアントレプレナーシップ

第十一章　MRI化と熟練・労働組織
第十二章　フレキシブル・インフォーマライゼイションと戦略的ネットワーク

以下、本書の紹介を行い、続いて感想や検討を加えてみたいと思うが、章ごとの紹介を行うには紙幅が不十分であるため、各部ごとに評者の関心に沿いつつの内容紹介となることをお許し願いたい。

第一部　産地研究の方法論

ここでは本書全体を貫く調査・研究の方法論が提示されている。その方法論とは、第二部において具体的に展開される「社会誌」の記述と第三部において展開される「比較社会学（ソシオノミー）」に関しての2つである。

1つ目の社会誌（ソシオグラフィー）とは、個性記述的な解釈の方法論である。
まず、「モーダルな枢軸機能体と指標を語り手の言説のままに、連続的に配列させて物語を構成する」(93頁)「モンタージュ法」によって対象者のシンボリックな世界についてのドキュメントを作成する。蒐集された聞き取り記録は、標準的社会構造との同定を行う。標準的社会構造とは、産地あるいは産業のなかの分業上の一生産組織のなかで、一連の活動や生活諸段階について、人々に認知され、良しとされる順序「標準的時刻表」に従って構造化された社会、人々がよく知っていて共通認識となっている社会構造であり、それは集団の成員たちのライフ・コースとなって現れる。そして、人々の精神構造や社会認識はライフ・コース上の各ステージごとに変化し、違いが見られる。その際、各ステージごとに特徴的な「ある個々人に固有な物の考え方、感じ方」である「マンタリテ」を発見し、明らかにすることによって「個人的事実の平均的姿」を捉えていく。こうして記述されたドキュメントは、産地の人々の視点から見た彼らの生活世界の分節化の記述（＝よく知られた社会構造）として、「群の記述（ソシオジェノグラフィー）」と呼ばれる。

次に、群の記述をもとに、構造化された社会集団の成員たちのシンボリックな世界が、著者による「説明を散りばめた」解釈によって物語として再構成され、語られる。この語られた物語が「社会的物語（ソシオディエゲーシス）」と呼ばれる。以上が社会誌の方法である。

方法論の2つ目、比較社会学（ソシオノミー）は、分析的帰納の方法論である。特定の対象群を別の対象群と比較することで対象の個別性を相対化させ、さらには「私」という視点と特定の対象とを共に相対化して説明する作業である。つまり、先に「私」によって語られた社会的物語をノーマル・サイエンスの概念体系のなかに鋳直し、「私」の認識世界を消去し、生活者の私的世界と法則や理論の世界とを接合する作業である。そして、この比較の方法を利用して、標準的社会構造のもと意図や結果が意識されないままに行われる所作に基づく客観的な出来事の把握と、特に主体的行為者による戦略的行為としての主体的側面を組み込んだ構造的分析とモデル化を目指すのがソシオノミーである。

第二部　産地の社会誌

　第二部は、燕という一産地のなかに共存している金属製品産業のなかの三領域、銅器、鑢、洋食器についての歴史研究を含んだモノグラフで構成されている。20年の実地調査と過去100年を射程に入れた産地の観察によって、産業構造の盛衰の歴史的過程がつぶさに考察され、丁寧に追体験される。3つの産業を分析するための共通の枠組みとしては、やや章ごとに異同があるものの、主に技術、分業体制の変化、産地の標準時刻表を分析枠組みとして、群の記述による職人たちのキャリアの類的把握、社会的物語による産地分業体制の構造化モデルの構築を行う。銅器職人、鑢職人、洋食器業者たちの社会的世界を比較対照的に描き出すことで、ライフ・コースに現れた生存戦略についての理論を打ち立てる。

　銅器製造　産地の老舗・玉川堂を事例に取り上げ、経営体としての家の変化、生産技術や労働力の歴史的変遷が記述される。製造工程の技術的変化（工程消滅、簡略化）と経営形態および社会分業体制の変化（外注化）を背景要因とした、徒弟制と一貫製作に象徴される専門技能を持った「職人」から、熟練の希釈化、通勤労働者化した銅器製造業従業者の「工員」への変遷は、年季奉公の消滅と独立開業の困難化、職種や熟練の分化・分解の過程でもあった。そして職人の社会的性格や彼らの社会構造観も変化した。

　玉川堂については「家」の葬礼を例に、町場の職人家の生活扶助組織の構造と機能の変化についても記述される。葬礼の際の、社会関係による経済的負担、労力的負担、儀礼的行為への参加程度の違いについて明治初期からの歴史的変遷を

たどり、その互助組織が地縁から職縁へと移り変わっていく様子が明らかにされる。技術伝承以上の工家同族団的な系譜的つながりが確認される。

鑢屋 鑢の世界は農村家内工業的性格が強く、銅器に比べると技術体系もそれ程洗練されておらず、厳格な徒弟制があったわけではない。職人は機械化ではなく、問屋制家内工業の分散的生産様式によって最初から熟練が希釈化されており、各工程ごとの下請としての職人であることも大きな特徴である。しかし、鑢屋にもライフ・コースとして弟子―職人―製造家といった標準の道筋があり、年齢集団ごとの達成目標としての標準時刻表も、職人の「業への自負」、製造家の「親方としての自覚」といったそれぞれのキャリアの各ステージを支配するマンタリテも存在した。

洋食器業者 洋食器世界の工具や下請け業者には徒弟制を経験した人はおらず、技術や陶治の方法から見ても職人ではなく技能工具である。戦前からの工場制への移行とともに分業体制が変化し、さらに昭和半ばの近代化政策の影響もあり、合理化と機械化、技術の向上を伴う構造変化があった。元請―下請関係は、ヒエラルキー的な一社専属型からネットワーク的なグループ共用型の成立によって大きく変化した。彼らのアイデンティティには、元請けでは厳しい競争のなかでの責任感と自覚的な慎重さが見られるが、下請では、特に家内工業的なそれとなると目先の仕事に明け暮れ、自嘲的な面さえも見られる。またライフ・コースとしては、家業の創業や拡大を目標とした標準的なキャリア・パターンが存在した。

第三部　産地の比較社会学

第三部では、まず標準的社会構造を戦略論のタームへ翻訳、機械工業やニット工業諸産地と燕の金属雑貨工業産地間の比較研究で燕産地を相対化することで、第二部において著者の語った物語がソシオノミーに表現し直される。そして、社会分業体制の展開過程における産地業者たちの様々な生存戦略についての構造化モデルが具体化される。多様な生存戦略の採用が、人々の意図どおりにならない行為の結果を生みだし、それ自体が思わぬ結果としての産地の衰退をまねくことが明らかにされる。さらに、これまでの産地研究が国際的研究に接合され、フレキシブル・スペシャライゼイション（「柔軟な特化」論）に代わる産地研究の枠組み提示が試みられる。

まず、燕の産地構造の基底にあるものは、その特徴的な社会分業体制と職人社会の伝統（家の倫理）である。これを前提条件として以下のような構造化モデルが提示される。

　誰もが参入しやすい①「社会的分業体制」のあり方が、独立開業・転廃業を容易なものとし、産地の人々は、②「実践感覚」として独立開業を目指すようになる。その際、職人にとってはあくまでも自己実現、家業創業としての独立開業であり、企業としての成長を目指すものではない。しかし、その後の激しい生存競争の中で、思いもかけない自己犠牲的な企業経営となっていく。また、職人の夢である独立開業＝家業の創業は、産地内の③「キャリアライン」にしたがったものであるが、この産地の規範としての標準時刻表に従って行動することによって産地内の企業密度が過剰になり、競争の激化、独立に対する妨害などが生じ、それを抑制する新たな規範が生み出される。独立開業は困難になり、職人が工場労働者化し、生産組織が衰退する。また、家の論理に従った行動は、家の自律性を重視するあまり、技術革新はじめ企業同士の協力を様々な面で制約する。そのため④「生存戦略」としての激しいコスト競争は、長時間労働、低賃金、女性パート、外国人労働者、高齢者、障害者等の不安定雇用、インフォーマル労働の利用によって行われるが、このことは結局、労働力の他産業流出や求人難をもたらし、産地の衰退を招く。

　以上のような、①～④の概念による産地の構造化モデルをふまえ、著者は、技術革新を促す競争の奨励と技術革新を混乱させる競争（低賃金・不安定雇用）の制限という「柔軟な特化」論の主張は日本にはあてはまらないとする。日本における生存戦略で追求されてきたのはインフォーマリティの活用であり、それは先端的な技術革新とも結びつき、フレキシブルな機械装置や労働も利用しながらインフォーマルな資源を活用するフレキシブル・インフォーマライゼイションであるとする。しかしインフォーマリティの活用は長期的には負の効果を持ち、産地衰退を招く要因でもある。にもかかわらずこれまで産地が残ってきた理由はなにか。著者は、日本の産地の存続はフレキシブル・スペシャライゼイションのいう共同効果や範囲の経済・特化の経済ではなく、時間コスト削減にしのぎを削るなかで生まれてきた「時間の経済」、特にインフォーマリティ追求のなかの過密・長時間労働の追求であったという。

そして日本の産地の経済的成功と活性化は、共同社会化の方向ではなく、企業間関係の戦略的ネットワークの方向にあり、それは競争の制限や参入障壁によって支えられるのではなく、競争圧力とそのもとでのアントレプレナーシップ（企業家性）の存在にかかっているとしている。

　以上が、評者の読んだ『産地の社会学』の全体像であり要約である。理解不足の点も多々あるかとは思うが、以下に本書を読んだ上での感想や疑問を述べさせていただくことにする。
　まずは、第一部の方法論に関してである。ここでは具体的な資料処理過程についての体系的な説明と方法上の問題についての整理がなされており、質的な調査が増加している現在、特に聞き取り調査主体の研究を行う者にとっては大変参考になる箇所である。
　特に興味深いことは、著者が現象を主体から捉えることの限界（調査対象者との距離）についてくり返し述べていることである。著者は「認識主体に私を執拗なまでに意識し、その脱却の不可能性を強調」(56頁)する。そして「他者の生そのものに直接的には到達できないことを、また知り得た他者の生の断片を決して文字などの伝達手段によって十全には表現しきれないことを認めた上で」(63頁)「群の記述」を行うのであり、「固有名詞をもった1人の対象者の内面的な世界には入っていけない」(112頁)と述べ、主体への接近にはどこまでも慎重な態度を貫いている。「彼らのコトバで理解することがどこまで可能かを追求すること」(55頁)は、長年現場に身を置き、多くの人々と関わってきた著者にとっての潜在的なテーマであるように思われる。
　そして、その慎重に得られた質的データをどのように一般論や普遍的概念へつなげていくべきかという、私たちが質的調査に携わる場合に常につきまとう課題に対しても著者は、主体的データと構造化・理論化としての客観的把握との接合に関する方法を明確に提示してくれる。具体的には職人社会という世界を、当該世界だけの議論に終わらせることなく、その主観的な生の世界に基づき、概念を構成し分析枠を構築する。そして主体の主観的意図とその集合的結果として、それとは全く異なる形で立ち現れる意図せざる結果の検出を行うという構造化の手法には大いに説得性がある。産地の人々からの聞き取りをくり返す、試行錯誤の

なかで産地研究の方法論が編み上げられてきたことは第二部を読むことによって実感できる。特に生の録音記録からその記録をどのように読者へ提示するのかという手順は具体的で分かりやすく、かつ丁寧である。質的調査を行う者にとっては、第一部だけでも一読の価値がある。

　第二部は、著者の研究の時間的段階としては、おそらく本書全体のどの箇所よりも早い時期から研究が開始され、取り組まれてきた部分であろうし、ここが本書のメインであるように思う。産地におけるものづくりの技能とは何かが追求されるなかで、主体である職人たちの社会的世界が詳細な技能や技術の描写とともに丁寧に描かれる。群の記述に見られる職人たちの技能への自負やそして哀愁が生き生きと描き出され、モノグラフとしてかなり読み応えのあるところである。しかし、これを単なるモノグラフに終わらせないのが本書の特徴である。産地の栄枯盛衰についての歴史的な記述ではなく、次には職人のライフ・コース上の各ステージごとに彼らの社会構造観が考察されることによって、さらに社会科学的な分析へと進められる。その際、本書で使用される「マンタリテ」や「ライフ・コース」、「標準的時刻表」といった分析的概念は、キャリアや技能形成の研究にとっても重要な概念であり、大変参考になるものである。

　ただ、これらの概念の使用は一方で、職人の主体性分析への関心を遠ざける面を持ち合わせているようである。これは特に「マンタリテ」と「標準的時刻表」の2つの概念と深く関わっているように思われる。マンタリテの把握によって尊重されるはずの1人1人の個性は、標準的時刻表（標準的社会構造）との同定によって客観的な平均型が抽出されることにより弱められ、個人に外在するものが強調されることになる。もちろん、ここでの著者の目的は、個々人のライフ・コース、つまり個人の経験が、外在的かつ拘束的に人々に存在する産地の時間によって形成されることを明らかにすることであり、ひいては産地の構造化を目指すことなのだが、これは必然的に主体である個々人の行為のダイナミズムの後退を意味する。従ってここでは、主体によって選択された行為であるという点よりも、社会構造に主体の行為が決定づけられているという印象が強くなる。第三部の構造化モデルによる著者の分析どおり、主体の意図せざる結果としての産地の衰退、そして衰退しつつもインフォーマリティの活用や時間の経済といった産業存続のための経済的要因があり、それが産地を支えるという構造上の説明は納得のいくも

のである。しかし産地に生きる人々の主体的側面を社会関係のなかでさらに積極的にくみ上げることによって、産地存続の社会的要因の把握も可能になるのではないだろうか。

さらに上述のことは著者の地域社会と産地の概念定義とも少なからず関わっているようである。著者は「産地というのは、製造家、加工業者、卸売業者、労働者などからなる、事業所内外の分業によって編成された生産組織が複数集まってできた地域社会のことである」(73頁)と述べ、すでに地域社会を産業空間として限定しており、それ以上の意味を与えていない。そしてそのこともあってか、職人や業者をはじめとする地域社会全体が個人の外側に存在する産地内の産地構造に規定され、さらに地域社会が地域の産業に疎外されて衰退しているというような印象(人が産地を作っているというよりも産地に人が規定されているという印象)も受ける。第二部には、家連合の過去に関する分析として、生産関係を越えた地域社会関係が詳細に記述されているものの、著者の定義する地域社会は生産関係に限られている。産地の主体を、産業関係のみならず地域社会関係の視点から、地域主体として捉えることによって、家や家業の持つ現代的な意味を含めたさらに動態的な産地の把握が可能なのではないだろうか。言い換えれば、地域社会を「地域」(地域社会概念の拡がりを意味する)と捉えたときの産業との関係はどのようなものになるのだろうか。

第三部では、一つの産地にこだわり続けてきた著者の研究成果が生かされた説得的かつ理論的な主張が展開されるが、これは一産地についての20年間に及ぶ観察があってはじめて、世界の産地の浮沈についての社会科学的な法則や一般命題を摘出できるということを証明している箇所でもある。

ここで展開されるフォーディズム対ポスト・フォーディズム論に対するフレキシブル・スペシャライゼイションへの否定的な見解は興味深く、燕という一産地の研究成果によるフレキシブル・インフォマライゼイションの検出が、国際的に論議されてきたフレキシブル・スペシャライゼイションという類型に並ぶ対等な類型として位置づけられている。

また著者はアントレプレナーシップ論議に詳細に言及することによって、特に日本の産地内に多く見られる家の論理や職人社会の伝統が、アントレプレナーシップとは全く対照的なものであることを、日本の産地の特殊性として浮き彫り

にする。著者は最終的にはアントレプレナーシップを産地活性化の主役として示唆するのであるが、ここでも国際的な論議との照らし合わせが行われており、国内の地域産業研究が国際的な産地動向に関わる研究のような広い論議と対等に展開される可能性を持っていること、その射程の広さを示してくれているようである。

　最後に、評者の理解能力の不足を承知の上で、一点ほど疑問に感じたことを述べさせていただけば、第一部で展開された方法論と、産地のソシオノミーと国際的論議が同時に展開される第三部の内容との接合性を見つけることがやや困難であるように思えたことである。もう少し進めると、最終的に本書には大きな二つのテーマがあった。一つは、燕産地についての事例研究による産地の現状分析・構造化というテーマであり、もう一つが、日本の産地には国際的に論議されているところのフレキシブル・スペシャライゼイションはあてはまるのか否か、そしてあてはまらないのであれば新たな産地研究の枠組みを提示し、その今日的意義を国際的な枠組みのなかで追求するというテーマ、この二つである。方法論の箇所では前者のテーマに関わるものしか提示されていないこともあり、二つのテーマの接合性をどのように理解すべきかが読み進める上で戸惑った点である。しかし、これは一産地をこつこつと見聞してきた著者が、今度はさらにそれを大きな枠組みのなかに投げ入れて、その今日的意義について（第一章）思考しようとする研究のさらなる試みの現れといえるのかもしれない。

　研究生活の端緒についたばかりの評者がこのような大著の書評を引き受けさせていただいたことは、この著書を読み進めれば進めるほど無謀であったと感ぜずにはいられなかったが、何よりも伊賀光屋氏の研究と研究対象に対する真摯な姿勢は大変刺激的であり、今後の研究を進めていく上でもまたとない学びの場をいただいたと思っている。このような機会を与えていただいたことに改めて感謝の意を表したいと思う。

金野美奈子著
『OLの創造——意味世界としてのジェンダー——』

(勁草書房、2000年、229頁、定価2,400円+税)

合場　敬子
(明治学院大学)

1. 本書の概要

　著者の金野氏は、日本の性別分離研究で一般的に流布している想定、すなわち「『男性と女性の差異』に注目するというジェンダーの視角」(8頁)をまず批判している。この想定のために、ジェンダー・「カテゴリーが労働に関して意味するものの変化や、カテゴリーを用いることそれ自体の生成過程や不変性といったダイナミズムが考慮の対象になりにくくなる」(同頁)と主張する。したがって、著者の目的は、「ジェンダーの歴史的相対性とダイナミズムを明らかにすること」(10頁)にある。事務職の歴史的変遷を明治後期から検討することにより、著者は、「ジェンダーは決して常に安定した、不変なものではない。ジェンダーが職場世界を理解する枠組みとしてどの程度意味をもつかは、人々の意味世界のあり方を職場との相互作用を通して、歴史的に開かれている」(225頁)と主張するに至る。

　この主張は、歴史的な資料を、「労働に関するジェンダーの一次モデルと、職場における労働のジェンダー化」(10頁)の相互作用という視点から検討することによって、非常に説得力を持っている。まず、明治30年代に女性が事務職として職場に登場した時には、男女は交換不可能なカテゴリーとは解釈されていなかった。女性よりも先に事務職に就いていた男たちは、管理者や経営者が求める「真面目に、規律を守り、従順に、忍耐強く仕事をする」(31頁)という態度からはかなり逸脱した者も多く、一方で女性の勤務態度や技術的な能力が、経営者側から高く評価されていたからである。そのため、「『職場は男性のもの(であり女性のものではありえない)』というジェンダーが、そのままのかたちでは、職場世界

を解釈する枠組みとはなりえないことを示」(36頁)すことになったのだ。

続く戦間期においては、ジェンダーは職場を分離する軸のひとつに過ぎなかった。この時代、学歴別雇用管理が徹底されることによって、職場内の労働者が複雑に位置付けられたからである。一方で、職場経験の部分を「女性」というカテゴリーで解釈しようという枠組みも存在したが、強力な力を持ち得なかった。この時代の考察で興味深いのは、著者が、主に女性誌の投稿記事を分析することにより、女性の中に多様な職場への視点が存在したことを明らかにしている点である。

戦時下の事務職の分析を経て、著者の最も主張したい歴史的事象は、「ジェンダー・カテゴリーが人々の職場経験をとらえる枠組みとして大きな意味をもつようになったのは」(209頁)、戦後から高度成長期であるという点である。この歴史的な一時期において、「『一人の収入で家族を養う(男性)世帯主』の理念が、『(正規の)従業員すべての間の平等』という理念と結びつ」き、男女が職場の中で、「交換不可能で異質なカテゴリーとして構築され」(同頁)たからである。この異質なカテゴリーとしての「男性」「女性」が職場のジェンダー化との相互作用によって、強化され循環していったのである。この関係は「図4-1 仕事の意味づけにおける循環構造」(156頁)で簡潔に把握することができ、他の職種にも応用できる概念図となっている。

2. 職場世界を理解する枠組みとしてのジェンダー

歴史的な視点から、日本における労働とジェンダーの相互作用を、事務職という職業に絞って検討した点において、著者は大きな貢献をしている。しかし、幾つかの点において問題も残しているように思われる。

ジェンダーは職場の経験を解釈する枠組みのひとつにすぎないこと、そのジェンダーが枠組みとして機能する度合いは、歴史的に規定されるという点は見事に示されているが、このことは逆説的に、ジェンダーの枠組みが強弱はあるにしろ、完全に職場の経験の解釈枠組みから消えたことは一度もなかったということを明らかにしている。つまり、ここから浮かび上がるのは、男女を異質なカテゴリーとして構築するジェンダーの強固さであり、今までの性別分離研究が想定した、ジェンダー枠組みが職場の経験を解釈する枠組みとして想定されていたことは、

あながち誤りではないことになるのではないか。確かに、明治後期に女性事務職が誕生したときには、男女の事務職員は交換可能なカテゴリーとしてとらえられていたのであろう。しかし、この状態は長く続かなかった。むしろ、男女を異質なカテゴリーとして維持しようという方向性が、この本の中でも示されているように、その後繰り返し浮上している。

特定の歴史的状況のもとで、男女が交換可能なカテゴリーとして構築されることもありうるだろうが、むしろそれは例外的な場合だと言ってよい。多くの場合、男女を異なるカテゴリーとして構築する強力な力が存在するのである。それこそがジェンダーであり、著者自身も分析の基本として設定している「ジェンダーの一次モデル」(12頁)では、「社会は『男性』『女性』というお互いに異なった人々から成り立つものと、共通に理解されることになる」(同頁)と想定している。この一次モデルは性別分離研究で想定されているジェンダー関係と同じであると考えられる。

性別分離研究で男女の差異という視点が想定されているのは、これまでの欧米の歴史研究を含む先行研究で、この想定が理にかなっていることが示されているからである（例えば、[Acker, 1997]）。また性別分離研究ではジェンダーのみが、職場を分離する軸であると固定的に捉えていたわけでもない。例えば私の研究では（[合場、1998]，[Aiba and Wharton, 2001]）、仕事の性質や報酬において生じている差異を、ジェンダー以外の説明変数も組み込んで考察している。

内外の膨大なジェンダー研究が示唆しているのは、1) ジェンダー・カテゴリーの意味やカテゴリー相互の関係は変化しうるが、2) 人間をジェンダーで分類すること自体は維持、再生産されているということである。著者は第1の点を、日本の職場において初めて実証的に明らかにしており、そこにこの著作の意義がある。歴史的な資料を豊富に駆使した労作である。

〔参考文献〕
（日本文）
合場敬子、1998、「仕事の内的報酬のジェンダー差とその構造」『日本労働社会学会年報』第9号。
（英文）
Acker, Joan, 1997, "Foreword", pp.ix-xi in *Gendered Practices in Working Life,* edited by L. Rantalaiho and T. Heiskanen, New York: St. Martin's Press.

Aiba, Keiko and Amy Wharton, 2001, "Job-Level Sex Composition and the Sex Pay Gap in Large Japanese Firm", *Sociological Perspectives,* 44, pp.67-87.

日本労働社会学会会則

(1988年10月10日　制定)
(1989年10月23日　改訂)
(1991年11月5日　改正)
(1997年10月26日　改正)
(1998年11月2日　改正)

[名　称]

第1条　本会は、日本労働社会学会と称する。

　2　本会の英語名は、The Japanese Association of Labor Sociology とする。

[目　的]

第2条　本会は、産業・労働問題の社会学的研究を行なうとともに、これらの分野の研究に携わる研究者による研究成果の発表と相互交流を行なうことを通じて、産業・労働問題に関する社会学的研究の発達・普及を図ることを目的とする。

[事　業]

第3条　本会は次の事業を行う。

(1) 毎年1回、大会を開催し、研究の発表および討議を行なう。

(2) 研究会および見学会の開催。

(3) 会員の研究成果の報告および刊行(年報、その他の刊行物の発行)。

(4) 内外の学会、研究会への参加。

(5) その他、本会の目的を達成するために適当と認められる事業。

[会　員]

第4条　本会は、産業・労働問題の調査・研究を行なう研究者であって、本会の趣旨に賛同するものをもって組織する。

第5条　本会に入会しようとするものは、会員1名の紹介を付して幹事会に申し出て、その承認を受けなければならない。

第6条　会員は毎年(新入会員は入会の時)所定の会費を納めなければならない。

　2　会費の金額は総会に諮り、別途定める。

　3　継続して3年以上会費を滞納した会員は、原則として会員の資格を失うものとする。

第7条　会員は、本会が実施する事業に参加し、機関誌、その他の刊行物の実費配布を受けることができる。
第8条　本会を退会しようとする会員は書面をもって、その旨を幹事会に申し出なければならない。

　　［役　　員］

第9条　本会に、つぎの役員をおく。
　(1)　代表幹事　1名
　(2)　幹　　事　若干名
　(3)　監　　事　2名
　　役員の任期は2年とする。ただし連続して2期4年を超えることはできない。
第10条　代表幹事は、幹事会において幹事の中から選任され、本会を代表し会務を処理する。
第11条　幹事は、会員の中から選任され、幹事会を構成して会務を処理する。
第12条　監事は、会員の中ら選任され、本会の会計を監査し、総会に報告する。
第13条　役員の選任手続きは別に定める。

　　［総　　会］

第14条　本会は、毎年1回、会員総会を開くものとする。
　2　幹事会が必要と認めるとき、又は会員の3分の1以上の請求があるときは臨時総会を開くことができる。
第15条　総会は本会の最高意思決定機関として、役員の選出、事業および会務についての意見の提出、予算および決算の審議にあたる。
　2　総会における議長は、その都度、会員の中から選任する。
　3　総会の議決は、第20条に定める場合を除き、出席会員の過半数による。
第16条　幹事会は、総会の議事、会場および日時を定めて、予めこれを会員に通知する。
　2　幹事会は、総会において会務について報告する。

　　［会　　計］

第17条　本会の運営費用は、会員からの会費、寄付金およびその他の収入による。
第18条　本会の会計期間は、毎年10月1日より翌年9月30日までとする。

［地方部会ならびに分科会］
第19条　本会の活動の一環として、地方部会ならびに分科会を設けることができる。

　　　［会則の変更］
第20条　この会則の変更には、幹事の2分の1以上、または会員の3分の1以上の提案により、総会の出席会員の3分の2以上の賛成を得なければならない。

　　　［付　　則］
第21条　本会の事務執行に必要な細則は幹事会がこれを定める。
　　2　本会の事務局は、当分の間、代表幹事の所属する機関に置く。
第22条　この会則は1988年10月10日から施行する。

編集委員会規定

(1988年10月10日　制定)
(1992年11月3日　改訂)

1. 日本労働社会学会は、機関誌『日本労働社会学会年報』を発行するために、編集委員会を置く。
2. 編集委員会は、編集委員長1名および編集委員若干名で構成する。
3. 編集委員長は、幹事会において互選する。編集委員は、幹事会の推薦にもとづき、代表幹事が委嘱する。
4. 編集委員長および編集委員の任期は、幹事の任期と同じく2年とし、重任を妨げない。
5. 編集委員長は、編集委員会を主宰し、機関誌編集を統括する。編集委員は、機関誌編集を担当する。
6. 編集委員会は、会員の投稿原稿の審査のため、専門委員若干名を置く。
7. 専門委員は、編集委員会の推薦にもとづき、代表幹事が委嘱する。
8. 専門委員の任期は、2年とし、重任を妨げない。なお、代表幹事は、編集委員会の推薦にもとづき、特定の原稿のみを審査する専門委員を臨時に委嘱することができる。
9. 専門委員は、編集委員会の依頼により、投稿原稿を審査し、その結果を編集委員会に文書で報告する。
10. 編集委員会は、専門委員の審査報告にもとづいて、投稿原稿の採否、修正指示等の措置を決定する。

付則1.　この規定は、1992年11月3日より施行する。
　　2.　この規定の改廃は、編集委員会および幹事会の議を経て、日本労働社会学会総会の承認を得るものとする。
　　3.　この規定の施行細則(編集規定)および投稿規定は、編集委員会が別に定め、幹事会の承認を得るものとする。

編集規定

(1988年10月10日　制定)
(1992年10月17日　改訂)
(幹事会承認)

1. 『日本労働社会学会年報』(以下本誌)は、日本労働社会学会の機関誌であって、年1回発行する。
2. 本誌は、原則として、本会会員の労働社会学関係の研究成果の発表に充てる。
3. 本誌は、論文、研究ノート、書評、海外動向等で構成し、会員の文献集録欄を随時設ける。
4. 本誌の掲載原稿は、会員の投稿原稿と編集委員会の依頼原稿とから成る。

年報投稿規定

(1988年10月10日　制定)
(1992年10月17日　改訂)
(幹事会承認)

1. 本誌に発表する論文等は、他に未発表のものに限る。
2. 投稿された論文等の採否は編集委員会で審査の上、決定する。なお、掲載を決定した論文等について、より一層の内容の充実を図るため、補正、修正を求めることがある。
3. 原稿枚数は、原則として400字詰原稿用紙60枚以内とする。
4. 書評、その他の原稿枚数は、原則として400字詰原稿用紙20枚以内とする。
5. 投稿する会員は、編集委員会事務局に、審査用原稿コピーを2部送付する。
6. 原稿は所定の執筆要項に従うこととする。

日本労働社会学会役員名簿

幹　事（任期　2000.11.21～2002.11.20）

河西　宏祐	（早稲田大学）	代表幹事
北島　　滋	（宇都宮大学）	副代表幹事、『年報』編集担当
鈴木　良始	（同志社大学）＊	研究活動担当
兵藤　淳史	（専修大学）＊	同　　上
中村　眞人	（東京女子大学）	同　　上
松戸　武彦	（奈良大学）＊	同　　上
吉田　　誠	（横浜市立大学）	同上、『労働社会学研究』担当
渡辺　雅男	（一橋大学）	研究活動担当
青木章之介	（日本労働研究機構）＊	『年報』編集担当
市原　　博	（城西国際大学）	同　　上
山田　信行	（帝京大学）＊	同　　上
鈴木　　玲	（法政大学）	『労働社会学研究』担当
清山　　玲	（茨城大学）	同　　上
土田　俊幸	（長野大学）＊	同　　上
佐藤　守弘	（常磐大学）＊	全般担当
中囿　桐代	（釧路公立大学）＊	北海道地区担当
中田　重厚	（明星大学）＊	全般担当
大黒　　聰	（東京自治問題研究所）	会計担当
林　　大樹	（一橋大学）	『通信』編集、事務局担当

＊（選任幹事）

監　事

　　大梶　俊夫（創価大学）
　　八木　　正（広島国際大学）

年報編集委員会

　　山田　信行（委員長）
　　青木章之介
　　市原　　博
　　北島　　滋

事　務　局

　　林　　大樹

編集後記

◆なんとか、『年報』発行にこぎつけることができました。編集委員長という分不相応な大役を無事果たすことができて安堵しています。年報編集委員および執筆者の皆様、東信堂の二宮義隆さんには心から感謝いたします。

◆本号の『年報』はおかげさまで大変充実したものとなりました。通常通り、昨年の研究大会のシンポジウムに基づく特集に加えて、前号からの継続として「フィールド調査"職人芸"の伝承」の第2部を「特集2」として配置しました。今回は、関西以西の研究者の方々に研究会を開いていただき、そこでの報告に基づいて原稿を執筆していただきました。この特集によって、実態調査の重視と若手研究者の育成という、この学会の趣旨に沿った企画を継続できたものと自負しております。

◆他方では、昨年からの課題はそのままの形で来年度に持ち越されることになってしまいました。

①投稿論文の英文要約のチェックについては、懸案のままです。日本社会学会などでは、ネイティヴ・スピーカーによるチェックを実施しているようですが、当学会では人員確保、謝礼の問題など解決すべき問題があるように思います。

②論文審査についても、新たに懸案事項があります。「論文」と「研究ノート」との関連の問題がそれです。現在、「論文」と「研究ノート」とでは投稿枚数に差があるため、原則として「論文」として投稿されたものを「研究ノート」に変更することは困難です。しかし、投稿された原稿をできるだけ掲載する方向で考えるならば、こうした変更を柔軟に考えてもよいかもしれません。

③フロッピー・ディスクの提出のタイミングも、再考されてよいかもしれません。現在は、投稿時点でフロッピーを提出していただいていますが、掲載決定後に提出していただければ十分かもしれません。

◆以上のような懸案事項は、査読の完全匿名性の問題も含めて、次期編集委員会で検討していきたいと思います。

(山田　信行)

ISSN 0919-7990

日本労働社会学会年報 第12号
―ゆらぎのなかの日本型経営・労使関係―

2001年11月10日　発行

□編　集　日本労働社会学会編集委員会
□発行者　日本労働社会学会
□発売元　株式会社 東信堂

日本労働社会学会　事務局
〒186-8601　国立市中2-1
一橋大学社会学研究科　林 大樹研究室
TEL　(042) 580-8655
FAX　(042) 580-8640

株式会社 東信堂
〒113-0023　文京区向丘1-20-6
TEL　03-3818-5721
FAX　03-3818-5514
E-mail　tk203444@fsinet.or.jp

ISBN4-88713-416-9　C3036

「日本労働社会学会年報」

日本労働社会学会年報 4
日本労働社会学会編

A5／198頁／2913円

〔執筆者〕大梶俊夫・吉田誠・浅生卯一・鎌田とし子・鎌田哲宏・R．マオア・神谷拓平・萬成博ほか

〔主要目次〕論文：1. ハンガリー企業の労務慣行と労働者意識 2. A社特装車組立工程の職場の相貌 3. 日系自動車企業とアメリカ労働者 4. スウェーデンの社会と工場労働者 5. 日・米・豪の労働者・労使関係 シリーズ：戦後労働者調査を語る 書評、ほか

4-88713-180-1　C3036　〔1993〕

日本労働社会学会年報 5
日本労働社会学会編

A5／190頁／2913円

〔執筆者〕伊賀光屋・三井逸友・藤井史朗・R．マオア・辻勝次ほか

〔主要目次〕論文：1. 産地における生存戦略とインフォーマルな労働 2. 今日の大企業の生産体制再編と「下請外注管理」の展開 3. 下請中小企業の労働者像 4. 職場内生活と家庭内生活のリンク 海外便り 1. 労働教育士：マイク・マザック 書評、ほか

4-88713-211-5　C3036　〔1994〕

「企業社会」の中の女性労働者
—日本労働社会学会年報6—

日本労働社会学会編

A5／210頁／2913円

〔執筆者〕熊沢誠・木本喜美子・橋本健二・湯本誠・野村正實・山下充・蔡林海ほか

〔主要目次〕特集—「企業社会」の中の女性労働者：1. 企業社会と女性労働 2. 性別職務分離と女性労働者 3.「企業社会」日本の階級・階層構造と女性労働者 論争「トヨティズム」：1. 日本型生産システムと企業社会論 2. トヨティズムの評価をめぐって 投稿論文：1. 熟練労働概念の再検討 2. 中国の労災関係に関する史的考察 書評 研究ネットワーク、ほか

4-88713-227-1　C3036　〔1995〕

「企業社会」と教育
—日本労働社会学会年報7—

日本労働社会学会編

A5／194頁／2913円

〔執筆者〕岩内亮一・猿田正機・竹内洋・苅谷剛彦・乾彰夫・山田信行・中囿桐代・京谷栄二ほか

〔主要目次〕特集—「企業社会」と教育：1. 企業社会と学校教育の関係 2. 日本型企業社会と管理教育・労務管理 3. 大衆受験社会と学卒労働市場：対応と揺らぎ 4. 新規学卒就職と出身階層 1.〈学校〉〈労働市場〉間の日本的接続と日本型大衆社会 投稿論文：1. グローバル・ジャパナイゼーションは可能か 2. 中小企業労働者の技能形成過程と社会関係 海外研究動向 書評、ほか

4-88713-257-3　C3036　〔1996〕

※ ご購入ご希望の方は、学会事務局または発売元・東信堂へご照会下さい。
※ 本体（税別）価格にて表示しております。

在庫のお知らせ

転換期の「企業社会」
――日本労働社会学会年報8――

日本労働社会学会編

A5／248頁／3300円

〔執筆者〕藤田栄史・長井偉訓・京谷栄二・北島滋・山田信行・仲野(菊地)組子・樋口博美・鎌田とし子・鎌田哲宏ほか

4-88713-282-4　C3036　〔1997〕

〔主要目次〕特集―転換期の「企業社会」：1.自動車産業と人事・労務管理、生産体制の変貌　2.雇用・労働市場の弾力化戦略と日本的労使関係　3.総括　投稿論文：1.岐路に立つ地域労働運動と労働者・家族　2.ネオ・コーポラティズム概念は有効か　3.アメリカ合衆国の雇用増大における人材派遣業の役割　4.現代伝統産業における「職商」共生社会　シリーズ・戦後労働調査を語る　書評ほか

労働組合に未来はあるか
――日本労働社会学会年報9――

日本労働社会学会編

A5／296頁／3300円

〔執筆者〕高橋祐吉・設楽清嗣・伊藤みどり・嵯峨一郎・河西宏祐・浅野慎一・合場敬子・駒川智子・池田綾子・土田俊幸・八木正ほか

4-88713-316-2　C3036　〔1998〕

〔主要目次〕特集―労働組合に未来はあるか：1.日本的経営の変貌と労働組合の行方　2.管理職ユニオンの可能性　3.女性ユニオンのめざすもの　4.日本型経営をめぐる諸議論とその問題点　5.〔補論〕新型労働組合の動向　投稿論文：1.労働観・人間関係観・世界社会観をめぐる異文化接触と文化変容　2.仕事の内的報酬のジェンダー差とその構造　3.銀行における事務職と性別職務分離　4.海外の日系企業におけるトヨタ型生産方式と職場労働　シリーズ・戦後労働調査を語る　海外研究動向　書評ほか

国境を越える労働社会
――日本労働社会学会年報10――

日本労働社会学会編

A5／306頁／3300円

〔執筆者〕秋元樹・山田信行・T.グローニング・A.イシ・塩沢美代子・田中直樹・河西宏祐・鎌田とし子・佐藤守弘・柴田弘捷・遠藤公嗣・橋本健二・京谷栄二・鎌田哲宏・鈴木玲ほか

4-88713-345-6　C3036　〔1999〕

〔主要目次〕特集Ⅰ―国境を越える労働社会：1.「ポスト新国際分業」とジャパナイゼーション　2.管理体制の維持、変容および普及　3.日本で仕事をする意味　4.日本企業の雇用政策や労働法の規制緩和がアジアの女子労働者に及ぼす影響　特集Ⅱ―日本労働社会学会の10年　研究ノート：「ユニオン・ポリティックス」と協調的労働組合　シリーズ・戦後労働調査を語る　書評、ほか

フィールド調査"職人芸"の伝承
――日本労働社会学会年報11――

日本労働社会学会編

A5／282頁／3300円

〔執筆者〕秋元樹・鎌田とし子・柴田弘捷・北島滋・田中直樹・河西宏祐・矢野晋吾・青木章之介・大槻奈巳・村尾祐美子・藤井治枝・渥美玲子ほか

4-88713-378-2　C3036　〔2000〕

〔主要目次〕特集―フィールド調査"職人芸"の伝承：1.足で稼ぐ「飛び込み」方式　2.社会調査としての工場見学　3.生活体験を活用した労働組合調査の方法　4.第一次資料の調査・収集に関わり続けて　5.社会調査教育の模索　投稿論文：1.『出稼ぎ』研究の理論的前提　2.タイ国の就業構造とジェンダー　3.日本的雇用システムの変化とジェンダー　4.仕事の場における事柄決定力規定要因とジェンダー　大会報告、書評、ほか

東信堂

[シリーズ 世界の社会学・日本の社会学 全50巻]

タルコット・パーソンズ	—近代主義者最後の	中野秀一郎	一八〇〇円
ゲオルク・ジンメル	—現代分化社会における個人と社会	居安 正	一八〇〇円
ジョージ・H・ミード	—の社会的自我論の展開	船津 衛	一八〇〇円
奥井復太郎	—都市社会学と生活論の創始者	藤田弘夫	一八〇〇円
新明正道	—綜合社会学の探究	山本鎭雄著	一八〇〇円
アラン・トゥーレーヌ	—現代社会のゆくえと新しい社会運動	杉山光信著	一八〇〇円
アルフレッド・シュッツ	—主観的時間と社会的空間	森 元孝	一八〇〇円
エミール・デュルケム	—社会の道徳的再建と社会学	中島道男	一八〇〇円
レイモン・アロン	—危機の時代の透徹した警世思想家	岩城完之	一八〇〇円
米田庄太郎		中 久郎	続刊
高田保馬		北島 滋	続刊

書名	サブタイトル	編者	価格
現代日本の階級構造	—理論・方法・計量分析	橋本健二	四三〇〇円
現代環境問題論	—理論と方法の再定置のために	井上孝夫	二三〇〇円
白神山地と青秋林道	—地域開発と環境保全の社会学	井上孝夫	三三〇〇円
東京研究 3・4		東京問題研究所編	二三〇一三一〇〇円
日本労働社会学会年報 4〜11		日本労働社会学会編	三九一三〇円
労働社会学研究 1・2		社会学会編	二〇〇〇円
社会政策研究 1		「社会政策研究」編集委員会編	各二八〇〇円
[研究誌・学会誌] 社会と情報 1〜4		「社会と情報」編集委員会編	一八〇〇〜二〇六〇円

〒113-0023 東京都文京区向丘1—20—6　☎03(3818)5521　FAX 03(3818)5514／振替 00110-6-37828

※税別価格で表示してあります。